सत्य
दार्शनिक-दर्शन
और
कर्म वेदान्त-विकास दर्शन

notionpress.com

सत्य
दार्शनिक-दर्शन
और
कर्म वेदान्त-विकास दर्शन

लव कुश सिंह "विश्वमानव"

सत्यकाशी पीठ
पांचवां और अन्तिम शंकराचार्य पीठ

Notion Press

Old No. 38, New No. 6
McNichols Road, Chetpet
Chennai - 600 031

First Published by Notion Press 2020

ISBN 978-16-49836-78-6

समर्पण

यह पुस्तक समर्पित है -

उन सभी खोजी आत्माओं को,

जो सत्य की ज्योति को अपने भीतर

और संसार के हर कोने में जलाना चाहते हैं।

भारतीय संविधान के धारा-51 (ए)
नागरिक का मौलिक कर्तव्य के अनुसार

01. संविधान के प्रति प्रतिबद्धता, इसके आदर्शों, धाराओं, राष्ट्रीय ध्वज व राष्ट्रीय गान का आदर करना।
02. स्वतंत्रता के लिए संघर्ष हेतु प्रेरित करने वाले सुआदर्शों का अनुकरण करना व उन्हें चिरस्थायी बनाना।
03. भारत की सर्वोच्चता, एकता और अखण्डता की रक्षा करना तथा समर्थन करना।
04. जब भी आवश्यकता पड़े देश की रक्षा करना व राष्ट्रीय सेवाओं हेतु समर्पित होना।
05. समाज में भाई-चारें की भावना का विस्तार करना, मातृत्व भाव, धार्मिक, भाषायिक, क्षेत्रीय विभिन्नताओं में एकता कायम करना तथा नारी सम्मान आदि का ध्यान देना।
06. अपने मिश्रित संस्कृति का मूल्यांकन करना उसको स्थायित्व देना और इसकी परम्परा को कायम रखना।
07. प्राकृतिक सम्पदा की रक्षा करना जिसमें जलवायु, जंगल, झील, नदियां, जंगली जीवों व समस्त जीवों के प्रति दया का भाव सम्मिलित है।
08. वैज्ञानिक भावना को प्रोत्साहित करना, मानवीय भावनाओं के स्वरूप की परख करते रहना।
09. जन सम्पत्ति की सुरक्षा करना और हिंसा आदि का परित्याग करना।
10. व्यक्तिगत, सामूहिक गतिविधियों के प्रत्येक क्षेत्र में सर्वोच्चता हासिल करना, जिससे राष्ट्र शतत उत्थान, प्रयत्न व प्राप्ति की ओर अग्रसर होता रहे।
11. जो कि माता-पिता या अभिभावक हो, वे अपने 6 साल से 14 साल के बच्चों को शिक्षा या अन्य ऐसे सुअवसरों का लाभ उन्हें मुहैया करावें।

मूल जीवन मंत्र

"हे प्रभु, तेरे प्यार में बस दो ही बातें है। एक तो अपना कल्याण करूँ, दूसरा तुझ जैसा बन सबका कल्याण करूँ"

विषय- सूची

भाग-5: कर्म वेदान्त और विकास दर्शन

स्वामी विवेकानन्द की दृष्टि में
- वेद
- वेदान्त
- ईश्वर
- धर्म-विज्ञान

कर्म वेदान्त और विकास दर्शन
एकात्मकर्मवाद और विश्व का भविष्य
विश्व का मूल मन्त्र- "जय जवान-जय किसान-जय विज्ञान-जय ज्ञान-जय कर्मज्ञान"

भाग-6: परिवर्तन

सीधी समझ
नये भारत में, नये मनुष्य के उदय के लिए
व्यवस्था के परिवर्तन या सत्यीकरण का पहला प्रारूप और उसकी कार्य विधि
वे शब्द जिसके बिना युग परिवर्तन सम्भव नहीं

भाग-7: केन्द्र या मध्य (भारत) में पांचवां और अन्तिम सत्यकाशी पीठ

सत्यकाशी पीठ: स्थान
सत्यकाशी पीठ: इतिहास और उद्देश्य
पाँचवाँ और अंतिम शंकराचार्य पीठ: इसकी विशेषता

भाग-8: सत्यकाशी पीठ के कार्य

धारा-उद्धार: धर्म की पुनर्स्थापना
मनुष्य चेतना का रूपांतरण
साधना, दीक्षा और आध्यात्मिक अनुष्ठान
वैश्विक कार्य: मानवता के लिए संदेश
शिव-तत्व और कल्कि-तत्व का मिलन
"सार्वभौम सत्य-सिद्धान्त" पर आधारित "युग परिवर्तन श्रृंखला" के नवयुग के शास्त्र-साहित्य

मुख पृष्ठ की व्याख्या

यह पुस्तक-आवरण एक अत्यंत संतुलित और गहन आध्यात्मिक वातावरण प्रस्तुत करता है, जिसमें **दर्शन**, **कर्म**, **वेदांत**, और **विकास**-इन सभी का समन्वित रूप दृश्य रूप में उभर आता है। पृष्ठभूमि में फैला हुआ शांत, स्वर्णिम-नारंगी आकाश ऐसे प्रतीत होता है मानो अस्त होते सूर्य के साथ मानव-चेतना के पुराने सीमित दृष्टिकोण विलीन हो रहे हों और एक नयी दार्शनिक ज्योति जन्म ले रही हो। यह आकाश परिवर्तन, पुनर्जन्म और आत्मचेतना के उच्चस्थ स्तरों की ओर संकेत करता है।

आवरण के केंद्र में स्थित **भगवान कृष्ण का दिव्य स्वरूप**, जो एक अलंकारिक फ्रेम में प्रस्तुत है, सम्पूर्ण ग्रंथ का आध्यात्मिक केन्द्रबिंदु बनता है। कृष्ण यहाँ केवल एक धार्मिक प्रतीक नहीं, बल्कि *दर्शन के मूल तत्व, कर्म के संतुलन, वेदांत के सत्य और विकास के शाश्वत सिद्धांतों* के प्रतिनिधि के रूप में प्रकट होते हैं। उनकी वंशी और सहज मुद्रा यह संदेश देती है कि जीवन का अंतिम उद्देश्य न केवल कर्म करना है, न केवल ज्ञान प्राप्त करना; बल्कि अस्तित्व के मध्य में स्थित उस *सत्य-रस* को पाना है जो दोनों को जोड़ता है।

ऊपर लिखे शीर्षक-**"सत्य दार्शनिक-दर्शन और कर्म वेदान्त-विकास दर्शन"**-स्पष्ट रूप से यह संकेत देते हैं कि यह पुस्तक केवल धार्मिक या आध्यात्मिक सिद्धांतों का संग्रह नहीं, बल्कि एक ऐसा *पूर्ण दृष्टिकोण* है जिसमें दर्शन की उच्चतम विचारधारा और कर्म का व्यावहारिक विज्ञान एक साथ प्रवाहित होते हैं। यह आवरण अपने रंग, रचना और प्रतीकों के माध्यम से बताता है कि सत्य-दर्शन केवल मनन का विषय नहीं, बल्कि जीवन, कर्तव्य और विकास का समन्वित मार्ग है।

नीचे अंकित **"सत्यकाशी पीठ - पाँचवां और अंतिम शंकराचार्य पीठ"** का उल्लेख इस कृति को एक व्यापक आध्यात्मिक विरासत से जोड़ता है। यह संकेत देता है कि यह पुस्तक एक परंपरा, एक दृष्टि और एक गहरी सांस्कृतिक चेतना का हिस्सा है-जो सार्वभौमिक सत्य की ओर ले जाने वाले मार्ग का प्रतिनिधित्व करती है।

समग्र रूप से यह आवरण सरल होते हुए भी अत्यंत प्रभावशाली है। इसमें *दर्शन की गंभीरता, आध्यात्मिकता की मधुरता, कर्म की ऊर्जा और वेदान्त की गहराई*-चारों एक साथ समाहित दिखाई देते हैं। यह दृश्य पाठक को पुस्तक के भीतर प्रवेश करने से पहले ही उस ऊँचाई और व्यापकता का अनुभव करा देता है जिसे यह ग्रंथ अपने पन्नों में समेटे हुए है।

भूमिका

मनुष्य की जिंदगी एक लंबी यात्रा है-कभी सुख मिल जाता है, कभी दुख आ जाता है, कभी रास्ता साफ दिखता है, तो कभी सब धुंधला-सा लगता है। लेकिन इस पूरे सफर में एक बात हमेशा भीतर ही भीतर हमें खींचती रहती है-**सत्य की खोज**। कौन हूँ मैं? क्यों आया हूँ? मेरा कर्म क्या है? मेरा धर्म क्या है? यही सवाल हर इंसान के दिल में कभी न कभी उठते हैं। इन्हीं सवालों का सहज और सीधा जवाब देने की कोशिश है इस ग्रंथ- *"सत्य दार्शनिक-दर्शन और कर्म वेदान्त-विकास दर्शन"*-में।

यह किताब बहुत भारी-भरकम सिद्धांत नहीं बताती, न ही दिमाग को उलझाने वाले दार्शनिक तर्क देती है। यह तो जैसे किसी गाँव का बूढ़ा-सा जानकार व्यक्ति धीरे से समझाता है- "बेटा, ज्ञान और कर्म दोनों साथ चलें तभी जीवन आगे बढ़ता है।"

यही इस पुस्तक का सार है।

केवल बातें करने से कुछ नहीं होता, और केवल बिना सोचे-समझे कर्म करने से भी कोई बड़ा फल नहीं मिलता। **ज्ञान और कर्म का मेल** ही असली आध्यात्मिकता है। जब इंसान सही समझ के साथ सही काम करता है, तब उसका जीवन बदलने लगता है-धीरे-धीरे, पर पक्का।

यह पुस्तक बताती है कि धर्म का मतलब केवल पूजा-पाठ नहीं, बल्कि **सच्चाई, करुणा, मेहनत, और सही आचरण** है। धर्म वह है जो हमें अंदर से मजबूत बनाता है, हमारी सोच को साफ करता है, और हमें दूसरों के लिए उपयोगी बनाता है।

जब मनुष्य अपने कर्म को सही दिशा में लगाता है, तब उसका जीवन ही नहीं, उसके आसपास की दुनिया भी बदलने लगती है-जैसे एक दीया जलने से अंधेरा थोड़ा-थोड़ा दूर होता जाता है।

यह ग्रंथ बड़े-बड़े शब्दों में नहीं, बल्कि सीधी भाषा में कहता है कि हर इंसान अपने भाग्य का कारीगर है। हम जैसा सोचते हैं, जैसा करते हैं-वैसा ही बन जाते हैं। हमारे कर्म ही हमें ऊँचा उठाते हैं, और वही हमें गिराते भी हैं। इसलिए जीवन में सबसे बड़ा साधन-**सही कर्म** है।

आज के समय में, जब दुनिया बहुत तेज़ हो चली है, मन अशांत है, लोग टूट रहे हैं, रिश्ते कमजोर हो रहे हैं-ऐसे में यह पुस्तक जैसे एक शांत आवाज़ बनकर कहती है-

"रुक जाओ थोड़ी देर... अपने भीतर झांककर देखो... सत्य बाहर नहीं, तुम्हारे अंदर है।"

यह भूमिका आपसे केवल किताब पढ़ने को नहीं कहती, बल्कि यह आमंत्रण देती है कि इस ग्रंथ को **जीवन में उतारकर देखें**।

यह किताब ज्ञान नहीं बढ़ाती-**जीवन बदल देती है**।

आपको यह याद दिलाती है कि आप साधारण नहीं, बल्कि **अपनी किस्मत और अपने युग को बदलने की क्षमता रखने वाले मनुष्य** हैं।

✍ ***लव कुश सिंह "विश्वमानव"***

एक शोधक, चिंतक और मार्गदर्शक, जिन्होंने अपना जीवन *मानवता, आत्मा और नव-सृष्टि* के अध्ययन एवं लेखन को समर्पित किया है।

- प्रमुख ग्रंथ: *विश्वशास्त्र*
- दृष्टि: *नव-मनुष्य और नव-संसार का निर्माण*

भाग-1
दर्शन और दार्शनिक

"दर्शन" शब्द का अर्थ

हिन्दू दर्शन-परम्परा

दर्शनशास्त्र का क्षेत्र

"दर्शन" शब्द का अर्थ

पाणिनीय व्याकरण के अनुसार "दर्शन" शब्द, "दृशिंप्रेक्षणे" धातु से "ल्युट्" प्रत्यय करने से निष्पन्न होता है। अतएव दर्शन शब्द का अर्थ "दृष्टि या देखना", "जिसके द्वारा देखा जाय" या "जिसमें देखा जाय" होगा। दर्शन शब्द का शब्दार्थ केवल देखना या सामान्य देखना ही नहीं है। इसीलिए पाणिनि ने धात्वर्थ में "प्रेक्षण" शब्द का प्रयोग किया है। प्रकृष्ट ईक्षण, जिसमें अन्तश्चक्षुओं द्वारा देखना या मनन करके सोपपत्तिक निष्कर्ष निकालना ही दर्शन का अभिधेय है। इस प्रकार के प्रकृष्ट ईक्षण के साधन और फल दोनों का नाम दर्शन है। जहाँ पर इन सिद्धान्तों का संकलन हो, उन ग्रन्थों का भी नाम दर्शन ही होगा, जैसे-न्याय दर्शन, वैशेषिक दर्शन, मीमांसा दर्शन आदि-आदि।

भारत में "दर्शन" उस विद्या को कहा जाता है जिसके द्वारा तत्व का साक्षात्कार हो सके। "तत्व दर्शन" या "दर्शन" का अर्थ है तत्व का साक्षात्कार। मानव के दु:खों की निवृति के लिए और ध्या तत्व साक्षात्कार कराने के लिए ही भारत में दर्शन का जन्म हुआ है। हृदय की गाँठ तभी खुलती है और शोक तथा संशय तभी दूर होते हैं जब एक सत्य का दर्शन होता है। मनु का कथन है कि सम्यक दर्शन प्राप्त होने पर कर्म मनुष्य को बंधन में नहीं डाल सकता तथा जिनको सम्यक दृष्टि नहीं है वे ही संसार के महामोह और जाल में फंस जाते हैं। भारतीय ऋषिओं ने जगत के रहस्य को अनेक कोणों से समझने की कोशिश की है। भारतीय दार्शनिकों के बारे में टी एस एलियट ने कहा था- भारतीय दर्शन किस प्रकार और किन परिस्थितियों में अस्तित्व में आया, कुछ भी प्रामाणिक रूप से नहीं कहा जा सकता। किन्तु इतना स्पष्ट है कि उपनिषद काल में दर्शन एक पृथक शास्त्र के रूप में विकसित होने लगा था। तत्त्वों के अन्वेषण की प्रवृत्ति भारतवर्ष में उस सुदूर काल से है, जिसे हम "वैदिक युग" के नाम से पुकारते हैं। ऋग्वेद के अत्यन्त प्राचीन युग से ही भारतीय विचारों में द्विविध प्रवृत्ति और द्विविध लक्ष्य के दर्शन हमें होते हैं। प्रथम प्रवृत्ति प्रतिभा या प्रज्ञामूलक है तथा द्वितीय प्रवृत्ति तर्कमूलक है। प्रज्ञा के बल से ही पहली प्रवृत्ति तत्त्वों के विवेचन में कृतकार्य होती है और दूसरी प्रवृत्ति तर्क के सहारे तत्त्वों के समीक्षण में समर्थ होती है। अंग्रेजी शब्दों में पहली की हम "इन्ट्यूशनिस्टिक" कह सकते हैं और दूसरी को "रैशनलिस्टिक"। लक्ष्य भी आरम्भ से ही दो प्रकार के थे-धन का उपार्जन तथा ब्रह्म का साक्षात्कार। प्रज्ञामूलक और तर्क-मूलक प्रवृत्तियों के परस्पर सम्मिलन से आत्मा के औपनिषदिष्ठ तत्त्वज्ञान का स्फुट आविर्भाव हुआ। उपनिषदों के ज्ञान का पर्यवसान आत्मा और परमात्मा के एकीकरण को सिद्ध करने वाले प्रतिभामूलक वेदान्त में हुआ। भारतीय मनीषियों के उर्वर मस्तिष्क से जिस कर्म, ज्ञान और भक्तिमय त्रिपथगा का प्रवाह उद्भूत हुआ, उसने दूर-दूर के मानवों के आध्यात्मिक कल्मष को धोकर उन्हेंने पवित्र, नित्य-शुद्ध-बुद्ध और सदा स्वच्छ बनाकर मानवता के विकास में योगदान दिया है। इसी पतितपावनी धारा को लोग दर्शन के नाम से पुकारते हैं। अन्वेषकों का विचार है कि इस शब्द का वर्तमान अर्थ में सबसे पहला प्रयोग वैशेषिक दर्शन में हुआ। .

वैदिक काल के ऋषियों ने हिन्दुओं के सबसे प्राचीन दर्शन की नींव रखी। आरुणि और याज्ञवल्क्य (8वीं शताब्दी ईसापूर्व) आदि प्राचीनतम हिन्दू दार्शनिक हैं।

भारतीय दार्शनिकों के बारे में टी एस एलियट ने कहा था- भारतीय दार्शनिकों की सूक्ष्मताओं को देखते हुए यूरोप के अधिकांश महान दार्शनिक स्कूल के बच्चों जैसे लगते हैं।

दर्शन विभिन्न विषयों का विश्लेषण है। इसलिये भारतीय दर्शन में चेतना की मीमांसा अनिवार्य है जो आधुनिक दर्शन में नहीं। मानव जीवन का चरम लक्ष्य दु:खों से छुटकारा प्राप्त करके चिर आनंद की प्राप्ति है। भारतीय दर्शनों का भी एक ही लक्ष्य दु:खों के मूल कारण अज्ञान से मानव को मुक्ति दिलाकर उसे मोक्ष की प्राप्ति करवाना है। यानी अज्ञान व परंपरावादी और रूढ़िवादी विचारों को नष्ट करके सत्य ज्ञान को प्राप्त करना ही जीवन का मुख्य उद्देश्य है। सनातन काल से ही मानव में जिज्ञासा और अन्वेषण की प्रवृत्ति रही है। प्रकृति के उद्भव तथा सूर्य, चंद्र और ग्रहों की स्थिति के अलावा परमात्मा के बारे में भी जानने की जिज्ञासा मानव में रही है। इन जिज्ञासाओं का शमन करने के लिए उसके अनवरत प्रयास का ही यह फल है कि हम लोग इतने विकसित समाज

में रह रहे हैं। परंतु प्राचीन ऋषि-मुनियों को इस भौतिक समृद्धि से न तो संतोष हुआ और न चिर आनंद की प्राप्ति ही हुई। अतः उन्होंने इसी सत्य और ज्ञान की प्राप्ति के क्रम में सूक्ष्म से सूक्ष्म एवं गूढ़तम साधनों से ज्ञान की तलाश आरंभ की और इसमें उन्हें सफलता भी प्राप्त हुई। उसी सत्य ज्ञान का नाम दर्शन है।

दृश्यतेह्यनेनेति दर्शनम् (दृष्यते हि अनेन इति दर्शनम)

अर्थात् असत् एवं सत् पदार्थों का ज्ञान ही दर्शन है।

पाश्चात्य फिलॉस्पी शब्द फिलॉस (प्रेम का), सोफिया (प्रज्ञा) से मिलकर बना है। इसलिए फिलॉसफी का शाब्दिक अर्थ है बुद्धि प्रेम। पाश्चात्य दार्शनिक (फिलॉसफर) बुद्धिमान या प्रज्ञावान व्यक्ति बनना चाहता है। पाश्चात्य दर्शन के इतिहास से यह बात झलक जाती है कि पाश्चात्य दार्शनिक ने विषय ज्ञान के आधार पर ही बुद्धिमान होना चाहा है। इसके विपरीत कुछ उदाहरण अवश्य मिलेंगे जिसमें आचरण शुद्धि तथा मनस् की परिशुद्धता के आधार पर परमसत्ता के साथ साक्षात्कार करने का भी आदर्श पाया जाता है। परंतु यह आदर्श प्राच्य है न कि पाश्चात्य। पाश्चात्य दार्शनिक अपने ज्ञान पर जोर देता है और अपने ज्ञान के अनुरूप अपने चरित्र का संचालन करना अनिवार्य नहीं समझता। केवल पाश्चात्य रहस्यवादी और समाधीवादी विचारक ही इसके अपवाद हैं।

भारतीय दर्शन में परम सत्ता के साथ साक्षात्कार करने का दूसरा नाम ही दर्शन हैं। भारतीय परंपरा के अनुसार मनुष्य को परम सत्ता का साक्षात् ज्ञान हो सकता है। इस प्रकार साक्षात्कार के लिए भक्ति ज्ञान तथा योग के मार्ग बताए गए हैं। परंतु दार्शनिक ज्ञान को वैज्ञानिक ज्ञान से भिन्न कहा गया है। वैज्ञानिक ज्ञान प्राप्त करने में आलोच्य विषय में परिवर्तन करना पड़ता है ताकि उसे अपनी इच्छा के अनुसार वश में किया जा सके और फिर उसका इच्छित उपयोग किया जा सके। परंतु प्राच्य दर्शन के अनुसार दार्शनिक ज्ञान जीवन साधना है। ऐसे दर्शन से स्वयं दार्शनिक में ही परिवर्तन हो जाता है। उसे दिव्य दृष्टि प्राप्त हो जाती है। जिसके द्वारा वह समस्त प्राणियों को अपनी समष्टि दृष्टि से देखता है। समसामयिक विचारधारा में प्राच्य दर्शन को धर्म-दर्शन माना जाता है और पाश्चात्य दर्शन को भाषा सुधार तथा प्रत्ययों का स्पष्टिकरण कहा जाता है।

हिन्दू दर्शन-परम्परा

हिन्दू धर्म में दर्शन अत्यन्त प्राचीन परम्परा रही है। वैदिक दर्शनों में षड्दर्शन (छः दर्शन) अधिक प्रसिद्ध और प्राचीन हैं। ये छः दर्शन ये हैं- न्याय, वैशेषिक, सांख्य, योग, मीमांसा और वेदान्त। गीता का कर्मवाद भी इनके समकालीन है। षड दर्शनों को "आस्तिक दर्शन" कहा जाता है। वे वेद की सत्ता को मानते हैं। हिन्दू दार्शनिक परम्परा में विभिन्न प्रकार के आस्तिक दर्शनों के अलावा अनीश्वरवादी और भौतिकवादी दार्शनिक परम्पराएँ भी विद्यमान रहीं हैं।

आदि शंकराचार्य ने अद्वैत वेदान्त दर्शन को ठोस आधार प्रदान किया। वेदान्त का अर्थ है वेदों का अन्तिम सिद्धान्त। महर्षि व्यास द्वारा रचित ब्रह्मसूत्र इस दर्शन का मूल ग्रन्थ है। इस दर्शन को उत्तर मीमांसा भी कहते हैं। इस दर्शन के अनुसार ब्रह्म जगत का कर्ता-धर्ता व संहारकर्ता होने से जगत का निमित्त कारण है। उपादान अथवा अभिन्न कारण नहीं। ब्रह्म सर्वज्ञ, सर्वशक्तिमान, आनंदमय, नित्य, अनादि, अनंतादि गुण विशिष्ट शाश्वत सत्ता है। साथ ही जन्म मरण आदि क्लेशों से रहित और निराकार भी है। इस दर्शन के प्रथम सूत्र "अथातो ब्रह्म जिज्ञासा" से ही स्पष्ट होता है कि जिसे जानने की इच्छा है, वह ब्रह्म से भिन्न है, अन्यथा स्वयं को ही जानने की इच्छा कैसे हो सकती है। और यह सर्वविदित है कि जीवात्मा हमेशा से ही अपने दुःखों से मुक्ति का उपाय करती रही है। परंतु ब्रह्म का गुण इससे भिन्न है। आगे चलकर वेदान्त के अनेकानेक सम्प्रदाय (अद्वैत, द्वैत, द्वैताद्वैत, विशिष्टाद्वैत आदि) बने। षड दर्शनों के अलावा लोकायत तथा शैव एवं शाक्त दर्शन भी हिन्दू दर्शन के अभिन्न अंग हैं।

उपनिषदों के अध्यात्मवाद तथा तपोवाद में ही वैदिक कर्मकांड के विरुद्ध एक प्रकट क्रांति का रूप ग्रहण कर लिया। उपनिषद काल में एक ओर बौद्ध और जैन धर्मों की अवैदिक परंपराओं का आविर्भाव हुआ तथा

दूसरी ओर वैदिक दर्शनों का उदय हुआ। ईसा के जन्म के पूर्व और बाद की एक दो शताब्दियों में अनेक दर्शनों की समानांतर धाराएँ भारतीय विचारभूमि पर प्रवाहित होने लगीं। बौद्ध और जैन दर्शनों की धाराएँ भी इनमें सम्मिलित हैं।

जैन धर्म का आरंभ बौद्ध धर्म से पहले हुआ। महावीर स्वामी के पूर्व 23 जैन तीर्थंकर हो चुके थे। महावीर स्वामी ने जैन धर्म का प्रचार किया। बौद्ध धर्म के प्रवर्तक गौतम बुद्ध उनके समकालीन थे। दोनों का समय ई.पू. छठी शताब्दी माना जाता है। इन्होंने वेदों से स्वतंत्र एक नवीन धार्मिक परंपरा का प्रवर्तन किया। वेदों को न मानने के कारण जैन और बौद्ध दर्शनों को "नास्तिक दर्शन" भी कहते हैं। इनका मौलिक साहित्य क्रमशः महावीर और बुद्ध के उपदेशों के रूप में है जो क्रमशः प्राकृत और पालि की लोकभाषाओं में मिलता है तथा जिसका संग्रह इन महापुरुषों के निर्वाण के बाद कई संगीतियों में उनके अनुयायियों के परामर्श के द्वारा हुआ। बुद्ध और महावीर दोनों हिमालय प्रदेश के राजकुमार थे। युवावय में ही सन्यास लेकर उन्होने अपने धर्मों का उपदेश और प्रचार किया। उनका यह सन्यास उपनिषदों की परंपरा से प्रेरित है। जैन और बौद्ध धर्मों में तप और त्याग की महिमा भी उपनिषदों के दर्शन के अनुकूल है। अहिंसा और आचार की महत्ता तथा जातिभेद का खंडन इन धर्मों की विशेषता है। अहिंसा के बीज भी उपनिषदों में विद्यमान हैं। फिर भी अहिंसा की ध्वजा को धर्म के आकाश में फहराने का श्रेय जैन और बौद्ध संप्रदायों को देना होगा।

दर्शनशास्त्र का क्षेत्र

दर्शनशास्त्र अनुभव की व्याख्या है। इस व्याख्या में जो कुछ अस्पष्ट होता है, उसे स्पष्ट करने का यत्न किया जाता है। हमारी ज्ञानेंद्रियाँ बाहर की ओर खुलती हैं, हम प्रायः बाह्य जगत् में विलीन रहते हैं। कभी-कभी हमारा ध्यान अंतर्मुख होता है और हम एक नए लोक का दर्शन करते हैं। तथ्य तो दिखाई देते ही हैं, नैतिक भावना आदेश भी देती है। वास्तविकता और संभावना का भेद आदर्श के प्रत्यय को व्यक्त करता है। इस प्रत्यय के प्रभाव में हम ऊपर की ओर देखते हैं। इस तरह दर्शन के प्रमुख विषय बाह्य जगत, चेतन आत्मा और परमात्मा बन जाते हैं। इनपर विचार करते हुए हम स्वभावतः इनके संबंधो पर भी विचार करते हैं। प्राचीन काल में रचना और रचयिता का संबंध प्रमुख विषय था, मध्यकाल में आत्मा और परमात्मा का संबंध प्रमुख विषय बना और आधुनिक काल में पुरुष और प्रकृति, विषयी और विषय, का संबंध विवेचन का केंद्र बना। प्राचीन यूनान में भौतिकी, तर्क और नीति, ये तीनों दर्शनशास्त्र के तीन भाग समझे जाते थे। भौतिकी बाहर की ओर देखती है, तर्क स्वयं चिंतन को चिंतन का विषय बनाता है, नीति जानना चाहती है कि जीवन को व्यवस्थित करने के लिए कोई निरपेक्ष आदेश ज्ञात हो सकता है या नहीं।

तत्वज्ञान में प्रमुख प्रश्न ये हैं-

1. ज्ञान के अतिरिक्त ज्ञाता और ज्ञेय का भी अस्तित्व है या नहीं?
2. अंतिम सत्ता का स्वरूप क्या है? वह एक प्रकार की है, या एक से अधिक प्रकार की?

प्राचीन काल में नीति का प्रमुख लक्ष्य निरूश्रेयस के स्वरूप को समझना था। आधुनिक काल में कांट ने कर्तव्य के प्रत्यय को मौलिक प्रत्यय का स्थान दिया। तृप्ति या प्रसन्नता का मूल्यांकन विवाद का विषय बना रहा है।

ज्ञानमीमांसा में प्रमुख प्रश्न ये हैं

1. ज्ञान क्या है?
2. ज्ञान की संभावना भी है या नहीं?
3. ज्ञान प्राप्त कैसे होता है?
4. मानव ज्ञान की सीमाएँ क्या हैं?

ज्ञानमीमांसा ने आधुनिक काल में विचारकों का ध्यान आकृष्ट किया। पहले दर्शन को प्रायः तत्वज्ञान (मेटाफिजिक्स) के अर्थ में ही लिया जाता था। दार्शनिकों का लक्ष्य समग्र की व्यवस्था का पता लगाना था। जब कभी प्रतीत हुआ कि इस अन्वेषण में मनुष्य की बुद्धि आगे जा नहीं सकती, तो कुछ गौण सिद्धांत विवेचन के विषय बने। यूनान में, सुकरात, प्लेटो और अरस्तू के बाद तथा जर्मनी में कांट और हेगल के बाद ऐसा हुआ। यथार्थवाद और संदेहवाद ऐसे ही सिद्धांत हैं। इस तरह दार्शनिक विवेचन में जिन विषयों पर विशेष रूप से विचार होता रहा है, वे ये हैं-

1. मुख्य विषय

1. ज्ञानमीमांसा (Epistomology)
2. तत्वमीमांसा (Metaphysics)
3. नीतिमीमांसा (Ethics)
4. सौंदर्यशास्त्र (Aesthetics)
5. तर्कशास्त्र (Logic)

2. गौण विषय

1. यथार्थवाद
2. संदेहवाद

इन विषयों को विचारकों ने अपनी अपनी रुचि के अनुसार विविध पक्षों से देखा है। किसी ने एक पक्ष पर विशेष ध्यान दिया है, किसी ने दूसरे पक्ष पर। प्रत्येक समस्या के नीचे उपसमस्याएँ उपस्थित हो जाती हैं।

समकालीन भारतीय दार्शनिक

1. श्री अरविन्द
2. महात्मा गांधी
3. सर्वपल्ली राधाकृष्णन
4. स्वामी विवेकानंद
5. आचार्य रजनीश "ओशो"
6. प्रभात रंजन सरकार

प्राचीन पाश्चात्य दर्शन

1. सुकरात
2. प्लेटो

आधुनिक पाश्चात्य दर्शन

1. रेने देकार्त
2. स्पिनोजा
3. गाटफ्रीड लैबनिट्ज
4. कांट
5. डेविड ह्यूम

समकालीन पाश्चात्य दर्शन

1. ज्यां-पाल सार्त्र
2. ए जे एयर
3. विट्गेंस्टाइन

भाग-2

आस्तिक (ईश्वर कारण है अर्थात ईश्वर को मानना)

1. स्वतन्त्र आधार
    1. कपिल मुनि - सांख्य दर्शन
    2. पतंजलि - योग दर्शन
    3. महर्षि गौतम- न्याय दर्शन
    4. कणाद- वैशेषिक दर्शन
2. वैदिक ग्रन्थों पर आधारित
    - अ. कर्मकाण्ड पर आधारित
        1. जैमिनि- मीमांसा दर्शन
    - ब. ज्ञानकाण्ड अर्थात उपनिषद् पर आधारित
        1. द्वैताद्वैत वेदांत दर्शन - श्रीमद् निम्बार्काचार्य
        2. अद्वैत वेदांत दर्शन - आदि शंकराचार्य
        3. विशिष्टाद्वैत वेदांत दर्शन - श्रीमद् रामानुजाचार्य
        4. द्वैत वेदांत दर्शन - श्रीमद् माध्वाचार्य
        5. शुद्धाद्वैत वेदांत दर्शन - श्रीमद् वल्लभाचार्य

भाग–02. आचार्य और दर्शन चक्र मार्ग से

आस्तिक ईश्वर कारण है अर्थात ईश्वर को मानना

अ. स्वतन्त्र आधार

1. कपिल मुनि – सांख्य दर्शन
2. पतंजलि– योग दर्शन
3. महर्षि गौतम– न्याय दर्शन
4. कणाद– वैशेषिक दर्शन

ब. वैदिक ग्रन्थों पर आधारित

अ. कर्मकाण्ड पर आधारित – जैमिनि– मीमांसा दर्शन

ब. ज्ञानकाण्ड अर्थात उपनिषद् पर आधारित

1. द्वैताद्वैत वेदांत दर्शन
श्रीमद् निम्बार्काचार्य

2. अद्वैत वेदांत दर्शन
आदि शंकराचार्य

3. विशिष्टाद्वैत वेदांत
श्रीमद् रामानुजाचार्य

4. द्वैत वेदांत दर्शन
श्रीमद् माध्वाचार्य

5. शुद्धाद्वैत वेदांत
श्रीमद् वल्लभाचार्य

नस्तिक – ईश्वर कारण नहीं है अर्थात ईश्वर को न मानना

1. चार्वाक
चार्वाक दर्शन

2. भगवान महावीर
जैन दर्शन

3. भगवान बुद्ध
बौद्ध दर्शन

पहले विभिन्न आचार्य तथा उनके दर्शन और अब अन्त में मैं और मेरा कर्म वेदांत और विकास दर्शन

ब. आस्तिक ईश्वर कारण है अर्थात ईश्वर को मानना

अ. स्वतन्त्र आधार

1. कपिल मुनि - सांख्य दर्शन

सांख्य दर्शन भारत का अत्यंत प्राचीन और प्रमुख दार्शनिक संप्रदाय है इसके प्रवतर्क महर्षि कपिल थे, जिन्होने सम्भवतः सातवीं शताब्दी ई पू0 मे इस दर्शन के सूत्रो की रचना की। सांख्य शब्द का तात्पर्य सम्यक ज्ञान से है। सम्यक ज्ञान का तात्पर्य पुरूष और प्रकृति के मध्य की भिन्नता के ज्ञान से है। सांख्य दर्शन का आधार कार्य-कारण सिद्धान्त है। इस सिद्धान्त को सत्कार्यवाद के नाम से जाना जाता है। कार्य-कारण सिद्धान्त के सम्मुख उठने वाले मूल प्रश्न क्या कार्य की सत्ता उत्पत्ति के पूर्व उपादान कारण मे वर्तमान रहती है? का सांख्य दर्शन का सत्कार्यवाद भावात्मक उत्तर है। इसके अनुसार कार्य प्रकार सत्कार्यवाद उत्पत्ति कारण मे अव्यक्त रूप मे मौजूद करता है। इस प्रकार सत्कार्यवाद उत्पत्ति के पूर्व कारण मे कार्य की सत्ता स्वीकार करता है। कार्य और कारण मे सिर्फ आकार का भेद है कारण अव्यक्त कार्य और कार्य का जो अभिव्यक्त कारण है। वस्तु के निर्माण का अर्थ अव्यक्त कार्य जो कारण मे निहित है कार्य मे पूर्णतः अभिव्यक्त होना। उत्पत्ति का अर्थ अव्यक्त का व्यक्त होना हैे और विनाश का अर्थ अव्यक्त हो जाना है। अर्थात् उत्पत्ति आविर्भाव और विनाश तिरोभाव है। सांख्य दर्शन के अनुसार सम्पूर्ण विश्व कार्य का प्रवाह है। जहाँ तक विश्व के कारण का प्रश्न है तो सांख्य दर्शन न तो परमाणु को मानता है और न ही चेतना को बल्कि इसका आधार या मूल कारण प्रकृति को मानता है प्रकृति जड़ और सूक्ष्म दोनांे है परन्तु वह स्वयं कारणहीन है। सांख्य दर्शन मे प्रकृति को प्रधान जड़ माया शक्ति आदि कहा गया है। वह एक अदृश्य अव्यक्त अचेतन व्यक्तिविहीन और शाश्वत है। यद्यपि प्रकृति एक है लेकिन उसमे तीन प्रकार के गुण है सत्व, रजस् और तमस् गुण प्रकृति के तत्व या द्रव्य है। गुण अत्यंत सूक्ष्म है जिनका ज्ञान अनुमान से प्राप्त होता है। विश्व की प्रत्येक वस्तु मे सुख-दुःख और उदासीनता का भाव उत्पन्न करने की शक्ति मौजूद है। इन तीनों भावो का कारण तीन गुण सत्व रजस् और तमस ही है। सत्व ज्ञान का प्रतीक और श्वेत रंग का है जिससे सभी प्रकार की सुखात्मक अनुभूति होती है रजस क्रिया प्रेरक है जो वस्तुओ का भी उत्तेजित करता है। इसका रंग लाल है। तमस अज्ञान या अंधकार का प्रतीक है जो निष्क्रियता और जड़ता का द्योतक है। इसका रंग काला है ये तीनांे गुण प्रकृति के अलावा विश्व की प्रत्येक वस्तु मे अनतर्भूत है। इसलिए प्रकृति तथा विश्व की सभी वस्तुओ को त्रिगुणात्मक कहा जाता है। लेकिन किसी वस्तु में कोई एक गुण तो किसी अन्य वस्तु मे अन्य गुण प्रबल होता है। ये गुण निरंतर परिवर्तनशील है। सांख्य दर्शन पुरूष की व्यापक व्याख्या करता है। वास्तव मे अन्य दर्शनो ने जिसे आत्मा कहा है। उसे ही सांख्य ने पुरूष कहा है। पुरूष चेतन है वह सत्व रजस और तमस से शून्य है, इसीलिए उसे त्रिगुणतीत कहा गया है। वह त्राता है। सक्रिय है, अनेक कार्य कारण से मुक्त है। उसकी सत्ता स्वयं सिद्ध है। आत्मा अर्थात पुरूष शरीर से भिन्न है जहाँ शरीर भौतिक है, वही पुरूष अभौतिक अर्थात आध्यात्मिक है। वह पाप पुण्य से मुक्त अर्थात निर्गुण है। सांख्य दर्शन विश्व की उत्पत्ति के लिए ईश्वर को उत्तरदायी नहीं मानता उसके अनुसार यह संसार विकास का फल है। प्रकृति ही वह मूल तत्व है। जिससे संसार की समस्त वस्तुएँ विकसित होती है। इस प्रकार सांख्य दर्शन विकासवाद का समर्थन करता है। विकास की प्रक्रिया तभी प्रारंभ हो सकती है। जब पुरूष और पुरूष और प्रकृति का संयोग हो। अकेली प्रकृति या पुरूष विकास नहीं कर सकते क्योंकि वे क्रमशः अचेतन और निष्क्रिय है प्रकृति देखे जाने के लिए पुरूष पर और पुरूष कैवल्य अर्थात मोक्ष प्राप्ति के लिए प्रकृति पर आश्रित है दोनों को एक दूसरे की आवश्यकता है परन्तु विरोधी गुणो से युक्त होने के कारण दोनो का संसर्ग अत्यंत कठिन है इस कठिनाई के समाधान के लिए सांख्य दर्शन उपमाओं का प्रयोग करता है। सांख्य का मत है कि पुरूष और प्रकृति के बीच यथार्थ संयोग नही होता अपितु सिर्फ निकटता का सम्बध होता है ज्यो ही पुरूष प्रकृति के समीप आता है। प्रकृति की साम्यवास्था भंग हो जाती है। और उसके गुणों में विरूप परिवर्तन आरम्भ हो जाता है। और उसके तीनों गुणों में

परिवर्तन होने लगता है। तत्पश्चात् नये पदार्थों का आविर्भाव होता है। सांख्य दर्शन संसार को दुःखमय मानता है। उसके अनुसार तीन प्रकार के दुःख है- आध्यात्मिक आधिभौतिक और आधिदैविक इन तीनों दुःखों से छुटकारा ही मोक्ष तथा उसका साधन ज्ञान है। ज्ञान के द्वारा ही आत्मा और अनात्मा का भेद स्पष्ट होता है। अज्ञान ही बंधन का कारण है। इस बंधन को कर्म से नहीं तोड़ा जा सकता है। बल्कि इसके लिए ज्ञान मार्ग ही अपनाना होगा मोक्ष की अवस्था त्रिगुणातीत है। ईश्वर के सम्बंध में सांख्य दर्शन स्पष्टता नहीं दर्शाता कुछ विद्वान उसे अनीश्वरवादी और कुछ ईश्वरवादी मानते है। परन्तु उसका अनीश्वरवादी पक्ष ही अधिक मजबूत है।

धर्म विज्ञान (स्वामी विवेकानन्द)

01. अंग्रेजी में हम सब नेचर शब्द का व्यवहार करते हैं। प्राचीन हिन्दू दार्शनिकगण उसके लिए दो विभिन्न संज्ञाओं का प्रयोग करते थे; प्रथम- "प्रकृति " और दूसरा उसकी अपेक्षा अधिक वैज्ञानिक नाम है- "अव्यक्त", जो व्यक्त अथवा प्रकाशित अथवा भेदात्मक नहीं है-उससे ही सब पदार्थ उत्पन्न हुये है, उससे अणु-परमाणु सब आये हैं; उससे ही भूत, शक्ति, मन, बुद्धि सब आये हैं। यह अत्यन्त विस्मयकारक है कि भारतीय दार्शनिकगण अनेक युग पहले ही कह गये है कि मन सूक्ष्म जड़मात्र है।
02. प्राचीन आचार्यगण ने इस अव्यक्त का लक्षण बताया है- "तीन शक्तियों की साम्यावस्था " । उनमें से एक का नाम सत्व, दूसरी का रजः और तीसरी का तमः है। तमः निम्नतम शक्ति है- आकर्षणस्वरूप, रजः उसकी अपेक्षा किंचित् उच्चतर है- विकर्षणस्वरूप; तथा सर्वोच्च जो शक्ति है वह इन दोनों की संयमस्वरूप है-वहीं सत्व है। अतएव ज्योंहि ये आकर्षण और विकर्षण दोनों शक्तियां सत्त्व के द्वारा पूर्णतः संयत होती है अथवा सम्पूर्ण साम्यावस्था में रहती है, तब सृष्टि अथवा विकार का अस्तित्व नहीं रहता, किन्तु ज्योंहि यह साम्यावस्था नष्ट होती है, ज्योंहि उनका सामंजस्य नष्ट होता है और उनमें से एक शक्ति दूसरी शक्तियों की अपेक्षा प्रबलतर हो उठती है, त्योंहि परिवर्तन तथा गति का आरम्भ होता है और इन सब का परिणाम चलता रहता है। इसी प्रकार व्यापार चक्रगति से चल रहा है।
03. ब्रह्माण्ड के सम्पूर्ण बाह्य भाग को-आजकल हम जिसे स्थूल जड़ कहते हैं- प्राचीन हिन्दूगण भूत कहते थे। उनके मतानुसार उनमें से एक ही, शेष सब का कारण है; क्योंकि अन्यान्य सब भूत इसी एक भूत से उत्पन्न हुए हैं। इस भूत को आकाश की संज्ञा प्राप्त है तथा उसके साथ प्राण नाम की एक और वस्तु रहती है।
04. जितने दिन सृष्टि रहती है, उतने दिन में प्राण और आकाश रहते हैं। कल्पान्त में प्राण और आकाश तक उसी अनन्त पुरुष में सुप्त भाव में थे, किन्तु किसी प्रकार का व्यक्त प्रपंच नहीं था। इस अवस्था को अव्यक्त कहते हैं- उसका ठीक शब्दार्थ स्पन्दन रहित अथवा अप्रकाशित है।
05. प्राण स्वयं आकाश की सहायता के अभाव में कोई काम नहीं कर पाता। यह प्राण स्वयं नहीं रह सकता अथवा किसी मध्यवर्ती के बिना काम नहीं कर सकता। वह कभी आकाश से पृथक् नहीं रह सकता। शक्ति और भूत की अति सूक्ष्मावस्था को ही प्राचीन दार्शनिकगण ने प्राण और आकाश की संज्ञा दी है। प्राण को आप जीवनीशक्ति कह सकते हैं, किन्तु उसको केवल मनुष्य के जीवन में सीमाबद्ध करने से अथवा आत्मा के साथ अमिट समझने से भी काम नहीं चलेगा। अतएव सृष्टि प्राण और आकाश के संयोग से उत्पन्न है तथा उसका आदि भी नहीं है, अन्त भी नहीं है।
06. अतः अव्यक्त प्रकृति, यह सर्वव्यापी बुद्धित्व में अथवा महत्त में परिणत होती है, यह फिर सर्वव्यापी अहंतत्व अथवा अहंकार में और यह परिणाम प्राप्त करके फिर सर्वव्यापी इन्द्रियग्राह भूत (इन्द्रिय और तन्मात्रा) में परिणत होता है। यही भूत-समष्टि इन्द्रिय अथवा केन्द्र समूह में और समष्टि सूक्ष्म परमाणु समूह में परिणत होती है। फिर इन सब के मिलने पर इस स्थूल जगत-प्रपंच की उत्पत्ति होती है। सांख्य मत के अनुसार यही सृष्टि का क्रम है और बृहत् ब्रह्माण्ड में जो है, वह व्यष्टि अथवा क्षुद्र ब्रह्माण्ड में भी अवश्य रहेगा।

07. सांख्यवादियों का एक मत अनन्यसाधारण है। उनके मतानुसार एक मनुष्य अथवा कोई भी एक प्राणी जिस नियम से गठित है, समग्र विश्व ब्रह्माण्ड भी ठीक उसी नियम से विरचित है। इसलिए हमारा जैसे एक मन है, उसी प्रकार एक विश्वमन भी है।

08. जितने दिनों से जगत् है उतने दिनों से मन का अभाव-उस एक विश्वमन का अभाव-कभी नहीं हुआ। प्रत्येक मानव, प्रत्येक प्राणी उस विश्वमन से ही निर्मित हो रहा है, क्योंकि वह सदा ही वर्तमान हैं और उन सब के निर्माण के लिए उपादान प्रदान कर रहा है।

09. जगत में प्रकृति के प्रथम विकास को सांख्यवादीगण महत् या समष्टि बुद्धि कहते हैं। इसका ठीक शब्दार्थ है- सर्वश्रेष्ठ तत्व। इसे अहंज्ञान नहीं कहा जा सकता, कहने पर भूल होगी। अहंज्ञान इस बुद्धितत्व का अंशविशेष मात्र है, परन्तु बुद्धितत्व सार्वजनिन तत्व है। अहंज्ञान, अव्यक्त ज्ञान और ज्ञानातीत अवस्था-ये सब ही उसके अन्तर्गत आते हैं।

10. महत्तत्व ही उन सब परिवर्तनों का कारण है जिनके फलस्वरूप यह शरीर निर्मित हुआ है। महतत्व या समष्टि बुद्धि के भीतर ज्ञान की निम्न भूमि, साधारण ज्ञान की अवस्था और ज्ञान से अतीत अवस्था में सब ही विद्यमान है।

11. ज्ञान की निन्म भूमि हम पशुओं में देखते हैं और उसे-सहजात ज्ञान कहते हैं। सहजात ज्ञान में प्रायः कभी भूल नहीं होती। एक पशु इस सहजात ज्ञान के प्रभाव से कौन सी घास खाने योग्य है, कौन सी घास विषाक्त है, यह सुविधापूर्वक समझ लेता है।

12. उनके पश्चात् हमारा (मानव का) साधारण ज्ञान आता है-यह सहजात ज्ञान की अपेक्षा उच्चतर अवस्था है। हमारा साधारण ज्ञान भ्रान्तिमय है, यह पग-पग पर भ्रम में जा पड़ता है। इसे ही आप युक्ति अथवा विचारशक्ति कहते हैं। अवश्य सहजात ज्ञान की अपेक्षा उसका प्रसार अधिक दूर तक है, किन्तु सहजात ज्ञान की अपेक्षा युक्ति विचार में अधिक भ्रम की आशंका है।

13. मन की और एक उच्चतर अवस्था विद्यमान है,-ज्ञानातीत अवस्था-इस अवस्था में केवल योगीगण का ही अर्थात् जिन्होंने यत्न करके इस अवस्था को प्राप्त किया है, उनका ही अधिकार है। वह सहजात ज्ञान के समक्ष भ्रान्ति से विहिन है और युक्तिविचार से भी उसका अधिक प्रसार है। वह सर्वोच्च अवस्था है।

14. जिस प्रकार मनुष्य के भीतर महत् ही ज्ञान की निम्नभूमि, साधारण ज्ञानभूमि और ज्ञानातीत भूमि है, उसी प्रकार इस बृहत् ब्रह्माण्ड में भी यही सर्वव्यापी बुद्धितत्व अथवा महत्-सहजात ज्ञान, युक्ति विचार से उत्पन्न ज्ञान और विचार से अतीत ज्ञान, इन तीन प्रकारों से स्थित है।

15. ज्ञान का अर्थ है- सदृश वस्तु के साथ उसका मिलन। कोई नया संस्कार आने पर यदि आप लोगों के मन में उसके सदृश सब संस्कार पहले से ही वर्तमान रहे, तभी आप तृप्त होते हैं, और इस मिलन अथवा सहयोग को ही ज्ञान कहते हैं। अतएव ज्ञान का अर्थ, पहले से ही हमारी जो अनुभूति-समष्टि विद्यमान है, उसके साथ और एक सजातीय अनुभूति को एक ही कोष में प्रतिष्ठित कर देना है। तथा पहले से ही आपका एक ज्ञान भण्डार न रहने पर कोई नया ज्ञान ही आपका नहीं हो सकता, यही उसका सर्वोत्तम प्रबल प्रमाण है।

16. सांख्यमत के अनुसार सृष्टिवाद में सृष्टि अथवा क्रम विकास और प्रलय अथवा क्रम संकोच-ये दोनों स्वीकृत हुये हैं। सभी उसी अव्यक्त प्रकृति के क्रम विकास से उत्पन्न है, और ये सब क्रम संकुचित होकर व्यक्त आकार धारण करते हैं। सांख्य मत के अनुसार ऐसी किसी जड़ अथवा भौतिक वस्तु का अस्तित्व सम्भव नहीं है, ज्ञान का कोई अंशविशेष जिसका उपादान न हो। ज्ञान ही वह उपादान है, जिससे यह प्रपंच निर्मित हुआ है।

17. कपिल का प्रधान मत है- परिणाम। वे कहते हैं, एक वस्तु दूसरी वस्तु का परिणाम अथवा विकार स्वरूप है क्योंकि उनके मत के अनुसार कार्य-कारण भाव का लक्षण यह है कि-कार्य अन्य रूप में परिणत कारण मात्र है।

18. कपिल का मत है कि समग्र ब्रह्माण्ड ही एक शरीर स्वरूप है जो कुछ हम देखते हैं, वे सब स्थूल शरीर है, उन सबके पश्चात् सूक्ष्म शरीर समूह और उनके पश्चात् समष्टि अहंतत्व, उसके भी पश्चात् समष्टि बुद्धि है। किन्तु यह सब ही प्रकृति के अन्तर्गत हैं। उसमें से जो हमारे प्रयोजन का है, हम ग्रहण कर रहे हैं; इसी प्रकार जगत के भीतर समष्टि मनस्तत्व विद्यमान है, उससे भी हम चिरकाल से प्रयोजन के अनुसार ले रहे हैं। किन्तु देह का बीज माता-पिता से प्राप्त होना चाहिए। इससे वंश की अनुक्रमणिकता और पुनर्जन्मवाद दोनों ही तत्व स्वीकृत हो जाते हैं।

19. समग्र प्रकृति के पश्चात् निश्चित रूप में कोई सत्ता है, जिसका आलोक उन पर पड़कर महत्, अहंज्ञान और यह सब नाना वस्तुओं के रूप में प्रतीत हो रहा है। और इस सत्ता को ही कपिल पुरुष अथवा आत्मा कहते है। वेदान्ती भी उसे आत्मा कहते हैं। कपिल के मत के अनुसार पुरुष अमिश्र पदार्थ है। वह यौगिक पदार्थ नहीं है। वही एकमात्र व जड़ पदार्थ है और सब प्रपंच-विकार ही जड़ है। पुरुष ही एकमात्र ज्ञाता है।

20. समस्त प्रकृति आत्मा के भोग अथवा अभिज्ञता का संचय करने के लिए काम करती जा रही है, और आत्मा उसी चरम लक्ष्य में जाने के लिए यह अभिज्ञता संचय कर रही है तथा मुक्ति ही यह चरम लक्ष्य है। सांख्य दर्शन के मत के अनुसार इस आत्मा की संख्या बहुत है। अनन्त संख्यक आत्माएं विद्यमान है। उसका और एक सिद्धान्त यह है कि "ईश्वर नहीं है ", जगत् का सृष्टिकर्ता कोई नहीं है। सांख्यवादी कहते हैं प्रकृति ही जब इन सब विभिन्न रूपों का सृजन करने में समर्थ है तब ईश्वर स्वीकार करने का प्रयोजन नहीं है।

21. साख्य दर्शन सब आत्माओं के एकत्व के प्रति विश्वासी नहीं है। वेदान्त के मतानुसार सब जीवात्माएं ब्रह्मनामधेय एक विश्वात्मा में अमिश्र है, किन्तु सांख्य दर्शन के प्रतिष्ठाता कपिल द्वैतवादी थे। अवश्य उन्होंने जगत का विश्लेषण जहाँ तक किया है, वह अत्यन्त अद्भुत है। वे हिन्दू परिणामवादियों के जनक स्वरूप हैं, और परिवर्ती सब दार्शनिक शास्त्र उनकी ही चिन्तन प्रणाली के परिणाम मात्र हैं।

22. ज्ञान चैतन्य सम्पूर्ण रूप से प्रकृति के अधिकार में हैं, आत्मा में ज्ञान चैतन्य नहीं है। वेदान्त कहता है- आत्मा का स्वरूप असीम है अर्थात् वह पूर्णसत्ता, ज्ञान और आनन्द स्वरूप है। तथापि हमारा सांख्य के साथ इस विषय में एक मत है कि वे जिसे ज्ञान कहते हैं, वह एक यौगिक पदार्थ मात्र है।

23. जैसे सोना गलाना हो तो उसमें पोटैशियम साइनाइड मिलाना होता है। पोटैशियम साइनाइड अलग रह जाता है, उस पर कोई रासायनिक कार्य नहीं होता, किन्तु सोना गलाने का काम सफल करने के लिए उसके सान्निध्य का प्रयोजन है। पुरुष के सम्बन्ध में भी यही बात है। वह प्रकृति के साथ मिश्रित नहीं होता, वह बुद्धि या महत् अथवा किसी प्रकार का विकार नहीं है, वह शुद्ध पूर्ण आत्मा है- "मेरे साक्षी स्वरूप विद्यमान रहने के कारण प्रकृति यह सब चेतन और अचेतन का सृजन कर रही है।" (गीता, अध्याय-9, श्लोक-10)

24. पुरुष में चैतन्य है, किन्तु पुरुष को बुद्धिमान अथवा ज्ञानवान नहीं कहा जा सकता, किन्तु वह ऐसी वस्तु है, जिसके रहने पर ही ज्ञान सम्भव होता है। पुरुष में जो चित्त है, वह प्रकृति से मिलकर हमारे निकट बुद्धि अथवा ज्ञान के नाम से परिचित होता है। जगत् में जो कुछ सुख, आनन्द एवं शान्ति है, सब पुरुष की है; परन्तु वह सब मिश्र है क्योंकि उसमें पुरुष और प्रकृति का मिश्रण है। "जहाँ किसी प्रकार का सुख है, जहाँ किसी प्रकार का आनन्द है वहाँ उस अमृत स्वरूप पुरुष का एक कण विद्यमान है, यह समझ लेना होगा। " (बृहदारण्यक उपनिषद्)

25. यदि हम एक मानव का विश्लेषण कर सकें तो समग्र जगत् का विश्लेषण कर लिया क्योंकि वे सब एक ही नियम से निर्मित हैं। अतएव यदि यह सत्य हो कि इस व्यष्टि श्रेणी के पीछे ऐसे एक व्यक्ति विद्यमान है जो समस्त प्रकृति से अतीत है, जो किसी प्रकार के उपादान से निर्मित नहीं है अर्थात्- पुरुष, तो यह एक ही युक्ति समष्टि ब्रह्माण्ड पर भी घटित होगी तथा उसके पश्चात् भी एक चैतन्य स्वीकार करने का प्रयोजन होगा। जो सर्वव्यापी चैतन्य प्रकृति के समग्र विकारों के पश्चात् भाग में विद्यमान है, उसे वेदान्त सब का नियन्ता- ईश्वर कहता है।

26. पहले यह स्थूल शरीर, उसके पश्चात् सूक्ष्म शरीर, उसके पश्चात् जीव अथवा आत्मा-यही मानव का यथार्थ स्वरूप है। मनुष्य का एक सूक्ष्म शरीर और एक स्थूल शरीर है, ऐसा नहीं है। शरीर एक ही है तथापि सूक्ष्म आकार में वह स्थूल की अपेक्षा दीर्घ काल तक रहता है, तथा स्थूल शीघ्र नष्ट हो जाता है। द्वैतवादियों के मतानुसार यह जीव अर्थात् मनुष्य का यथार्थ स्वरूप जो है वह अणु अर्थात् अति सूक्ष्म है।

27. सूक्ष्म शरीर भी दीर्घकाल के पश्चात् विश्लिष्ट हो जायेगा, किन्तु जीव अयौगिक पदार्थ है, इसलिए वह कभी ध्वंस प्राप्त नहीं होगा। किसी अयौगिक पदार्थ का जन्म नहीं हो सकता, केवल जो यौगिक है उसका ही जन्म हो सकता है।

28. लाख-लाख प्रकार के आकार में मिश्रित यह समग्र प्रकृति ईश्वर की इच्छा के अधीन है। ईश्वर सर्वव्यापी, सर्वज्ञ और निराकार है, एवं वह दिन-रात इस प्रकृति को परिचालित करता है। समस्त प्रकृति ही उसके शासन के अधीन विद्यमान है। किसी प्राणी को स्वाधीनता नहीं है, वह हो ही नहीं सकती। ईश्वर ही रास्ता है। यही द्वैतवादात्मक वेदान्त का उपदेश है।

29. इस मानव देह को कर्मदेह कहते हैं, इस मानवदेह में ही हम अपना भविष्यत् दृष्ट स्थिर किया करते हैं। हम एक बृहत् वृत्त के आकार में भ्रमण कर रहे हैं, तथा मानवदेह ही उस वृत्त के मध्य में एक बिन्दु है, जहाँ हमारी भविष्यत् अवस्था स्थिर होती है। इस कारण ही अन्यान्य सब प्रकार की देहों की अपेक्षा मानवदेह ही श्रेष्ठतम् निर्दिष्ट की जाती है। देवतागण भी मनुष्य जन्म ग्रहण किया करते है। द्वैत वेदान्त यहाँ तक कहता है।

30. तथापि ईश्वर की कृपा एवं शुभ कर्म के अनुष्ठान के द्वारा वे (जीवात्मा) पुनः विकास प्राप्त होगी। प्रत्येक जीवात्मा को मुक्तिलाभ के समान सुयोग और सम्भावना प्राप्त है एवम् काल में सब ही शुद्धस्वरूप होकर प्रकृति के बन्धन से मुक्त होंगी। किन्तु इतना होने पर भी इस जगत का लोप नहीं होगा, क्योंकि वह अनन्त है। यही वेदान्त का द्वितीय प्रकार का सिद्धान्त है-जिसके मतानुसार ईश्वर, आत्मा और प्रकृति है, तथा आत्मा और प्रकृति ईश्वर का देहस्वरूप है और ये तीनों मिलकर एक है- विशिष्टाद्वैत वेदान्त कहते हैं।

31. यह समग्र जगत् एक अखण्ड स्वरूप है, और उसे ही अद्वैत वेदान्त-दर्शन में ब्रह्म कहते हैं। ब्रह्म जब ब्रह्माण्ड के पश्चात् प्रदेश में है ऐसा लगता है, तब उसे ईश्वर कहते हैं। अतएव यह आत्मा ही मानव का अभ्यन्तरस्थ ईश्वर है। केवल एक पुरुष-उन्हें ईश्वर कहते हैं, तथा जब ईश्वर और मानव दोनों के स्वरूप का विश्लेषण किया जाता है तब दोनों को एक के रूप में जाना जाता है।

32. "सभी हाथों से आप काम कर रहे हैं, सभी मुखों से आप खा रह रहे हैं, सब नासिकाओं से आप श्वास-प्रश्वास ले रहे हैं, सब मन से आप चिन्ता अथवा विचार कर रहे हैं।" (गीता, अध्याय-13) समग्र जगत ही आप है। जो कुछ है, सब आप है, यथार्थ "आप" -वह एक अविभक्त आत्मा-जिस क्षुद्र सीमाबद्ध व्यक्ति विशेष को आप "आप" समझते हैं, वह नहीं। तथा आप जो अमुक राम, श्याम, हरि है, यह बात भी किसी काल में सत्य नहीं है, यह केवल स्वप्न मात्र है। यही जानकर मुक्त होइए। यह अद्वैतवादियों का सिद्धान्त है।

33. यदि आप अपने को बद्ध के रूप में सोंचे तो आप बद्ध ही रहेंगे; आप स्वतः ही अपने बन्धन के कारण होंगे तथा यदि आप उपलब्धि करें कि आप मुक्त हैं तो इसी मुहुर्त आप मुक्त हैं। यही ज्ञान है-मुक्तिप्रद ज्ञान, तथा समग्र प्रकृति का चरम लक्ष्य ही मुक्ति है।

34. एक ही सूर्य विविध जल बिन्दुओं में प्रतिबिम्बित होकर नाना रूप दिखा रहा है। लाख-लाख जल कणों में लाख-लाख सूर्य का प्रतिबिम्ब पड़ा है तथा प्रत्येक जल कण में ही सूर्य की सम्पूर्ण प्रतिमूर्ति विद्यमान है; किन्तु सूर्य वास्तव में एक है। इन सब जीवगण के सम्बन्ध में भी यही बात है-वे उसी एक अनन्त पुरुष के प्रतिबिम्ब मात्र है। स्वप्न कदापि सत्य के बिना रह नहीं सकता, और वह सत्य-वही एक अनन्त सत्ता है। शरीर, मन अथवा आत्मा भाव में मानने पर आप स्वप्न मात्र हैं, किन्तु आपका यथार्थ स्वरूप अखण्ड सच्चिदानन्द है। अद्वैतवादी यही कहते है। यह सब जन्म, पुनर्जन्म, यह आना-जाना यह सब उस स्वप्न का अंशभाग है। आप अनन्त स्वरूप है। आप फिर कहाँ जायेंगे? आत्मा कभी उत्पन्न नहीं होती, कभी मरेगी भी

नहीं, आत्मा के किसी काल में माता-पिता, शत्रु-मित्र कुछ भी नहीं है; क्योंकि आत्मा अखण्ड सच्चिदानंद स्वरूप है। जिस व्यक्ति ने इसका साक्षात्कार किया है उसने ही मुक्तिलाभ किया है, वह इस स्वप्न को भंग करके उसके बाहर चला गया है, उसने अपना यथार्थ स्वरूप जाना है। अद्वैत वेदान्त का यही उपदेश है।

35. वेदान्त दर्शन एक-एक करके इन तीन सोपानों (द्वैत, विशिष्टद्वैत, अद्वैत) का अवलम्बन करके अग्रसर हुआ है तथा हम इस तृतीय सोपान (अद्वैत) को पार करके अधिक अग्रसर नहीं हो सकते, क्योंकि हम एकत्व के उपर अधिक जा नहीं सकते।

36. जो व्यक्ति कहता है, इस जगत् का अस्तित्व है, किन्तु ईश्वर नहीं है, वह निर्बोध है, क्योंकि यदि जगत् हो, तो जगत् का एक कारण रहेगा और उसक कारण का नाम ही ईश्वर है। कार्य रहने पर ही उसका कारण है, यह जानना होगा। जब यह जगत् अन्तर्हित होगा, तब ईश्वर भी अन्तर्हित होंगे। जब आप ईश्वर के सहित अपना एकत्व अनुभव करेंगे, तब आपके पक्ष में यह जगत् फिर नहीं रहेगा। जिसे हम इस क्षण जगत् के रूप में देख रहे हैं, वही हमारे सम्मुख ईश्वर के रूप में प्रतिभासित होगा, एवं जिनको एक दिन हम बहिर्देश में अवस्थित समझते थे, वे ही हमारी आत्मा के अन्तरात्मा रूप में प्रतीत होंगे।- "तत्वमसि" - वही तुम हो।

37. धर्म मनुष्य के भीतर से ही उत्पन्न है, वह बाहर की किसी वस्तु से उत्पन्न नहीं है। हमारा विश्वास है, धर्म चिन्तन मनुष्य के पक्ष में प्रकृतिगत है; वह मनुष्य के स्वभाव के सहित ऐसे अविच्छिन्न भाव से जड़ित है कि जब तक मनुष्य अपनी देह तथा मन का त्याग नहीं कर पाता, जब तक वह चिन्ता और जीवन त्याग नहीं कर पाता, तब तक उसके लिए धर्मत्याग असम्भव है।

38. यदि मनुष्य वर्तमान लेकर सन्तुष्ट रहे और जगदातीत सत्ता के समस्त अनुसंधान का एकदम परित्याग कर दे, तो मानव जाति को पशु की भूमि में फिर से आना होगा। धर्म-जगदातीत सत्ता का अनुसंधान ही-मनुष्य और पशु में प्रभेद बनाये रखता है।

39. अब प्रश्न आता है, धर्म के द्वारा क्या वास्तव में कोई फल होता है? हाँ होता है। उससे मानव अनन्त जीवन प्राप्त करता है! मनुष्य वर्तमान में जो है, वह इस धर्म की ही शक्ति से हुआ है, और इससे ही यह मनुष्य नामक प्राणी देवता बनेगा। धर्म यही करने में समर्थ है।

40. प्रश्न है- हमारा चरम लक्ष्य क्या है? जहाँ से हमने आरम्भ किया है, वहीं अवश्य ही अन्त करना होगा; और जब ईश्वर से आपकी गति आरम्भ हुई है, तब ईश्वर में ही अवश्य फिर लौटना होगा।

41. एक और प्रश्न आता है- हम उन्नति पथ में अग्रसर होते-होते क्या धर्म के नये सत्य का आविष्कार नहीं करेंगे? हाँ भी, नहीं भी। प्रथमतः यह समझना होगा कि धर्म के सम्बन्ध में अधिक और कुछ जानने को नहीं है, सभी कुछ जाना जा चुका है। जगत् के सभी धर्म में, आप देखियेगा कि उस धर्म के अवलम्बनकारी सदैव कहते हैं, हमारे भीतर एक एकत्व है। अतएव ईश्वर के सहित आत्मा के एकत्व-ज्ञान की अपेक्षा और अधिक उन्नति नहीं हो सकती। ज्ञान का अर्थ इस एकत्व का आविष्कार ही है। हम आप सब को नर-नारी रूप में पृथक् देखते हैं- यही बहुत्व है।

42. "ईश्वर को जब तक आप नहीं जान लेते, तब तक मनुष्य को किस प्रकार जानियेगा? " -ये ईश्वर, यही अनन्त, अज्ञात या निरपेक्ष सत्ता या अनन्त या नामातीत वस्तु- उन्हें जिस नाम से इच्छा हो, उसी नाम से पुकारा जाता है- ये ही वर्तमान जीवन के, जो कुछ ज्ञात है और जो कुछ ज्ञेय है, सब के ही एकमात्र युक्तियुक्त व्याख्यास्वरूप है। चाहे जिस वस्तु की बात-सम्पूर्ण जड़ वस्तु की कोई बात लीजिए। केवल जड़तत्त्व सम्बन्धी विज्ञान में से कोई भी एक, जैसे- रसायन, पदार्थ विद्या, गणित, ज्योतिष या प्राणितत्व विद्या की बात लिजिये- उसकी विशेष रूप से आलोचना किजिये, क्रमशः यह तत्वानुसन्धान अग्रसर हो, देखियेगा-स्थूल क्रमशः सूक्ष्म, अतिसूक्ष्म पदार्थ में लय हो रहा है- अन्त में आपको ऐसे स्थान में आना होगा, जहाँ इन सब जड़ वस्तुओं को छोड़कर इन्हें अतिक्रमण करके अर्थात् फाँदकर अजड़ में जाना ही होगा। सब विधाओं में ही स्थूल क्रमशः सूक्ष्म में मिल जाता है, पदार्थ विद्या, दर्शन में पर्यवसित हो जाती है। इसी प्रकार मनुष्य को बाध्य होकर जगदातीत सत्ता की आलोचना में उतरना होता है।

43. यह बात कहने में अच्छी है कि वर्तमान में जो देख रहे हो वह सब लेकर ही तृप्त रहो; गाय, कुत्ते और अन्यान्य पशुगण इसी प्रकार वर्तमान के द्वारा ही सन्तुष्ट हैं, और इसी कारण वे पशु बने हैं। सब प्राणियों में से मनुष्य ही स्वभावतः उपर की ओर दृष्टि उठाकर देखता है। इसी उध्र्वदृष्टि ऊपर की ओर गमन और पूर्णत्व के अनुसन्धान को ही "परिमाण " अथवा "उद्धार" कहते हैं और ज्योंहि मनुष्य उच्चतर दिशा की ओर गमन करना प्रारम्भ करता है, त्योंहि वह इस परिमाणस्वरूप सत्य की धारणा की दिशा में अपने को अग्रसर करता है। परिमाण-अर्थ, वेशभूषा अथवा घर पर निर्भर नहीं करता, यह मानव मस्तिष्क के भीतर की आध्यात्मिक भाव रत्नराशि के तारतम्य पर निर्भर करता है।

44. शिशु गुण अपनी निज की दृष्टि से अर्थात् किस वस्तु से कितनी मिठाई मिलती है, इस हिसाब से समग्र जगत् का विचार कर लेते हैं जो लोग अज्ञान से घिरे होने के कारण शिशु सदृश है, जगत् में उन सब शिशुओं का विचार भी उसी प्रकार का है। निम्न वस्तु की दृष्टि से उच्चतर वस्तु का विचार करना कदापि उचित नहीं है। प्रत्येक विषय का विचार उसकी गुरुता के हिसाब से करना होगा। अनन्त का विचार अनन्त की गुरुता के हिसाब से करना होगा। धर्म मानव जीवन का सर्वांश है-केवल वर्तमान नहीं-भूत, भविष्यत्, वर्तमान-सर्वांशव्यापी है। अतएव यह, अनन्त आत्मा और अनन्त ईश्वर के बीच अनन्त सम्बन्ध स्वरूप है।

45. रासायनिक गण सब प्रकार की ज्ञात वस्तुओं को उनके मूल धातुओं का रूप देने का यत्न कर रहे हैं। यदि इस अवस्था पर कभी वे पहुंचे, तब फिर इससे ऊपर और आगे नहीं बढ़ सकेंगे; तब रसायन विद्या सम्पूर्ण होगी। धर्म विज्ञान के सम्बन्ध में भी यही बात है। यदि हम पूर्ण एकत्व का अविष्कार कर सकें तो उससे अधिक उन्नति फिर नहीं हो सकती।

46. हमारे सम्मुख दो शब्द हैं- क्षुद्र ब्रह्माण्ड और बृहत् ब्रह्माण्ड; अन्तः और बहिः हम अनुभूति के द्वारा ही इन दोनों से सत्य लाभ करते हैं; अभ्यान्तर अनुभूति और बाह्य अनुभूति। आभ्यान्तर अनुभूति के द्वारा संगृहीत सत्य समूह मनोविज्ञान, दर्शन और धर्म के नाम से परिचित हैं, और बाह्य अनुभूति से भौतिक विज्ञान की उत्पत्ति हुई है। अब बात यह है कि जो सम्पूर्ण सत्य है, उसका इन दोनों जगत् की अनुभूति के साथ समन्वय होगा। क्षुद्र ब्रह्माण्ड, बृहत् ब्रह्माण्ड के सत्यसमूह को साक्षी प्रदान करेगा, उसी प्रकार बृहत् ब्रह्माण्ड की क्षुद्र ब्रह्माण्ड के सत्य को स्वीकार करेगा। चाहे जिस विद्या में हो, प्रकृत सत्य में कभी परस्पर विरोध रह नहीं सकता, आभ्यान्तर सत्य समूह के साथ बाह्य सत्य का समन्वय है।

47. जिस व्यक्ति की आत्मा से दूसरी आत्मा में शक्ति का संचार होता है वह गुरु कहलाता है और जिसकी आत्मा में यह शक्ति संचारित होती है उसे शिष्य कहते हैं। "यथार्थ धर्म गुरु " में अपूर्व योग्यता होनी चाहिए, और उसके शिष्य को भी कुशल होना चाहिए। जब दोनों ही अद्भुत और असाधारण होते हैं तभी अद्भुत आध्यात्मिक जागृति होती है अन्यथा नहीं।

48. सत्य स्वयं ही प्रमाण है उसे प्रमाणित करने के लिए किसी दूसरे साक्षी की आवश्यकता नहीं, वह स्व प्रकाश है। वह हमारी प्रकृति के अन्तः स्थल तक प्रवेश कर जाता है और उसके समक्ष सारी दुनियाँ उठ खड़ी होती है और कहती है- "यहीं सत्य है " जिन आचार्यों के हृदय में सत्य और ज्ञान सूर्य के समान दैदिप्यमान होते हैं, वे संसार में सर्वोच्च महापुरुष हैं और अधिकांश मानव जाति द्वारा उनकी उपासना ईश्वर के रुप में होती है।

49. शिष्य के लिए यह आवश्यक है कि उसमें पवित्रता, सच्ची ज्ञान पिपासा और अध्यवसाय हो। अपवित्र आत्मा कभी यथार्थ धार्मिक नहीं हो सकती। धार्मिक होने के लिए तन, मन और वचन की शुद्धता नितान्त आवश्यक है। गुरु के सम्बन्ध में यह जान लेना आवश्यक है कि उन्हें शास्त्रो का मर्म ज्ञात हो। वैसे तो सारा संसार ही बाइबिल, वेद, पुराण पढ़ता है, पर वे तो केवल शब्द राशि है। धर्म की सूखी ठठरी मात्र है। जो गुरु शब्दाडंबर के चक्कर में पड़ जाते हैं, जिनका मन शब्दों की शक्ति में बह जाता है, वे भीतर का मर्म खो बैठते हैं। जो शास्त्रों के वास्तविक मर्मज्ञ हैं, वे ही असल में सच्चे धार्मिक गुरु हैं।

50. संसार के प्रधान आचार्यों में से कोई भी शास्त्रों की इस प्रकार नानाविध व्याख्या करने के झमेले में नहीं पड़ा। उन्होनें श्लोकों के अर्थ में खींचातानी नहीं की। वे शब्दार्थ और भावार्थ के फेर में नहीं पड़े। फिर भी उन्होंने संसार को बड़ी सुन्दर शिक्षा दी। इसके विपरीत, उन लोगों ने जिनके पास सिखाने को कुछ भी नहीं, कभी एकाध शब्द को ही पकड़ लिया और उस पर तीन भागों की एक मोटी पुस्तक लिख डाली, जिसमें सब अनर्थक बातें भरी हैं।

51. धर्म ही सर्वोच्च ज्ञान है- वहीं सर्वोच्च विद्या है। वह पैसों से नहीं मिल सकता और न पुस्तकों से ही। तुम भले ही संसार का कोना-कोना छान डालो, जब तक गुरु का आगमन नहीं होता, जब जक तुम धर्म को कहीं ना पाओगे। और ये विधाता- निर्दिष्ट गुरु प्राप्त हों जाय जो उनके निकट बालकवत् विश्वास और सरलता के साथ अपना हृदय खोल दो और साक्षात् ईश्वर ज्ञान से उनकी सेवा करो। जो लोग इस प्रकार प्रेम और श्रद्धा सम्पन्न होकर सत्य की खोज करते हैं, उनके निकट सत्य स्वरुप भगवान सत्य, शिव और सौन्दर्य के अलौकिक तत्वों को प्रकट कर देते हैं।

52. वह भक्त सचमुच ही भाग्यशाली है जिसे ऐसा गुरु मिलता है जिसे साक्षात्कार हो गया हो या परम पुरुष हो क्योंकि ऐसे गुरु केवल शिक्षा ही नहीं देते बल्कि अपने शिष्यों में शिक्षा के पालन हेतु शक्ति का संचार भी करते हैं। ऐसे आध्यात्मिक आचार्यों के शब्दों में द्दढ़ विश्वास रहता है जो दूसरे साधनों से प्राप्त नहीं हो सकता और शिष्य ऐसे गुरु से दीक्षित होकर कभी अंधेरे में भटकता नहीं है बल्कि कठिन से कठिन पथ पर अग्रसर होता है। ऐसे आध्यात्मिक शिक्षक से एक बार सम्पर्क हुआ नहीं कि साधक की मंजिल प्राप्ति का विकास निश्चित हो जाता है। इसका अभिप्राय यह नहीं कि वह अपने उद्देश्य के लिए संघर्ष नहीं करेगा, बल्कि उसका संघर्ष सौ गुना कम हो जायेगा।

53. दो प्रकार के लोग ईश्वर की मनुष्य रुप में उपासना नहीं करते। एक तो नर पशु, जिसे धर्म का कोई ज्ञान नहीं और दूसरे परमहंस, जो मानव जाति के सारी दुर्बलताओं के उपर उठ चुके हैं और जो अपनी मानवी प्रकृति की सीमा के भी उस पार चले गये हैं। उनके लिए सारी प्रकृति आलस्यरुप हो गयी है। वे ही भगवान को उनके असल स्वरुप में भज सकते हैं।

ब. आस्तिक ईश्वर कारण है अर्थात ईश्वर को मानना

अ. स्वतन्त्र आधार

2. पतंजलि- योग दर्शन

पतंजलि, काशी में ईशा पूर्व दूसरी शताब्दी में विद्यमान थे। इनका जन्म गोनारद्य (गोनिया) में हुआ था, पर ये काशी में नागकूप पर बस गये थें। ये व्याकरणाचार्य पाणिनी के शिष्य थे। काशीवासी आज भी श्रावण कृष्ण पंचमी (नाग पंचमी) को छोटे गुरू का, बड़े गुरू का नाग लो भाई, नाग लो कहकर नाम का चित्र बाँटते हैं क्योंकि पतंजलि को शेषनाग का अवतार माना जाता है। पतंजलि योगसूत्र के रचनाकार है जो हिन्दूओं के छः दर्शन (न्याय, वैशेषिक, सांख्य, योग, मीमांसा, वेदान्त) में से एक हैं। भारतीय साहित्य में पतंजलि के लिखे हुए 3 मुख्य ग्रन्थ मिलते हैं- योगसूत्र, अष्टाध्यायी पर भाष्य और आयुर्वेद पर ग्रन्थ। कुछ विद्वानों का मत है कि ये तीनों ग्रन्थ एक ही व्यक्ति ने लिखे, अन्य की धारणा है कि ये विभिन्न व्यक्तियों की कृतियाँ हैं। पतंजलि ने पाणिनी के अष्टाध्यायी पर अपनी टीका लिखी जिसे महाभाष्य (समीक्षा, टिप्पणी, विवेचना, आलोचना) का नाम दिया। पतंजलि महान चिकित्सक थे और इन्हें ही "चरक संहिता" का प्रणेता माना जाता है। "योगसूत्र" पतंजलि का महान अवदान है। पतंजलि रसायन विद्या के विशिष्ट आचार्य थे। अभ्रक विंदास, अनेक धातु योग और लौह शास्त्र इनकी देन है। पतंजलि सम्भवतः पुष्यमित्र शुंग (195-142 ई0पू0) के शासनकाल में थे। राजा भोज इन्हें तन के साथ मन का भी चिकित्सक कहा है। पतंजलि ने पाणिनी व्याकरण के महाभाष्य की रचना कर उसे स्थिरता प्रदान की। वे अलौकिक प्रतिभा के धनी थे। व्याकरण के अतिरिक्त अन्य शास्त्रों पर भी इनका समान रूप से अधिकार था। व्याकरण शास्त्र में उनकी बात को अन्तिम प्रमाण समझा जाता है। महाभाष्य व्याकरण का ग्रन्थ होने के साथ-साथ तत्कालीन समाज का विश्वकोष भी है।

पतंजलि द्वारा प्रतिपादित योग दर्शन मोक्ष प्राप्ति को ही जीवन का परम लक्ष्य मानता है इसकी प्राप्ति के लिए विवेक ज्ञान के साथ-साथ योगाभ्यास पर भी बल देता है। योग दर्शन सांख्य की तरह द्वैतवादी है परन्तु योग दर्शन मे ईश्वर को भी शामिल किया गया है। वास्तव मे सांख्य और योग दर्शन काफी निकटता है। योग दर्शन मे योेग के उद्देश्य स्परूप और पद्धति का विवरण मिलता है। बंधन का कारण अविवेक है प्रकृति और पुरूष की सम्भव है विवेक ज्ञान का तात्पर्य है पुरूष और प्रकृति के भेद का ज्ञान आत्मा को अपने वास्तविक स्वरूप का ज्ञान हो जाना ही उसकी मुक्ति है। योग दर्शन आत्म ज्ञान अर्थात आत्मा की मुक्ति के लिए योगाभ्यास पर बल देता है। योग का अर्थ है चित्तवृत्ति का निरोध मन अहंकार और बुद्धि को चित्त कहा जाता है। जो अत्यंत चंचल है अतः इसका निरोध आवश्यक है योग दर्शन चित्तभूमि अर्थात मानसिक अवस्था के भिन्न-भिन्न रूपों में विश्वास करता है। क्षिप्त मूढ मानसिक अवस्था निरूद्ध चित्त की पाँच अवस्थाएँ है। इनमें से एकाग्र और निरूद्ध अवस्थाओं को ही योगाभ्यास के योग्य माना गया है चित्तवृत्ति के निरोध के लिए योग दर्शन आठ सीढियो या अष्टांग साधनों की चर्चा करता है। अष्टांग साधन है। (1) यम (2) नियम (3) आसन (4) प्राणायम (5) प्रत्याहार (6) धारणा (7) ध्यान और (8) समाधि बाह्य और आभ्यांतर इंद्रियों के संयम की क्रिया को यम कहा गया है जिसके पांच प्रकार है। अहिंसा, सत्य, अस्तेय, ब्रह्मचर्य और अपरिग्रह। योग दर्शन ईश्वरवादी है। वह ईश्वर प्राणिधान अर्थात ईश्वर की भक्ति को चित्तवृत्तियों के निरोध का साधन मानता है इसीलिए योग दर्शन में ईश्वर को ध्यान का सर्वश्रेष्ठ विषय माना गया है। अर्थात योग मे ईश्वर का व्यावहारिक महत्व है। पतंजलि के अनुसार ईश्वर एक विशेष प्रकार का पुरूष है, जो दुख कर्म विकार से अछूता रहता है। वह स्वभावतः पूर्ण और अनंत है। वह अनादि असीमित शक्तिमान सर्वव्यापी और सर्वज्ञ है। वह त्रिगुणातीत है। वह नित्य मुक्त है योग दर्शन एकेश्वरवाद का समर्थक अर्थात एक ईश्वर में विश्वास करता है। परन्तु उसे सृष्टिकर्ता, पालनकर्ता और संहारकर्ता नहीं माना गया है। बल्कि सृष्टि की रचना तो प्रकृति के विकास के फलस्वरूप हुई है। परन्तु वह सृष्टि की रचना में सहायक अश्वय रहा है। योग दर्शन ईश्वर को दयालु अन्तर्यामी वेदों

का प्रणेता और धर्म ज्ञान व ऐश्वर्य का स्वामी मानता है। वह योग मार्ग में आयी बाधाओ को दूर करता है। ओउम ईश्वर का प्रतीक है।

आचार्य और दर्शन

ब. आस्तिक ईश्वर कारण है अर्थात ईश्वर को मानना

अ. स्वतन्त्र आधार

3. महर्षि गौतम- न्याय दर्शन

न्याय दर्शन, अत्रि ऋषि के सन्तान महर्षि गौतम जो नेवाल, दार्जिलिंग तथा सिक्किम के नेवाली ब्राह्मणों का एक वंश जो गोतामें नाम से भी जाना जाता है जिनका गोत्र अत्रि है, द्वारा प्रतिपादित न्याय दर्शन को तर्कशास्त्र, प्रमाणशास्त्र, वाद्यविद्या आदि नाम प्रदान किये गये है। इस दर्शन का ज्ञान गौतम मुनि द्वारा रचित न्यायसूत्र नामक ग्रंथ द्वारा होता है। कालांतर मे वात्स्यायन, वाचस्पति मिश्र, उदयनाचार्य आदि ने भी इस दर्शन को समृद्ध बनाया न्याय का चरम उद्देश्य मोक्ष प्राप्ति है, जिसकी अनुभूति तत्वज्ञान अर्थात वस्तुओं के वास्तविक स्वरूप को जानने से ही हो सकती है। इसी उद्देश्य से न्याय दर्शन में 16 पदार्थ की व्याख्या की गई है। सिद्धांत (1) प्रमाण (2) प्रमेय (3) संशय (4) प्रयोजन (5) दृष्टांत (6) सिद्धांत (7)अवयय (8) तर्क (9) निर्णय (10) वाद (11) जल्प (12) वितण्डा (13)हेत्वाभास (14) छल (15)जाति तथा (16) निग्रह स्थान। न्याय दर्शन में ज्ञान को बुद्धि या उपलब्धि के अर्थ में प्रयुक्त किया गया है। व्यापक अर्थ मे ज्ञान यथार्थ और अयथार्थ के ज्ञान का सूचक है। जबकि संकुचित अर्थ मे ज्ञान यथार्थ ज्ञान का ही एकमात्र बोधक होता है। ज्ञान का कार्य ज्ञेय वस्तुओं को प्रकाशित करना है। ज्ञान ही हमारे कार्य का आधार है मनुष्य सही या गलत ज्ञान के आधार पर ही कार्य करता है। साथ ही ज्ञान आत्मा का गुण है बिना आत्मा के ज्ञान संभव नहीं है। यथार्थ ज्ञान को प्रमाण कहा गया है। वस्तु को उसी रूप में ग्रहण करना जिस रूप में वस्तु है। प्रमाण है इसके विपरीत अयथार्थ अनुभव को अप्रमाण कहा गया है। संशय भ्रम या तर्क अप्रमाण है। नहीं वस्तु में ऐसे गुणों की कल्पना करना जिनका वस्तु में अस्तित्व नहीं है। अप्रमाण ज्ञान है। प्रमाण की प्राप्ति का साधन प्रमाण कहलाता है। प्रमाण चार प्रकार के होते है। प्रत्यक्ष अनुमान शब्द और उपमान प्रत्यक्ष के दो भेद है। लौ िकिक और अलौकिक वस्तु का इंद्रिय के साथ साधारण सम्पर्क लौकिक और अलौकिक प्रत्यक्ष कहलाता है। तथा इसके विपरीत इंद्रियों के साथ साधारण साथ ही असाधारण ढंग से सम्पर्क अलौकिक प्रत्यक्ष कहा जाता है। न्याय दर्शन ईश्वर की सत्ता में विश्वास करता है। यह ईश्वर को चैतन्य से युक्त आत्मा कहता है। आत्मा के दो प्रकार है- जीवात्मा और परमात्मा। परमात्मा को ही ईश्वर कहा जाता है। परन्तु ईश्वर जीवात्मा से पूर्णत भिन्न है जहाँ ईश्वर का ज्ञान नित्य है, वही जीवात्मा का ज्ञान जबकि आंशिक और सीमित है। ईश्वर सभी प्रकार की पूर्णता से युक्त है जबकि जीवात्मा अपूर्ण है। ईश्वर न बद्ध है, न मुक्त इसके विपरीत जीवात्मा पहले बंधन में रहता है। और बाद में मुक्त होता है। ईश्वर विश्व का स्त्रष्टा पालक और संहारक है, वह अनन्त है और अनन्त गुणों से युक्त है। उसके अनन्त गुणों में से छः गुण अधिक प्रधान है। (1) आधिपत्य (2) वार्य (3) यश (4) श्री (5) ज्ञान और (6) वैराग्य। ये छः गुण षडैश्वर्य कहलाते है। ईश्वर के अस्तित्व को प्रमाणित करने के लिए न्याय दर्शन कारणाश्रित नैतिक वेदों पर आधारित तथा श्रुतियों की आप्तता पर आधारित तर्क प्रस्तुत करता है। न्याय दर्शन के अनुसार आत्मा एक द्रव्य है। सुख-दुःख, राग-द्वेष, इच्छा-प्रयत्न, ज्ञान, धर्म-अधर्म आदि आत्मा के गुण है। वह स्वरूपतः अचेतन है तथा उसमें चेतना का संचार उस विशेष परिस्थिति में ही होता है, जब आत्मा का मन के साथ मन का इंद्रियो का वाह्य जगत के साथ सम्पर्क होता है। इस प्रकार चैतन्य आत्मा का आगंतुक गुंण है आत्मा एक ज्ञाता है, एक भोक्ता है, कर्ता है, जो सुख दुःख का अनुभव करता है। वह नित्य अविनाशी है वह कर्म नियम के अधीन है यह विभु है आत्माओं की संख्या अनन्त है। प्रत्येक शरीर में एक भिन्न आत्मा रहता है। आत्मा शरीर इन्द्रिय और मन से भिन्न है परन्तु अज्ञान के कारण वह इनसे अपने को अभिन्न समझती है। यही बन्धन है जिसके कारण वह दुःखों के अधीन रहता है। बन्धन का अन्त ही मोक्ष है। गौतम दुःख के आत्यन्तिक उच्छेद को ही मोक्ष कहते है। उल्लेखनीय है कि मोक्ष की अवस्था

में आत्मा के दुःखों के साथ-साथ उसके सुखों का भी अंत हो जाता है। मोक्ष प्राप्ति के लिए न्याय दर्शन श्रवण मनन और निदिध्यासन पर बल देता है।

आचार्य और दर्शन

ब. आस्तिक ईश्वर कारण है अर्थात ईश्वर को मानना

अ. स्वतन्त्र आधार

4. कणाद- वैशेषिक दर्शन

वैशेषिक दर्शन वेद की प्रामाणिकता में विश्वास करने के कारण आस्तिक दर्शन कहा जाता है। इसके प्रणेता कणाद या उलूक थे। इस दर्शन में विशेष नामक पदार्थ की व्याख्या होने के कारण ही इसे वैशेषिक दर्शन नाम प्रदान किया गया है। इस दर्शन का ज्ञान वैशेषिक सूत्र द्वारा होता है। न्याय तथा वैशेषिक दर्शन एक दूसरे पर निर्भर है इसलिए इन्हें समान तंत्र भी कहते है। दोनों ने मोक्ष की प्राप्ति को जीवन का चरम लक्ष्य कहा है। परन्तु न्याय दर्शन के प्रमाणशास्त्र और तर्कशास्त्र के विपरीत वैशेषिक दर्शन तत्वशास्त्र न्याय का प्रतिपादन करता है। वैशेषिक दर्शन में पदार्थों की मीमांसा हुई है पदार्थ का अर्थ है जिसका नामकरण हो सके। यह दर्शन पदार्थ को दो भागों में बांटता है। भाव पदार्थ और अभाव पदार्थ भाव। पदार्थ छः है। द्रव्य गुण कर्म सामान्य विशेष और समवाय अभाव पदार्थ में अभाव को रखा गया है। जिसकी व्याख्या वैशेषिक सूत्र नहीं करता। द्रव्य नौ प्रकार के होते है। पृथ्वी, अग्नि, वायु, जल, आकाश, दिक्, काल, आत्मा और मन इनमें से प्रथम पांच को पंचभूत कहा जाता है। जिनकी अनुभूति इंद्रियों से होती है। वैशेषिक दर्शन में आत्मा उस द्रव्य को कहा गया है जो चैतन्य या ज्ञान का आधार होता है। आत्मा दो प्रकार की है। जीवात्मा और परमात्मा जीवात्मा की चेतना सीमित है जबकि परमात्मा की असीमित। जीवात्मा अनेक हैं परन्तु परमात्मा एक है। परमात्मा ईश्वर का ही दूसरा नाम है। ज्ञान सुख-दुःख इच्छा, धर्म-अधर्म आदि आत्मा के विशेष गुण है। आत्मा अमर अनादि और अनन्त है। असीमित चेतना वाले ईश्वर ने विश्व की सृष्टि की वेदों की रचना की। वह जीवात्मा को उसके कार्यों के अनुसार सुख-दुःख देता है अर्थात वह कर्म फलदाता है। आत्मा की सत्ता और ईश्वर के अस्तित्व को प्रमाणित करने के लिए वैशेषिक दर्शन में अनेक युक्तियों का उपयोग किया गया है। विश्व को कार्य मानकर इसके कारण के रूप में ईश्वर की स्थापना हुई है। ईश्वर को अदृश्य नियम का संचालक माना गया है। वैशेषिक दर्शन का दूसरा पदार्थ गुण है। जो द्रव्य में निवास करता है। अतः गुण अकेला नहीं पाया जा सकता। साथ ही गुण-गुण से शून्य होता है। उसमे कर्म या गति का अभाव है। वैशेषिक दर्शन में 24 प्रकार के गुण माने जाते है। वैशेषिक दर्शन का तीसरा पदार्थ कर्म है। कर्म मूर्त द्रव्यों का गतिशील व्यापार है। पाँच मूर्त द्रव्यों पृथ्वी, जल, वायु अग्नि और मन में ही कर्म का निवास होता है। सर्वव्यापी द्रव्यों के कर्म का निवास नहीं होता क्योंकि वे स्थान परिवर्तन नहीं करते। इस प्रकार कर्म द्रव्य का सक्रिय रूप होता है। जबकि गुण द्रव्य का निष्क्रिय रूप है। गुरूत्व तरलता भावना तथा संयोग चार उपाधियों के कारण कर्म का होना प्रमाणित होता है। वैशेषिक दर्शन पाँच प्रकार के कर्म मानता है। उत्क्षेपन, अवक्षेपन, आकुंचन, प्रसारण तथा गमन। सामान्य वैशेषिक दर्शन का चौथा पदार्थ है। यह वह पदार्थ है जिसके कारण एक ही प्रकार के विभिन्न व्यक्तियों को एक जाति के अंदर रखा जाता है। वैशेषिक दर्शन का पाँचवा पदार्थ है जो सामान्य के ठीक विपरीत है। यह नित्य द्रव्य की वह विशिष्टता है। इस दर्शन का छठा पदार्थ समवाय है समवाय वह सम्बन्ध है, जिसके कारण दो पदार्थ एक दूसरे में समवेत रहते है। इन दोनों पदार्थों का एक दूसरे से पृथक होकर अस्तित्व ही नहीं रह सकता जैसे गुण और द्रव्य कर्म और द्रव्य आदि वैशेषिक दर्शन का सातवाँ पदार्थ अभाव है। अभाव का अर्थ किसी वस्तु विशेष की किसी विशेष काल में किसी विशेष स्थान में अनुपस्थिति है। अभाव का तात्पर्य शून्य नहीं है। वैशेषिक दर्शन विश्व का निर्माण परमाणुओं से हुआ मानता है। ये परमाणु चार प्रकार के है। पृथ्वी के परमाणु, जल के परमाणु, वायु के परमाणु और अग्नि के परमाणु। इसलिए वैशेषिक का सृष्टि संबंधीमत परमाणुवाद का सिद्धान्त कहलाता है परमाणु

शाश्वत होते है। ये निष्क्रिय तथा गतिहीन है। जीवात्माओं का अदृश्ट अथवा ईश्वर ही परमाणुओं को गति प्रदान करता है। इसी गति से सृष्टि और प्रलय होता है।

आचार्य और दर्शन

ब. आस्तिक ईश्वर कारण है अर्थात ईश्वर को मानना

ब. वैदिक ग्रन्थों पर आधारित

अ. कर्मकाण्ड पर आधारित

जैमिनि-मीमांसा दर्शन

जैमिनि, वेदव्यास के शिष्य थे। महाभारत में लिखा है कि वेद को चार भागों में विस्तार करने के कारण वेदव्यास (वेद विस्तार) नाम पड़ा। इन्होंने जैमिनि कों सामवेद की शिक्षा दी तथा महाभारत भी पढ़ाया। इन्हीं वेदव्यास ने उपनिषदों के आधार पर ब्रह्मसूत्रों की रचना की। इसी को "भिक्षुसूत्र" भी कहते हैं। जिसका उल्लेख पाणिनी ने अष्टाध्यायी में किया है। इन प्रसंगों से यह स्पष्ट है कि जैमिनि वेदव्यास के समकालिन ऋषि थे। वेदव्यास ने कौरवों और पाण्डवों को साक्षात् देखा था। अतएव ये महाभारत के युद्ध-काल में रहे होंगे। पाणिनी ने अपनी अष्टध्यायी में जिस भिक्षुसूत्र का उल्लेख किया है उसके रचयिता भी यही वेदव्यास हैं जिन्हें बादरायण व्यास भी हम कहते हैं और इसलिए यह बादरायण सूत्र भी कहलाता है। सत्यव्रत सामाश्रमी का कहना है कि जैमिनी निश्रक्तकार यास्क के पूर्ववर्ती हैं। यास्क, पाणिनी के पूर्ववर्ती हैं। सामाश्रमी ने यास्क को ईसा से पूर्व 19वीं सदी में माना है। महाभारत का "अश्वमेध पर्व" तो जैमिनि के ही नाम से प्रसिद्ध है। इसी प्रकार जैमिनी ने अपने पूर्वमीमांसा सूत्र में पाँच बार बादरायण के मत का, उनका नाम लेकर उल्लेख किया है। इस प्रकार वेदव्यास के साथ जैमिनि का घनिष्ठ सम्बन्ध रखना प्रमाणित होता है। अतएंव दोनों एक ही काल में रहे होंगे, ऐसा सिद्धान्त मानने में दोष नहीं मालूम होता। पाश्चात्य विद्वानों के अनुसार ईसा से 3 हजार वर्ष पूर्व जैमिनि का समय कहने में कोई विशेष आपत्ति नहीं मालूम होती।

मीमांसा एक आस्तिक दर्शन है। जो वेदों पर पूर्णतः आधारित है यह वेदों के कर्म कांड की मीमांसा करता है। वास्तव में इस दर्शन का विकास कर्म की यथार्थता अर्थात हवन यज्ञ बलि आदि की महत्ता को प्रमाणित करने के लिए ही हुआ है। इसके प्रवर्तक जैमिनि थे। जिन्होंने मीमांसा सूत्र में इस दर्शन की रूप रेखा स्पष्ट की है। कालांतर में मीमांसा के दो सम्प्रदाय हो गये जिनमें से एक के प्रणेता कुमारिल भट्ट और दूसरे के प्रभाकर मिश्र थे। मीमांसा दर्शन में छः प्रमाण माने गये है। प्रत्यक्ष अनुमान उपमान शब्द अर्थापत्ति किसी विषय की कल्पना और अनुपलब्धि प्रत्यक्ष के अतिरिक्त अन्य पाँचों परोक्ष प्रमाण है। प्रत्यक्ष ज्ञान वह है जिसमें विषय की साक्षात् प्रतीति होती है। और यह तभी होता है जब इंद्रिय के साथ विषय का सम्पर्क हो। मीमांसा दर्शन में ज्ञान को स्वतः प्रमाण माना गया है। प्रत्यक्ष अनुमान आदि प्रमाणों के द्वारा ज्ञान उत्पन्न होता है। ज्ञान का प्रामाण्य उस ज्ञान की उत्पादक सामग्री में ही विद्यमान रहता है। साधारणतः दूसरे ज्ञान के द्वारा यह मालूम होता है कि ज्ञान भ्रमपूर्ण है अर्थात उस ज्ञान के आधार में दोष से ही ज्ञान के मिथ्या होने का अनुमान किया जाता है। प्रभाकर के अुनसार जिसे भ्रम कहा जाता है वह दो ज्ञानों का संयोजन हैं, वे दो ज्ञान है। लम्बी टेढ़ी वस्तु का प्रत्यक्ष ज्ञान और पूर्वकाल में प्रत्यक्ष की हुई सांप की स्मृति, स्मृति दोष के कारण व्यक्ति यह भूल जाता है। वह साँप का विषय है। अर्थात प्रत्यक्ष और स्मृति के भेद के ज्ञान के अभाव के कारण मात्र है। इस मत को अख्यातिवाद कहते है। मीमांसा दर्शन जगत और उसके समस्त विषयों को सत्य मानता है। यह जगत के अलावा आत्मा स्वर्ग नरक वैदिक देवों के अस्तित्व को भी स्वीकार करता है। यह परमाणु की सत्ता को मानता है। परमाणु आत्मा की तरह नित्य है परन्तु वह ईश्वर द्वारा संचालित नहीं है। मीमांसा के अनुसार परमाणु कर्म के नियम द्वारा गतिशील होते है। इसके परिणामस्वरूप यह संसार जीवात्माओं को कर्म फल का भोग कराने योग्य बन जाता है। प्रभाकर ने सात पदार्थों का उल्लेख किया है। द्रव्य गुण कर्म

सामान्य परतंत्रता शक्ति और सादृश्य मीमांसा दर्शन आत्मा को एक द्रव्य मानता है जो चैतन्य गुण का आधार है। इस प्रकार चेतना आत्मा का स्वभाव नहीं बल्कि गुण है अर्थात चैतन्य आत्मा का आगंतुक गुण है। आत्मा का सम्पर्क मन इंद्रियों से होने पर ही उसमे चैतन्य का उदय होता है। मोक्ष की अवस्था में आत्मा चेतन शून्य या सभी विशेष गुणों से रहित हो जाती है। आत्मा अमर है। वह नित्य है, ज्ञाता है और स्मृति का कर्ता है। आत्मा अनेक है। उसके नौ विशेष गुण है। सुख, दुःख इच्छा, प्रयत्न, द्वेष, धर्म, अधर्म, संस्कार और बुद्धि। आत्मा का ज्ञान अहं वित्ति से होता है। मीमांसा दर्शन ईश्वर को गौण स्थान देता है। वह देवताओं को सिर्फ बलि ग्रहण करने वाला माना है। उसकी उपयोगिता सिर्फ इतनी है कि उसके नाम पर होम किया जाता है। अनेक देवताओं का अस्तित्व स्वीकार करने के कारण मीमांसा को अनेकेश्वरवादी कहा जाता है। बाद के मीमांसाकों ने ईश्वर को कुछ महत्व दिया है और उसे कर्म फल दाता माना है। जैमिनि स्वर्ग को जीवन का चरम लक्ष्य मानते हैं। स्वर्ग की प्राप्ति कर्म के द्वारा ही सम्भव है। धर्म सम्मत कर्म करने चाहिए अन्य शब्दों में मीमांसा वैदिक कर्मकांडो को ही धर्म मानती है। कालांतर में बाद के मीमांसाकों ने स्वर्ग के बजाय मोक्ष को चरम लक्ष्य के रूप में स्वीकार कर लिया। वे आत्मा को स्वभावतः अचेतन मानते हैं। और उसके शरीर इंद्रिय मन आदि से संयोग के उपरांत ही उसमे चेतना के संचार की बात करते हैं। मोक्ष प्राप्ति के पश्चात आत्मा का सम्पर्क शरीर मन इंद्रिय आदि से टूट जाता है। मोक्ष की अवस्था में आत्मा चैतन्य से शून्य हो जाती है। यह दुःख के अभाव की अवस्था है। मोक्ष की प्राप्ति ज्ञान और कर्म से सम्भव है।

आचार्य और दर्शन

ब. आस्तिक ईश्वर कारण है अर्थात ईश्वर को मानना

ब. वैदिक ग्रन्थों पर आधारित

ब. ज्ञानकाण्ड अर्थात उपनिषद् पर आधारित

वेदान्त (वेदांत), जिसका शाब्दिक अर्थ है- वेदों का अन्त (अथवा सार)। हिन्दू दर्शन की सबसे महत्वपूर्ण शाखा है। यह ज्ञानयोग की एक शाखा है जो व्यक्ति को ज्ञान प्राप्ति की दिशा में उत्प्रेरित करता है। इसका मुख्य स्रोत उपनिषद् है जो वेद ग्रन्थों और अरण्यक ग्रन्थों का सार समझे जाते हैं। वेदान्त की तीन शाखाएँ जो सबसे ज्यादा जानी जाती हैं वे हैं- अद्वैत वेदान्त, विशिष्टाद्वैत वेदान्त और द्वैत वेदान्त। आदि शंकराचार्य, रामानुजाचार्य और मध्वाचार्य, जिनको क्रमशः इन तीनों शाखाओं का प्रवर्तक माना जाता है। इनके अलावा भी ज्ञानयोग की अन्य शाखाएँ हैं। ये शाखाएँ अपने प्रवर्तकों के नाम से जानी जाती हैं जिनमें भास्कर, वल्लभ, चैतन्य, निम्बारक, वाचस्पति मिश्र, सुरेश्वर और विज्ञान भिक्षु मुख्य हैं। आधुनिक काल में जो प्रमुख वेदान्ती हुये हैं उनमें रामकृष्ण परमहंस, स्वामी विवेकानन्द, अरविन्द घोष, स्वामी शिवानन्द और रमण महर्षि उल्लेखनीय हैं। ये आधुनिक विचारक अद्वैत वेदान्त शाखा का प्रतिनिधित्व करते हैं। दूसरे वेदान्तों के प्रवर्तकों ने भी अपने विचारों को भारत में भलिभाँति प्रचारित किया है परन्तु भारत के बाहर उन्हें बहुत कम जाना जाता है। ऐतिहासिक रूप से किसी गुरू के लिए आचार्य बनने या समझे जाने के लिए वेदान्त की पुस्तकों पर टीकाएँ या भाष्य लिखने पड़ते हैं। इन पुस्तकों में तीन महत्वपूर्ण पुस्तक शामिल है- उपनिषद्, भगवद्गीता और ब्रह्मसूत्र। तद्नुसार आदि शंकराचार्य, रामानुज और मध्वाचार्य तीनों ने इन तीन महत्वपूर्ण पुस्तकों पर विशिष्ट रचनायें दी हैं।

1. **द्वैताद्वैत दर्शन - श्रीमद् निम्बार्काचार्य**
2. **अद्वैत दर्शन - आदि शंकराचार्य**
3. **विशिष्टाद्वैत दर्शन - श्रीमद् रामानुजाचार्य**
4. **द्वैत दर्शन - श्रीमद् माध्वाचार्य**
5. **शुद्धाद्वैत दर्शन - श्रीमद् वल्लभाचार्य**

ब. आस्तिक ईश्वर कारण है अर्थात ईश्वर को मानना

ब. वैदिक ग्रन्थों पर आधारित

ब. ज्ञानकाण्ड अर्थात उपनिषद् पर आधारित

1. द्वैताद्वैत दर्शन - श्रीमद् निम्बार्काचार्य

परिचय

सनातन संस्कृति की आत्मा श्रीकृष्ण को उपास्य के रूप में स्थापित करने वाले निम्बार्काचार्य वैष्णवाचार्यों में प्रचीनतम माने जाते हैं। राधा-कृष्ण की युगलोपासना को प्रतिष्ठापित करने वाले निम्बार्काचार्य का प्रादुर्भाव कार्तिक पूर्णिमा को हुआ था। भक्तों की मान्यतानुसार निम्बार्काचार्य का आविर्भाव काल द्वापरान्त में कृष्ण के प्रपौत्र ब्रजनाभ और परीक्षित पुत्र जनमेजय के समकालीन बताया जाता है। इनके पिता अरूण ऋषि की, श्रीमद्भागवत में परीक्षित की भागवतकथा श्रवण के प्रसंग सहित अनेक स्थानों पर उपस्थिति को विशेष रूप से बतलाया गया है। हालांकि आधुनिक शोधकर्ता निम्बार्काचार्य के काल को विक्रम की 5वीं सदी से 12वीं सदी के बीच सिद्ध करते हैं। सम्प्रदाय की मान्यतानुसार इन्हें भगवान के प्रमुख आयुध "सुदर्शन" का अवतार माना जाता है। इनका जन्म वैदुर्यपत्तन (दक्षिण काशी) के अरूणाश्रण में हुआ था। इनके पिता अरूण मुनि और इनकी माता का नाम जयंती था। जन्म के समय इनका नाम नियमानन्द रखा गया और बाल्यकाल में ही ये ब्रज में आकर बस गये। मान्यतानुसार अपने गुरू नारद की आज्ञा से नियमानन्द ने गोवर्धन की तलहटी को अपनी साधना स्थली बनाया। बचपन से ही यह बालक बड़ा चमत्कारी था। एक बार गोवर्धन स्थित इनके आश्रम में एक दिवाभोजी यति (केवल दिन में भोजन करने वाला सन्यासी) आया। स्वाभाविक रूप से शास्त्र चर्चा हुई पर इसमें काफी समय व्यतीत हो गया और सूर्यास्त हो गया। यति बिना भोजन किये जाने लगा। तब बालक नियमानन्द ने नीम के वृक्ष की ओर संकेत करते हुए कहा कि अभी सूर्यास्त नहीं हुआ है, आप भोजन करके ही जाएँ। लेकिन यति जैसे ही भोजन करके उठा तो देखा कि रात्रि के दो पहर बीत चुके हैं। तभी से इस बालक का नाम "निम्बार्क", यानि निम्ब (नीम का पेड़) पर अर्क (सूर्य) के दर्शन कराने वाला हो गया। निम्बार्काचार्य ने ब्रह्मसूत्र, उपनिषद् और गीता पर अपनी टीका लिखकर अपना समग्र दर्शन प्रस्तुत किया। इनकी यह टीका वेदान्त परिजात सौरभ (दसश्लोकी) के नाम से प्रसिद्ध है। इनका मत "द्वैताद्वैत" या "भेदाभेद" के नाम से जाना जाता है। निम्बार्काचार्य के अनुसार जीव, जगत और ब्रह्म में वास्तविक रूप से भेदाभेद सम्बन्ध है। निम्बार्काचार्य इन तीनों के अस्तित्व को उनके स्वभाव, गुण और अभिव्यक्ति के कारण भिन्न (पृथक) मानते हैं तो तात्विक रूप से एक होने के कारण तीनों को अभिन्न मानते हैं। निम्बार्काचार्य के अनुसार उपास्य राधाकृष्ण ही पूर्ण ब्रह्म हैं। डा0 सर्वपल्ली राधाकृष्णन् ने अपनी सुविख्यात पुस्तक "भारतीय दर्शन" में निम्बार्काचार्य और उनके दर्शन की चर्चा करते हुए लिखा है कि- "निम्बार्काचार्य की दृष्टि में भक्ति का तात्पर्य

उपासना न होकर प्रेम अनुराग है। प्रभु सदा अपने अनुरक्त भक्त के हित साधन के लिए प्रस्तुत रहते हैं। भक्तियुक्त कर्म ही ब्रह्मज्ञान प्राप्ति का साधन है।" सलेमाबाद (जिला अजमेर) के राधामाधव मन्दिर, वृन्दावन के निम्बार्क-कोट, नीमगाँव (गोवर्धन) सहित भारत के विभिन्न हिस्सों में निम्बार्काचार्य जयंती विशेष समारोहपूर्वक मनायी जाती है।

आचार्य और दर्शन

ब. आस्तिक ईश्वर कारण है अर्थात ईश्वर को मानना

ब. वैदिक ग्रन्थों पर आधारित

ब. ज्ञानकाण्ड अर्थात उपनिषद् पर आधारित

2. अद्वैत दर्शन - आदि शंकराचार्य

परिचय

भगवान श्रीकृष्ण द्वारा भगवद्गीता में कथित वचन- "जब जब धर्म की हानि और अधर्म की वृद्धि होती है तब तब मैं अवतार धारणा करता हूँ" को चरितार्थ करने हमारी पावन मातृभूमि भारतवर्ष में विभिन्नकाल में तेजस्वी सन्त और महापुरूष अवतरित होते रहे हैं। एक बार पुनः इसी वचन को हम दक्षिण भारत में केरल राज्य के कालडी नामक ग्राम में आठवीं शताब्दी ई0 में पूर्ण होता हुआ पाते है। जब श्रीशंकर ने सनातनी नम्बूदरी ब्राह्मण दम्पति विशिष्टा और शिवगुरू के घर में जन्म लिया। आठ वर्ष की आयु में शंकर का उपनयन -संस्कार हो गया था, पर इसके पूर्व ही उन्होंने पण्डितों को आश्चर्यचकित करते हुए अनेक धर्मग्रन्थों में प्रवीणता प्राप्त कर ली थी। सोलह वर्ष की अल्पायु में ही शिक्षा पूरी करके उन्होंने षट्दर्शन का सांगोपांग अध्ययन कर लिया। फलतः उनका मन बाह्य जगत से पूर्णतया विरक्त हो गया। अब उन्होंने संन्यास ग्रहण करने का निश्चय कर लिया। उनके इस संकल्प में उनकी प्रिय एवं वात्सल्यपूर्ण माँ ही एक बड़ा अवरोध थी। क्योंकि अपनी माँ का वे अत्यधिक आदर करते थे। वैराग्य और प्रेम में द्वन्द्व खड़ा हो गया किन्तु शंकर को तो सर्वोच्च कोटि का अखिल विश्व का धर्मगुरू होना था। अतः कुछ विचित्र परिस्थितियों के उत्पन्न हो जाने से उन्हें माँ की सन्यासी होने की आज्ञा मिल गयी। शंकर ने अपनी माँ को वचन दिया था- "यद्यपि मैं एक सन्यासी का जीवन व्यतीत करने जा रहा हूँ किन्तु तुम्हारे जीवन के अन्तिम दिनों में तुम्हारे पास ही होउगाँ।" तीव्र वैराग्य भाव से उत्तप्त आसक्ति के अन्तिम बन्धन को छिन्न करके शंकर नर्मदातट पर पहुँचे और वहाँ उन्होंने विख्यात गौड़पाद के आत्मज्ञानी शिष्य गोविन्दपाद की शिष्यता ग्रहण की। दीक्षा के पश्चात गुरूश्रेष्ठ गोविन्दपाद ने शंकर को भगवान वेदव्यास के वेदान्तसूत्रों पर भाष्य लिखने का आदेश दिया। इन महत्कार्य को सम्पादित करके आचार्य शंकर दिग्विजय यात्रा पर निकल पड़े। हिमालय से कन्याकुमारी और कश्मीर से आसाम में कामरूप तक उन्होंने पैदल भ्रमण किया। इस महान यात्रा में उन्होंने लगभग सभी समकालीन प्रकाण्ड विद्वानों को शास्त्रार्थ में पराजित किया। पराजित विद्वानों में से अधिकांश उनके शिष्य या अनुयायी हो गये। आचार्य शंकर की सब से बड़ी विजय थी, प्रकाण्ड विद्वान एवं महान कर्मकाण्डी मण्डन मिश्र तथा उनकी तत्सम् विद्वान धर्म पत्नी उभय भारती को पराजित करना। यह दम्पत्ति वैदिक कर्मकाण्ड के कट्टर अनुयायी थे। कुमारिल भट्ट के शिष्य थे। शास्त्रार्थ की पूर्व शर्त के अनुसार मण्डन मिश्र, आचार्य शंकर के प्रमुख चार शिष्य में गौरवशाली स्थान प्राप्त हुआ। सन्यास ग्रहण करने के बाद उनका नामकरण सुरेश्वराचार्य हो गया। आचार्य शंकर के अन्य तीन शिष्य थें-

पद्मपाद, तोटकाचार्य और हस्तामलक। आचार्य शंकर के उस समय के सबसे प्रबल विरोधी सम्भवतः बौद्ध ही जो वैदिक धर्म के समस्त रूपों का विरोध ही करते थे। किन्तु अन्ततोगत्वा आचार्य शंकर ने अपनी दिव्य वाग्मिता से उन सभी को पराभूत किया और उनमें से अधिकांश तो उनके अनुयायी बन गये। अद्वैत वेदान्त की महिमा और श्रेष्ठता प्रतिष्ठापित कर देने के बाद आचार्य शंकर ने भारत की चार दिशाओं में चार मठ स्थापित किये। पूर्व में जगन्नाथपुरी में गोवर्धन मठ, उत्तर में हिमालय बद्रीकाश्रम में जोशी या ज्योतिर्मठ, पश्चिम में द्वारका में शारदा मठ और दक्षिण में कर्नाटक राज्य के अन्तर्गत श्रृंगेरी मठ। इन मठों में उन्होंने अपने उपरोक्त चार प्रमुख शिष्यों को उनका पीठाधिपति नियुक्त किया। आज भी ये मठ अध्यात्मविद्या के केन्द्र है जहाँ पर सहस्त्रों ज्ञानपिपासु जाते रहते हैं। आचार्य शंकर ने संन्यासियों की दस सुविख्यात श्रेणियाँ भी स्थापित की जो गिरी, पुरी, भारती, सरस्वती, तीर्थ, आश्रम, वन, अरण्य, पर्वत और सागर नाम से प्रसिद्ध हैं। ब्रह्मसूत्र, ग्यारह प्रमुख उपनिषदों और भगवद्गीता पर भाष्य लिखकर आचार्य शंकर अमर हो गये हैं। आचार्य शंकर निर्विवाद रूप से वेदान्त दर्शन के सब से महान आचार्य हैं। उन्होंने अपनी तीक्ष्ण मीमांसा द्वारा वेदान्त का सार लेकर उस अद्भुत अद्वैत तत्वज्ञान को प्रतिपादित किया जो उपनिषदों में निहित है। उन्होंने ब्रह्मविषयक परस्परविरोधी व्याख्याओं में ऐक्य स्थापित करके यह दर्शाया कि चिरन्तन सत्य केवल एक है। उनकी मान्यता थी चूंकि चढ़ाई के मार्ग पर व्यक्ति धीरे धीरे ही गमन कर सकता है। तदनुरूप विभिन्न व्यक्तियों की क्षमता के अनुसार विभिन्न साधनमार्ग हैं। उनके प्रख्यात प्रकरणग्रन्थों से उदाहरणार्थ विवेकचूड़ामणि तथा अपरोक्षानुभूति आदि से उनके अगाध ज्ञान और अपरिमित कल्पनाशक्ति का पता चलता है। आचार्य शंकर के ये ग्रन्थ आध्यात्मिक साधको के लिए आवश्यक पथप्रदर्शक हैं। शंकराचार्य यद्यपि पूर्णतया अद्वैतवादी थे, किन्तु उनका अन्तःकरण प्रगाढ़ भक्ति से ओतप्रोत था। उनके द्वारा विरचित अद्वितीय स्तोत्र भक्ति एवं वैराग्य की भावना से ऐसे परिपूर्ण है कि इनसे पाषाणहृदय भी द्रवित हो उठे। अपने अद्वैत दर्शन द्वारा सारे देश को प्लावित करके एवं धर्म में युगान्तरकारी सुधार ले आने के उपरान्त आचार्य शंकर सन 830 में बत्तीस वर्ष की आयु में हिमालय पर्वत पर केदारनाथ महासमाधि में लीन हो गये। आज सैकड़ो वर्षो के बाद भी भारत के धार्मिक जीवन पर उनके व्यापक एवं प्रभावशाली कार्यों का सफल प्रभाव पूर्णतः विद्यमान है। वे हमें निरन्तर प्रेरित करते रहे तथा उनके द्वारा हमारा मार्गदर्शन होता रहे यही हमारी ऐकान्तिक कामना है।

आचार्य शंकर पर स्वामी विवेकानन्द के कुछ शब्द –

“.......और इस बार प्राकट्य दक्षिण में हुआ। एक ब्राह्मण बालक उत्थित हुआ, जिसके विषय में कहा जाता है कि उसने सोलह वर्ष की आयु में अपना समस्त लेखनकार्य भाष्यरचना आदि सम्पूर्ण कर लिया था। यह असाधारण बालक शंकराचार्य थे। इस सोलह वर्षीय बालक द्वारा लिखे ग्रन्थ आधुनिक जगत् के लिए एक महान आश्चर्य है, और ऐसा ही वह बालक था। उनकी अभिलाषा यही थी कि भारतवर्ष में पुरातन पावन परम्पराओं का पुनः स्थापना हो। विचार करने की बात है कि उस बालक के सम्मुख कितना महान कार्य था। आचार्य शंकर एक महान तत्वज्ञानी थे। उन्होंने यह स्पष्ट किया कि बौद्ध धर्म का सार तत्वतः वेदान्त दर्शन से भिन्न नहीं है। शंकर की सर्वोपरि गरिमा उनका गीता का प्रचार है। उस महापुरूष ने अपने उदात्त जीवन में अनेक महान कार्य किये किन्तु गीता का प्रचार और गीता पर उनका उत्कृष्ट भाष्य उनके सर्वोत्तम कार्यों में से है। आचार्य शंकर ने वेदों के सनातन धर्म की पूर्ण रक्षा की। अनेक अनुयायी उन्हें शिव का अवतार मानते है..... तुम्हें शंकर का अनुसरण करना चाहिए।

श्री शंकराचार्य की वाणी

जिस प्रकार अँधेरे में पड़ी रस्सी से सर्प की कल्पना कर ली जाती है तथा शुक्ति या सीपी को चाँदी का टुकड़ा समझ लिया जाता है। उसी प्रकार अज्ञानी पुरूष देह को ही आत्मा मान लेता है। आत्मा वस्तुतः एक और निरवयव है। उसके विपरीत देह अनेक अंगो की बनी है, फिर भी आश्चर्य! लोग दोनों को एक ही मानते है, भला इससे बढ़कर अज्ञान और क्या हो सकता है। अज्ञानी पुरूष फल की अभिलाषा से कर्म में प्रवृत्त होता है। सतत चिन्तन से इस भाव की उत्पत्ति होती है कि मै ब्रह्म हूँ और वह अज्ञान एवं उसके कार्यों का नाश कर देता है। यह

वैसे ही होता है जैसे रसायन औषधि रोग का नाश कर देता है। मन से बाहर अज्ञान का अस्तित्व नहीं है। केवल मन ही अविद्या है, वही समस्त बन्धनों एवं पुनर्जन्म का कारण है। जब मन नष्ट हो जाता है तो सारे प्रपंच नष्ट हो जाते है। जिस प्रकार पीलिया या पाण्डुरोग के रोगी को श्वेत वस्तुएँ भी पीली दिखाई देती हैं उसी प्रकार अज्ञान के कारण मनुष्य आत्मा को देहरूप देखता है। ब्रह्म के साथ आत्मा के ऐक्य की अनुभूति से ही मुक्ति सम्भव है। योग, सांख्य, कर्म, विद्या अथवा अन्य किसी उपाय से वह सम्भव नहीं। मैं देवाधिदेव हूँ, मैं द्वेष और ईष्र्या के स्पर्श मात्र से अलिप्त हूँ, मैं वह जो मुमुक्षु साधको की कामना पूर्ण करता हूँ, मैं अजर, मैं अमर हूँ, ईश्वर हूँ, मैं प्रत्यगात्मचैतन्य हूँ, परमानन्द पूर्ण हूँ, मैं परमशिव हूँ, मैं अनन्त हूँ, आत्मसाक्षात्कार करने वालो पुरूषों मैं मैं सर्वश्रेष्ठ हूँ, मैं आत्मानन्द का भोक्ता हूँ, अशिक्षित बालक अथवा अन्य प्राणी जिस अपने मैं की गरिमा का अनुभव करते हैं, वह मैं हूँ, मैं आनन्दमयी हूँ, ज्ञानमय हूँ आत्मानुभूतिमय हूँ, मैं बाह्य वस्तु के विचार तक से कोसों दूर हूँ, मेरा हृदय उस आनन्द में मग्न है जो इन्द्रियों का विषय नहीं है। केवल मैं ही जगत का मूल हूँ, उपनिषदों के उद्यान में बिहार करनेवाला मैं ही हूँ, मैं वह बड़वाग्नि हूँ, जो दुःखों के उफनाते हुए सागर को सुखा देगी। मैं ऋषि हूँ, ऋषियों का समूह मैं ही हूँ, सृष्टि-सृजन की क्रिया मैं हूँ, और मैं स्वयं ही सृष्टि हूँ, मैं प्रगति हूँ, मैं तृप्ति हूँ, तृप्तिरूपी दीप का प्रकाश मैं ही हूँ, मैं देह से भिन्न हूँ, अतः मैं जन्म, जरा, क्षीणता, क्षय तथा आदि के आवर्तन से मुक्त हूँ, शब्द, रूप, रस, स्पर्श, गन्ध आदि इन्द्रिय विषयों से मैं निर्लिप्त हूँ, क्योंकि मैं इन्द्रियरहित हूँ,। मैं मन नहीं हूँ, अतः मोह, द्वेष और भय से मुक्त हूँ, उपनिषदों में उल्लेख है वह प्राणरहित, मनरहित, शुद्ध, उच्च से भी उच्च और अविनाशी है वह परब्रह्म मैं ही हूँ, जो शाश्वत शुद्ध, बुद्ध, मुक्त है जो अखण्ड, असीम एकमेवाद्वितीयम् है, जो सत्य ज्ञानमनन्तम रूप है। आकाश के समान मैं अन्तः वाह्य में व्याप्त हूँ, अविकारी और सर्वत्र सम हूँ, मैं शुद्ध, बुद्ध, निर्लिप्त, निर्मल, अविनाशी हूँ,। मैं निर्गुण और निष्क्रिय हूँ, मैं शाश्वत, निर्विकल्प, शुद्ध, निर्मल, निर्विकार, निराकार, अपरिवर्तनशील, नित्यमुक्त हूँ। मैं इन्द्रिय सुखो से विरक्त हूँ, परमानन्द, ज्ञान, आत्मानुभूति से पूर्ण हूँ, मैं इन्द्रिय जगत की कामनओं से सर्वत्र पृथक हूँ, जो अतीन्द्रिय है उसी में आनन्दित हूँ, समस्त शक्तिशाली तत्वों का मंगल मैं हूँ, क्योंकि मैं उन सब में महान हूँ, मैं कामजन्य संवेगों से मुक्त हूँ, मैं एक हूँ,। अभेद हूँ, यह इस प्रकार अथवा ऐसे के भेद से पृथक हूँ, मैं निःसंदेह पुरूषों का वन्दनीय हूँ, मैं गुणदोष की आन्तरिक भावनाओ से रहित हूँ,। मैं एकत्व का उद्घाटक हूँ, वेदान्त सिद्धान्त के सम्यक ज्ञान से जिनकी बुद्धि शुद्ध हो गयी है उनके लिए एकमात्र मैं ही परमासत्ता हूँ। रात्रि के अन्धकार की तरह अज्ञान को नष्ट करने वाला सूर्य मैं ही हूँ। मैं समस्त अशुभों का निदान हूँ,। मैं समस्त आरोपित उपाधियों से रहित औदार्य की पराकाष्ठा हूँ। धर्म, अर्थ, काम और मोक्ष प्रदान कर सभी इच्छओं को पूर्ण करने वाला मैं ही हूँ,। मैं समस्त औषधियों में ओज हूँ। सारे जगत का ताना बाना मैं हूँ, मैं पवित्र मन्त्ररूपी पंकज से निःसृत आत्माभिव्यक्ति की आनन्दमय सुरभि से उनमत्त भ्रमर हूँ। मैं ज्ञान हूँ, मैं ज्ञेय हूँ,, मैं ज्ञाता हूँ,। मैं सभी प्रकार के ज्ञान का साधन हूँ, ज्ञाता, ज्ञान और ज्ञेय से परे शुद्ध अस्तित्व मात्र मैं ही हूँ, मैं, न बुद्धि, न अहंकार चिन्ता, कान, जीभ, और आँख भी नहीं, आकाश, वायु, अग्नि, जल और पृथ्वी भी मैं नहीं हूँ,। मैं चिदानन्दस्वरूप शिव हूँ, मैं शिव हूँ, मैं प्राण नहीं हूँ,। पंच वायु, सप्ततत्व, पंचकोश, हाथ, पाँव, जिह्वा या अन्य कर्मेन्द्रिय भी नहीं हूँ, मैं चिदानन्दस्वरूप शिव हूँ, मैं शिव हूँ। मुझे न लोभ, न मोह, न द्वेष है, न राग, न मद, न मत्सर, धर्म, अर्थ, काम और मोक्ष की भी मुझे कामना नहीं है। मैं चिदानन्दस्वरूप शिव हूँ, मै शिव हूँ। मैं सुख, दुःख, पाप, पुण्य कुछ भी नहीं जानता । मन्त्र, तीर्थ, वेद, यज्ञ भी मैं नहीं जानता। मैं न भोक्ता हूँ, न भोग्य और न भोग। मैं चिदानन्दस्वरूप शिव हूँ, मैं शिव हूँ। मुझे मृत्यु नहीं, किसी प्रकार का भय नहीं, मुझमें जातिभेद नहीं है, न मेरे पिता है, न माता, मैं अजन्मा हूँ, न मेरे मित्र हैं, न सुहृद, न शिष्य, न गुरू मैं चिदानन्दस्वरूप शिव हूँ, मैं शिव हूँ। मैं निराकार हूँ, निर्विकल्प हूँ, मैं सर्वव्यापी हूँ, सर्वत्र हूँ, फिर भी इन्द्रियातीत हूँ, मैं न मोक्ष हूँ, न ज्ञेय, मैं चिदानन्दस्वरूप शिव हूँ, मैं शिव हूँ। बहुत से व्यक्ति जटाजूट बढ़ा लेते हैं, बहुत से सिर मुड़ा लेते है। बहुत से अपने केश निकाल डालते है, बहुत से गेरूआ वस्त्र धारण कर लेते हैं अथवा अन्य रंगों के वस्त्र पहन लेते हैं, किन्तु ये सब बातें उदर पोषण के लिए ही होता है। मोहग्रस्त व्यक्ति सम्मुख स्पष्ट सत्य देखकर भी नहीं देखते। मित्र और शत्रु, पुत्र, सगे-सम्बंधी, युद्ध या सन्धि किसी के प्रति भी आसक्त मत हो। यदि तुम विष्णुपद की प्राप्ति की इच्छा करते हो तो सभी विषयों को समदृष्टि से देखो। ज्ञान की प्राप्ति केवल विचार से ही हो सकती है।

अन्य किसी साधन से नहीं। यह ठीक उसी प्रकार है जैसे बिना प्रकाश की सहायता के कोई वस्तु दृष्टिगोचर नहीं होती। प्रत्येक वस्तु का जन्म अज्ञान से होता है। ज्ञान के जागृत होते ही उसका नाश हो जाता है। मन जब दर्पण की भाँति निर्मल हो जाता है तब उसमें ज्ञान प्रकट होता है। अतः मन को शुद्ध करने का प्रयत्न करना चाहिए। आत्मा का स्वतः अथवा किसी दूसरे के द्वारा न तो ग्रहण किया जा सकता है, न त्याग और न आत्मा स्वयं किसी वस्तु का ग्रहण या त्याग ही करती है। यही सम्यक ज्ञान है। सम्यक ज्ञान परम शोधक अग्नि है। यह समस्त वेद और देवताओं का परम रहस्य है। मैं सर्वव्यापी, सम, शान्त, निरपेक्ष, सच्चिदानन्द ब्रह्म हूँ, मैं यह शरीर नहीं हूँ, जो स्वयं असत् है। इसी को ज्ञानी सत्य ज्ञान कहते हैं। पूर्ण ज्ञान प्राप्त योगी अपने ज्ञान चक्षुओं से स्व आत्मा में ही सम्पूर्ण जगत को देखता है। उसे सर्वत्र स्व आत्मा ही दिखाई देता है। अन्य कुछ नहीं। आत्मा पर आरोपित उपाधियों का विनाश केवल पूर्ण ज्ञान से होता है। अन्य किसी उपाय से नहीं। वेदों के अनुसार ब्रह्म और जीव में एकत्व की अनुभूति ही पूर्ण ज्ञान है। सत्य ज्ञान, अहंकार को समूल नष्ट करके समस्त कर्मों को भस्म कर देता है। तत्पश्चात्, न कर्ता रह जाता है न कर्म। न फलों का भोक्ता। मुक्ति के लिए कोई चाहे तीर्थ यात्रा करते हुए, गंगासागर जाए या व्रत या दान पुण्य करे, किन्तु ज्ञान के बिना मुक्ति नहीं मिल सकती। आत्मा से तत्क्षण, तत्काल और यही आत्मानुभूति होती है। सब उपनिषदों का सार तत्व यही है कि पूर्ण मुक्ति ज्ञान से ही होती है। ज्ञान का फल तुरंत यहीं इसी जन्म में प्राप्त हो जाता है। अतः उसके लिए किसी प्रकार के संशय कि फल मिलेगा या नहीं अथवा भयभीत होने की कोई आवश्यकता नहीं। सत्यज्ञान, जो वेदान्त का विषय है इस संकल्प को जन्म देता है कि आत्मा ही ब्रह्म है। इसकी उपलब्धि से व्यक्ति पुनर्जन्म के बन्धन से तुरन्त पूर्णतः मुक्त हो जाता है। ज्ञानी पुरूष को विवेक द्वारा सम्पूर्ण दृश्य जगत को आत्मा में ही विलीन कर लेना चाहिए और निरन्तर यह चिन्तन करते रहना चाहिए कि आत्मा, आकाश के सदृश्य निर्मल है। मैं देवताओं को प्रणाम नहीं करता। जो सभी देवताओं से परे है वह किसी देवता को प्रणाम नहीं करता। उस स्थिति की उपलब्धि के उपरान्त फिर साधक शास्त्रविहित कर्म नहीं करता। मैं बारम्बार स्वयं अपनी आत्मा को, जो समस्त साधनाओं का मूल है, प्रणाम करता हूँ। जिसकी प्राप्ति के बाद फिर अन्य कोई वस्तु प्राप्त करने को नहीं रह जाती। जिसके आनन्द के बाद फिर किसी अन्य आनन्द की कामना नहीं रहती और जिसके ज्ञान के बाद फिर कुछ भी ज्ञातव्य नहीं रह जाता, उसी को तू ब्रह्म जान। जो आत्मतत्व है उसी को तू ब्रह्म जान वह असीम अनन्त परम सत्य है। वह महान है इसीलिए उसे ब्रह्म कहा जाता है। जो कुछ हम देखते हैं, जो कुछ सुनते हैं, वह ब्रह्म ही हैं। अन्य कुछ नहीं। परम तत्व का ज्ञान हो जाने पर समस्त विश्व सच्चिदानन्द अद्वैय ब्रह्म ही दिखाई देता है। सर्वोच्च और दिव्य ब्रह्म ज्ञान से जो व्यक्ति विमुख है उनका जीवन व्यर्थ है। वे मनुष्य होते हुए भी पशुवत् हैं। ब्रह्म अनन्त का भण्डार है, अतः एकमात्र ब्रह्म ही परम सत्ता है। फलतः जो सत् के ज्ञान है वे उसी में शरण लेते हैं। ज्ञान और कर्म के बीच पर्वत सदृश अडिग विरोध है। भगवान व्यास ने इस पर बहुत विचार करने के पश्चात् अपने पुत्र को इस प्रकार बोध कराया- इन दोनों मार्गों की वेदों में शिक्षा दी गयी है। एक है कर्म का मार्ग या प्रवृत्ति और दूसरा त्याग का मार्ग या निवृत्ति। परम अद्वैत की महानता की तुलना में देवादि भी दैत्य जैसे प्रतीत होने लगते है। और देवलोक, दानवलोक जैसा प्रतीत होने लगता है। जिसका भ्रम नष्ट हो गया है। वह आत्मज्ञान को किसी कर्म अथवा किसी अन्य ज्ञान के साथ संयुक्त करने की इच्छा नहीं करता। सत्य, परमधाम है। वह परमधाम है क्योंकि उपनिषदों का भी वही गन्तव्य स्थल है। सत्य का अर्थ है- मन, वाणी और कर्म से कपटाचरण का अभाव। असंख्य ग्रन्थों में जिस बात का उल्लेख हुआ है उसकी व्याख्या अर्धश्लोक में ही किये दे रहा हूँ। ब्रह्म सत्य है, जगत मिथ्या, जीव ब्रह्म ही है, वह ब्रह्म से पृथक नहीं।

ब. आस्तिक ईश्वर कारण है अर्थात ईश्वर को मानना

ब. वैदिक ग्रन्थों पर आधारित

ब. ज्ञानकाण्ड अर्थात उपनिषद् पर आधारित

3. विशिष्टाद्वैत दर्शन- श्रीमद् रामानुजाचार्य

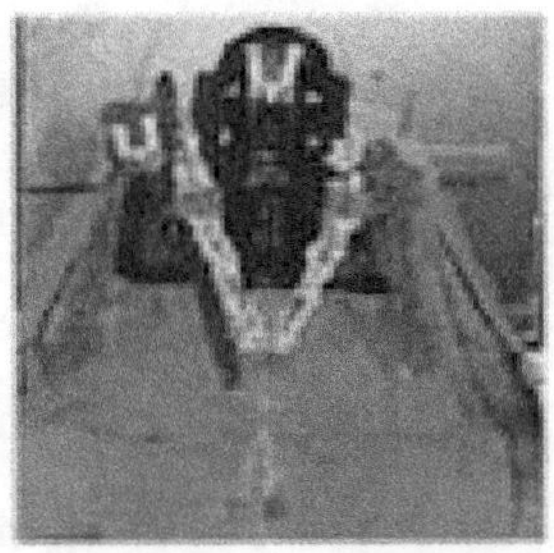

परिचय

रामानुजाचार्य (1017-1137 ई0) विशिष्टाद्वैत वेदान्त के प्रवर्तक थे। वह वैष्णव थे। उनका भक्ति परम्परा पर बहुत प्रभाव रहा है। वैष्णव आचार्यों में प्रमुख रामानुजाचार्य की शिष्य परम्परा में ही रामानन्द हुए थे जिनके शिष्य कबीर और सूरदास थे। रामानुज ने वेदान्त दर्शन पर आधारित अपना नया दर्शन "विशिष्टाद्वैत दर्शन" लिखा था। रामानुजाचार्य ने वेदान्त के अलावा 7वीं से 10वीं शताब्दी के रहस्यवादी एवं भक्तिमार्गी अलवार सन्तों से भक्ति के दर्शन को तथा दक्षिण के पंचरात्र परम्परा को अपने विचार का आधार बनाया।

1017 ई0 में रामानुज का जन्म दक्षिण भारत के तिरूकुदूर क्षेत्र में हुआ था। बचपन में उन्होंने कांची में यादव प्रकाश गुरू से वेदों की शिक्षा ली। रामानुजाचार्य आलबन्दार यामुनाचार्य के प्रधान शिष्य थे। गुरू की इच्छानुसार रामानुज ने उनसे तीन काम करने का संकल्प लिया था- ब्रह्मसूत्र, विष्णु सहस्रनाम और दिव्य प्रबन्धनम की टीका लिखना। उन्होंने गृहस्थ आश्रम त्यागकर श्रीरंगम के यदिराज सन्यासी से सन्यास की दीक्षा ली। मैसूर के श्रीरंगम से चलकर रामानुज शालग्राम नामक स्थान पर रहने लगे। रामानुजाचार्य ने उस क्षेत्र में 12 वर्ष तक वैष्णव धर्म का प्रचार किया। फिर उन्होंने वैष्णव धर्म के प्रचार के लिए पूरे देश का भ्रमण किया। 1137 ई0 में वे ब्रह्मलीन हो गये। रामानुजाचार्य के मूल ग्रन्थ हैं- ब्रह्मसूत्र पर भाष्य-श्रीभाष्य एवं वेदार्थ संग्रह।

रामानुजाचार्य के दर्शन में सत्ता या परमसत् के सम्बन्ध में तीन स्तर माने गये हैं- ब्रह्म अर्थात ईश्वर, चित्त अर्थात आत्म तथा अचित अर्थात प्रकृति। वस्तुतः ये चित्त अर्थात आत्मतत्व तथा अचित् अर्थात प्रकृति तत्व, ब्रह्म या ईश्वर से पृथक नहीं है बल्कि ये विशिष्ट रूप से ब्रह्म का ही स्वरूप है एवं ब्रह्म या ईश्वर पर ही आधारित है। यही रामानुजाचार्य का विषिश्टाद्वैत का सिद्धान्त है। जैसे शरीर एवं आत्मा पृथक नहीं हैं तथा आत्मा के उद्देश्य की पूर्ति के लिए शरीर कार्य करता है, उसी प्रकार ब्रह्म या ईश्वर से पृथक चित्त एवं अचित्त तत्व को कोई अस्तित्व नहीं हैं, वे ब्रह्म या ईश्वर का शरीर है तथा ब्रह्म या ईश्वर उनकी आत्मा सदृश्य है। रामानुजाचार्य के अनुसार भक्ति का अर्थ पूजा-पाठ या किर्तन-भजन नहीं बल्कि ध्यान करना या ईश्वर की प्रार्थना करना है। सामाजिक परिप्रेक्ष्य में रामानुजाचार्य ने भक्ति को जाति एवं वर्ग से पृथक तथा सभी के लिए सम्भव माना है।

आचार्य और दर्शन

ब. आस्तिक ईश्वर कारण है अर्थात ईश्वर को मानना

ब. वैदिक ग्रन्थों पर आधारित

ब. ज्ञानकाण्ड अर्थात उपनिषद् पर आधारित

4. द्वैत दर्शन - श्रीमद् माध्वाचार्य

परिचय

माध्वाचार्य का जन्म दक्षिण कन्नड़ जिले के उड़पि नामक स्थान के पास एक गाँव में सन् 1199 ई0 में हुआ था। अल्पावस्था में ही ये वेद और वेदांगों के अच्छे ज्ञाता हो गये और इन्होंने सन्यास ले लिया। पूजा, ध्यान, अध्ययन और शास्त्रचर्चा में शांकरमत के अनुयायी अच्युतप्रेक्ष नामक एक आचार्य से इन्होंने विद्या ग्रहण की और गुरू के साथ शास्त्रार्थ करके इन्होंने अपना एक अलग मत बना लिये जिसको "द्वैत दर्शन" कहते हैं। इनके अनुसार विष्णु ही परमात्मा हैं। रामानुज की तरह इन्होंने श्री विष्णु के आयुधों- शंख, चक्र, गदा और पद्म से अपने अंगों को अलंकृत करने की प्रथा का समर्थन किया। देश के विभिन्न भागों में इन्होंने अपने अनुयायी बनाये। उड़पि में कृष्ण मन्दिर का स्थापना किया, जो उनके सारे अनुयायियों के लिए तीर्थस्थान बन गया। यज्ञों में पशुबलि बंद कराने का सामाजिक सुधार इन्हीं की देन है। 79 वर्ष की अवस्था में इनका देहावसान हो गया। नारायणाचार्य कृत मध्वविजय और मणिमंजरी नामक ग्रन्थों में मध्वाचार्य की जीवनी और कार्यों का पारम्परिक वर्णन मिलता है। परन्तु ये ग्रन्थ आचार्य के प्रति लेखक के श्रद्धालु होने के कारण अतिरंजना, चमत्कार और अविश्वसनीय घटनाओं से पूर्ण है। अतः इनके आधार पर कोई यथातथ्य विवरण माध्वाचार्य के जीवन के सम्बन्ध में नहीं उपस्थित किया जा सकता। माध्वाचार्य को "पूर्णप्रज्ञ" और "आनन्दतीर्थ" भी कहते हैं। उन्होंने द्वैत दर्शन का प्रतिपादन किया। इन्होंने द्वैत दर्शन के ब्रह्मसूत्र पर भाष्य लिखा और अपने वेदान्त के व्याख्यान की तार्किक पुष्टि के लिए स्वतन्त्र ग्रन्थ अनुव्याख्यान भी लिखा। भगवद्गीता और उपनिषद् पर टीकाएँ, महाभारत के तात्पर्य की व्याख्या करने वाला ग्रन्थ भारततात्पर्यनिर्णय तथा श्रीमद्भागवतपुराण पर टीका ये इनके अन्य ग्रन्थ हैं। ऋग्वेद के पहले 40 सूक्तों पर भी एक टीका लिखी और अनेक स्वतन्त्र प्रकरणों में अपने मत का प्रतिपादन किया। ऐसा लगता है कि ये अपने मत के समर्थन के लिए प्रस्थानत्रयी की अपेक्षा पुराणों पर अधिक निर्भर हैं।

ब. आस्तिक ईश्वर कारण है अर्थात ईश्वर को मानना

ब. वैदिक ग्रन्थों पर आधारित

ब. ज्ञानकाण्ड अर्थात उपनिषद् पर आधारित

5. शुद्धाद्वैत दर्शन - श्रीमद् वल्लभाचार्य

परिचय

शंकराचार्य के अद्वैत मत के पश्चात् द्वैत, द्वैताद्वैत, विशिष्टाद्वैत, शुद्धद्वैत आदि का प्रवर्तन हुआ। इसके बाद वल्लभाचार्य ने पुष्टि मार्ग की अवधारणा की। पुष्टि में भगवान के अनुग्रह को विशेष महत्व दिया गया तथा कहा गया कि भगवान के पोषण (पुष्टि) के अभाव में जीव को मुक्ति नहीं मिल सकती। भक्तिकालीन सगुणधारा की कृष्णभक्ति शाखा के आधारस्तम्भ एवं पुष्टिमार्ग के प्रणेता श्री बल्लभाचार्यजी का प्रादुर्भाव सम्वत् 1535 वैशाख कृष्ण पक्ष एकादशी को दक्षिण भारत के कांकरवाड ग्रामवासी तैलंग ब्राह्मण श्री लक्ष्मण भट्ट जी की पत्नी इलम्मागारू के गर्भ से काशी के समीप हुआं उन्हें वैश्वानरावतार (अग्नि का अवतार) कहा गया है। वे वेद शास्त्र में परंगत थे। श्री रूद्रसम्प्रदाय के श्री विल्वमंगलाचार्य जी द्वारा इन्हें अष्टादशाक्षरगोपालमन्त्र की दीक्षा दी गई। त्रिदण्ड सन्यास की दीक्षा स्वामी नारायणेन्द्रतीर्थ से प्राप्त हुई। वल्लभाचार्य की ससुराल वाराणसी स्थित तैलंग ब्राह्मण मधुमंगल जी के यहाँ महालक्ष्मी जी से हुयी थी और यथासमय दो पुत्र हुए-श्री गोपीनाथ व श्री विठ्ठलनाथ। भगवत्प्रेरणावश व्रज में गोकुल पहुँचे और तदन्तर व्रज क्षेत्र स्थित गोवर्धन पर्वत पर अपनी गद्दी स्थापित कर शिष्य पूरनमल खत्री के सहयोग से सम्वत् 1576 में श्री नाथजी के भव्य मन्दिर का निर्माण कराया। यहाँ विशिष्ट सेवा पद्धति के साथ लीला गान के अन्तर्गत श्री राधाकृष्ण की मधुरातिमधुर लीलाओं से सम्बन्धित रसमय पदों की स्वर लहरी का अवगाहन कर भक्तजन निहाल हो जाते हैं।

वल्लभ सम्प्रदाय के जनक तथा पुष्टि मार्ग का प्रसार करने वाले वल्लभाचार्य जी ने पृथ्वी की तीन बार प्रदक्षिणा की थी। अपने अन्तिम प्रदक्षिणा में जब वे चुनार (सत्यकाशी क्षेत्र जो काशी चौरासी कोस परिक्रमा में स्थित है) से गुजर रहे थे तब यहीं विठ्ठलनाथ जी का जन्म विक्रम सम्वत् 1572 में पौष कृष्ण नवमी को हुआ। अपने पृथ्वी परिक्रमा के अवसर पर वल्लभाचार्य ने 84 स्थानों पर भगवान का परायण किया था। इन स्थानों को महाप्रभु की बैठक कहा जाता है। इस दृष्टि से चुनार की पावनभूमि को दोहरा महत्व प्राप्त है क्योंकि यहाँ महाप्रभु की बैठक भी है और यहीं महाप्रभु विठ्ठलनाथ का अवतरण भी हुआ था। इस स्थान को "चरणाट्धाम" कहते हैं।

श्री बल्लभाचार्यजी के मतानुसार तीन स्वीकार्य तत्व हैं- ब्रह्म, जगत और जीव। ब्रह्म के तीन स्वरूप वर्णित हैं- आधिदैविक, आध्यात्मिक एवं अंतर्यामी रूप। अनन्त दिव्य गुणों से युक्त पुरूषोत्तम श्रीकृष्ण को ही परब्रह्म स्वीकारते हुए उनके मधुर रूप एवं लीलाओं को ही जीव में आनन्द के आविर्भाव का स्रोत माना गया है। जगत् ब्रह्म के लीला का विन्यास है। सम्पूर्ण सृष्टि लीला के निमित्त ब्रह्म की आत्म कृति है। जीवों के तीन प्रकार हैं-

पुष्टि जीव, जो भगवान के अनुग्रह पर निर्भर रहते हुए नित्यलीला में प्रवेश के अधिकारी बनते हैं। मर्यादा जीव, जो वेदोक्त विधियों का अनुसरण करते हुए भिन्न-भिन्न लोक प्राप्त करते हैं। और प्रवाह जीव, जो जगत्-प्रपंच में ही निमग्न रहते हुए सांसारिक सुखों की प्राप्ति हेतू सतत् चेष्टारत रहते हैं। प्रेमलक्षणा भक्ति उक्त मनोरथ की पूर्ति का मार्ग है, जिस ओर जीव की प्रवृत्ति मात्र भगवद् अनुग्रह द्वारा ही सम्भव है। श्री बल्लभाचार्यजी के पुष्टिमार्ग (अनुग्रह मार्ग) का यही आधारभूत सिद्धान्त है। पुष्टि-भक्ति की तीन उत्तरोत्तर अवस्थाएँ हैं- प्रेम, आसक्ति और व्यसन। मर्यादा भक्ति में भगवद् प्राप्ति शमदमादि साधनों से होती है, किन्तु पुष्टि भक्ति में भक्त को किसी साधन की आवश्यकता न होकर मात्र भगवद् कृपा का आश्रय होता है। मर्यादा भक्ति स्वीकार्य करते हुए भी पुष्टि भक्ति ही श्रेष्ठ मानी गई है। पुष्टिमार्गी जीव की सृष्टि भगवद् सेवार्थ ही है। ब्रह्म के साथ जीव-जगत् का सम्बन्ध निरूपण करते हुए उनका मत था कि जीव ब्रह्म का सदंश अर्थात सद् अंश है, जगत् भी ब्रह्म का सदंश है। अंश एवं अंशी में भेद न होने के कारण जीव-जगत् और ब्रह्म में परस्पर अभेद है। अन्तर मात्र इतना है कि जीव में ब्रह्म का आनन्दांश आवृत रहता है, जबकि जड़ जगत में इसके आनन्दांश व चैतन्यांश दोनों ही आवृत रहते है। श्री शंकराचार्य के अद्वैतवाद केवलाद्वैत के विपरीत श्री बल्लभाचार्यजी के अद्वैतवाद में माया का सम्बन्ध अस्वीकार करते हुए ब्रह्म को कारण और जीव-जगत को उसके कार्य रूप में वर्णित कर तीनों शुद्ध तत्वों का ऐक्य प्रतिपादित किए जाने के कारण ही उक्त मत शुद्धाद्वैतवाद कहलाया, जिसके मूल प्रवर्तकाचार्य श्री विष्णुस्वामी जी हैं।

श्री बल्लभाचार्यजी के 84 शिष्यों में अष्टछापकवि गण भक्त सूरदास, कृष्णदास, कुम्भनदास, परमानन्द दास प्रमुख थे। श्री अवधूतदास नामक परमहंस शिष्य भी थे। श्री बल्लभाचार्यजी के प्रताप से प्रमत कुम्भनदास जी तो सम्राट अकबर तक का मान-मर्दन करने में नहीं झिझके। परमानन्ददास जी के भावपूर्ण पद का श्रवण कर महाप्रभु कई दिनों तक बेसुध पड़े रहे। मान्यता है कि उपास्य श्रीनाथ जी ने कलि-मल-ग्रसित जीवों का उद्धार हेतू श्री बल्लभाचार्यजी को दुर्लभ आत्म-निवेदन-मन्त्र प्रदान किया और गोकुल के ठकुरानी घाट पर यमुना महारानी ने दर्शन देकर कृतार्थ किया। उनका शुद्धाद्वैत का प्रतिपादक दार्शनिक ग्रन्थ है- अणुभाष्य (ब्रह्मसूत्र भाष्य अथवा उत्तरमीमांसा)। अन्य प्रमुख ग्रन्थ हैं- पूर्वमीमांसाभाष्य, भागवत के दशम स्कन्ध पर सुबोधिनी टीका, तत्वदीप निबन्ध एवं पुष्टि प्रवाह मर्यादा। सम्वत् 1587, आषाढ़ शुक्ल तृतीया को उन्होंने अलौकिक रीति से इहलीला संवरण कर सदेह प्रयाण किया। वैष्णव समुदाय उनका सदैव चिरऋणी है।

वल्लभ (1479 ई.) के इस मत में ब्रह्म स्वतंत्र तत्व है। सच्चिदानंद श्रीकृष्ण ही ब्रह्म हैं और जीव तथा जगत उनके अंश हैं। वह एक भी है, नाना भी है। वही अपनी इच्छा से अपने आप को जीव और जगत के नाना रूपों में प्रकट करता है। माया उसकी शक्ति है जिसी सहायता से वह एक से अनेक होता है। परंतु अनेक मिथ्या नहीं है। श्रीकृष्ण से जीव-जगत की स्वभावतः उत्पत्ति होती है। इस उत्पत्ति से श्रीकृष्ण में कोई विकार नहीं उत्पन्न होता। जीव-जगत तथा ईश्वर का संबंध चिनगारी आग का सबंध है। ईश्वर के प्रति स्नेह भक्ति है। सांसारिक वस्तुओं से वैराग्य लेकर ईश्वर में राग लगाना जीव का कर्तव्य है। ईश्वर के अनुग्रह से ही यह भक्ति प्राप्य है, भक्त होना जीव के अपने वश में नहीं है। ईश्वर जब प्रसन्न हो जाते हैं तो जीव को (अंश) अपने भीतर ले लेते हैं या अपने पास नित्यसुख का उपभोग करने के लिए रख लेते हैं। इस भक्तिमार्ग को पुष्टिमार्ग भी कहते हैं।

अचिंत्य भेदाभेद वेदान्त

महाप्रभु चैतन्य (1485-1533 ई.) के इस संप्रदाय में अनंत गुणनिधान, सच्चिदानंद श्रीकृष्ण परब्रह्म माने गए हैं। ब्रह्म भेदातीत हैं। परंतु अपनी शक्ति से वह जीव और जगत के रूप में आविर्भूत होता है। ये ब्रह्म से भिन्न और अभिन्न हैं। अपने आपमें वह निमित्त कारण है परंतु शक्ति से संपर्क होने के कारण वह उपादान कारण भी है। उसकी तटस्थशक्ति से जीवों का तथा मायाशक्ति से जगत का निर्माण होता है। जीव अनंत और अणु रूप हैं। यह सूर्य की किरणों की तरह ईश्वर पर निर्भर हैं। संसार उसी का प्रकाश है अतः मिथ्या नहीं है। मोक्ष में जीव का अज्ञान नष्ट होता है पर संसार बना रहता है। सारी अभिलाषाओं को छोड़कर कृष्ण का अनुसेवन ही भक्ति है। वेदशास्त्रानुमोदित मार्ग से ईश्वरभक्ति के अनंतर जब जीव ईश्वर के रंग में रंग जाता है तब वास्तविक भक्ति होती है

जिसे रुचि या रागानुगा भक्ति कहते हैं। राधा की भक्ति सर्वोत्कृष्ट है। वृंदावन धाम में सर्वदा कृष्ण का आनंदपूर्ण प्रेम प्राप्त करना ही मोक्ष है।

भाग-3

नास्तिक (ईश्वर कारण नहीं है अर्थात ईश्वर को न मानना)

1. चार्वाक- चार्वाक दर्शन

2. भगवान महावीर- जैन दर्शन

3. भगवान बुद्ध- बौद्ध दर्शन

ब. नास्तिक - ईश्वर कारण नहीं है अर्थात ईश्वर को न मानना

1. चार्वाक- चार्वाक दर्शन

भारतीय दर्शन की आध्यात्मिक प्रवृत्ति के बीच चार्वाक दर्शन एक अपवाद है, जो जड़वाद की अभिव्यक्ति करता है। जड़वाद में जड़ को ही एकमात्र तत्व मानकर उसके द्वारा सभी पदार्थों के अस्तित्व और उत्पत्ति की विवेचना की जाती है। भौतिक पदार्थ ही नहीं, बल्कि आत्मा एवं मन भी इसी जड़ तत्व के रूपान्तर माने जाते है। चार्वाक दर्शन के अनुसार भूत की परम सत्ता है जिससे चैतन्य या मन का आविर्भाव होता है। यह मनुष्य का चरम पुरूषार्थ केवल भौतिक पदार्थों के उपभोगजन्य सुख तक ही सीमित करता है। खाओ पियो और मौज करो यही इस दर्शन का मूल मंत्र है। सम्भवतः खाने पीने पर अत्यधिक बल देने के कारण ही इसे चार्वाक दर्शन की संज्ञा दी गई है। कुछ विद्वान चार्वाक नामक एक राक्षस द्वारा प्रतिपादित होने के कारण इस संज्ञा की उत्पत्ति का समर्थन करते है। यद्यपि चार्वाक दर्शन के मौलिक सूत्र अज्ञात है, परन्तु अन्य दर्शन में चार्वाक के विचारों की चर्चा और उनके खण्डन के लिए दिये गये विचारों के संकलन से इस दर्शन की रूपरेखा तैयार की जा सकती है। चार्वाक नास्तिक, अनीश्वरवादी, प्रत्यक्षवादी तथा सुखवादी दर्शन है। यह वेदों का खण्डन करता है। नास्तिक ईश्वर की सत्ता में अविश्वास करता है। अनीश्वरवादी तथा सुख और काम को ही जीवन का अंतिम ध्येय मानता है। सुखवादी यह प्रत्यक्ष को ही ज्ञान का एकमात्र साधन मानता है। चार्वाक के अनुसार प्रमा अर्थात यथार्थ ज्ञान की प्राप्ति प्रत्यक्ष से ही संभव है। प्रत्यक्षमेव प्रमाणम् यह इस दर्शन की मुख्य उक्ति है। प्रत्यक्ष का ज्ञान इंन्द्रियो से प्राप्त होता है। अतः यह अनुमान को अप्रमाणिक मानता है। यह शब्द अर्थात आप्त पुरूषों विश्वसनीय पुरूष के उपदेशों को भी ज्ञान का साधन नहीं मानता क्योंकि आप्त पुरूष प्राप्त करना ही कठिन है। अतः प्रत्यक्ष द्वारा ज्ञेय विषय ही एकमात्र सत्य है चूंकि प्रत्यक्ष से सिर्फ भूत या जड़ का ज्ञान होता है, इसलिए भूत को छोड़कर कोई भी तत्व यथार्थ नहीं है। ईश्वर, आत्मा स्वर्ग, कर्म सिद्धान्त आदि कल्पना मात्र है क्योंकि वे अप्रत्यक्ष है। चार्वाक विश्व का अस्तिव स्वीकार करता है क्योंकि उसका प्रत्यक्ष ज्ञान होता है। प्रायः भारतीय दार्शनिकों ने जड़ जगत को पांच भूतों से निर्मित माना है। पृथ्वी, वायु, अग्नि, जल और आकाश इन पांचों के पांच गुण क्रमशः गंध, स्पर्श, रंग, स्वाद और शब्द है। जिनका ज्ञान क्रमशः नाक, त्वचा, आंख, जीभ और कान से होता है। इन पंचभूत तत्वों में से चार्वाक आकाश की सत्ता को नहीं मानता क्योंकि उसका प्रत्यक्षीकरण नहीं होता। अतः वह यथार्थ नहीं है। इस प्रकार चार्वाक सिर्फ चार भूतों के संयोग से ही विश्व को निर्मित मानते है। साथ ही इसका निर्माण किसी परम सत्ता द्वारा नहीं बल्कि स्वाभाविक और आकस्मिक रूप से हुआ है। चार्वाक आत्मा का अस्तित्व नहीं स्वीकार करता क्योंकि प्रत्यक्षीकरण नहीं होता यद्यपि चार्वाक चैतन्य को यथार्थ मानता है, क्योंकि उसका ज्ञान प्रत्यक्ष से प्राप्त होता है। परन्तु वह चैतन्य को आत्मा का गुण नहीं मानता बल्कि उसे शरीर का गुण मानता है। शरीर में ही जिनमें लाल अस्तित्व रहता है जिस प्रकार पान, कत्था, कसैला और चूना जिनमें लाल रंग का अभाव है, को मिलाने से लाल रंग का निर्माण होता है। उसी प्रकार पृथ्वी, वायु, अग्नि और जल चार भूतों के आपस में मिलने से चैतन्य का विकास होता है। चार्वाक ईश्वर का अस्तित्व भी नहीं स्वीकारता क्योंकि उसका भी प्रत्यक्ष ज्ञान नहीं होता। वह सिर्फ अनुमान द्वारा ही जाना जाने के कारण वास्तविकता से दूर है। विश्व की नियमितता का कारण ईश्वर नहीं बल्कि स्वयं विश्व और उसका अपना स्वभाव है। यदि ईश्वर होता तो वह दुखियों के दुःखों का तत्काल अंत कर देता चार्वाक ईश्वर की आराधना को अपने आप को धोखा देना मानता है। भारतीय दार्शनिकों द्वारा बताये गये जीवन के चार लक्ष्यों अर्थात पुरूषार्थों धर्म, मोक्ष, अर्थ और काम में से चार्वाक सिर्फ अर्थ और काम को ही महत्व प्रदान करता है। इनमें से अर्थ को वह सुख और काम

की प्राप्ति में सहयोग प्रदान करने वाला तथा काम को चरम लक्ष्य मानता है। उसके अनुसार काम की प्राप्ति ही जीवन का एकमात्र उद्देश्य है। काम अर्थात इच्छाओं की तृप्ति ही मानव जीवन का चरम लक्ष्य है मनुष्य के सारे कार्य काम या सुख के लिए होते है। यावज्जीवेत् सुख जीवेत् ऋण कृत्वा घृत पिवेत् अर्थात जब तक जीये सुख से जीये सुख के उपभोग के लिए ऋण भी लेना पड़े तो पीछे नही हटना चाहिए। अतः जिस प्रकार भी हो सुख के साधन एकत्र करने चाहिए। चार्वाक दर्शन भोग, विलास, वासना, तृप्ति, मदिरापान आदि जैसे भी सुख मिले, उसका भोग करना चाहिए। सुखवाद की अतिवादिता के कारण ही चार्वाक दर्शन निन्दनीय हो गया है।

ब. नास्तिक - ईश्वर कारण नहीं है अर्थात ईश्वर को न मानना

2. भगवान महावीर- जैन दर्शन

जैन धर्म भारत की श्रमण परम्परा से निकला धर्म और दर्शन है। जैन धर्म की भगवान महावीर के पूर्व जो परम्परा प्राप्त हैं उसके वालक निगंठ धम्म (निग्रन्थ धर्म), आर्हत् धर्म एवं श्रमण परम्परा रहे हैं। पाश्र्वनाथ के समय तक "चातुर्याम धर्म" था। भगवान महावीर ने छेदोपस्थानीय चारित्र (पाँच महाव्रत, पाँच समितियाँ, तीन गुप्तियाँ) की व्यवस्था की। "जैन" कहते है उन्हें जो "जिन" के अनुयायी हों। जिन शब्द बना है जि धातु से। जि माने जीतना। जिन माने जीतने वाला। जिन्होंने अपने मन को जीत लिया, अपनी वाणी को जीत लिया और अपनी काया को जीत लिया, वे हैं जिन। जैन धर्म अर्थात जिन भगवान का धर्म। जैन धर्म का परम पवित्र अनादि मूलमंत्र है- अरिहंतो को नमस्कार, सिद्धों को नमस्कार, आचार्यो को नमस्कार, उपाध्यायों को नमस्कार, सर्व साधुओं को नमस्कार। ये पाँच परमेष्ठी है।

जैन धर्म में 24 तिर्थंकरों को माना जाता है। जैन धर्म में मुख्यतः दो सम्प्रदाय हैं-दिगम्बर, मुनि (श्रमण) वस्त्र नहीं पहनते हैं। श्वेताम्बर, सन्यासी सफेद वस्त्र पहनते हैं। श्वेताम्बर भी तीन भाग में विभक्त हैं। श्वेताम्बर आगम और दिगम्बर आगम जैन धर्म के मुख्य धर्म ग्रन्थ हैं। समस्त आगम ग्रन्थों को चार भागों में बाँटा गया है। 1. प्रथमानुयोग, 2. करनानुयोग, 3 चरर्नानुयोग और 4. द्रव्यानुयोग।

जैन दर्शन, अनेकान्तवाद, स्याद्वाद, जैन आत्मा को मानते हैं, वो उसे जीव कहते हैं। अजीव को पुद्गल कहा जाता है। जीव सुख-दुःख, दर्द आदि का अनुभव करता है और पुनर्जन्म लेता है। जीवन-मरण के चक्र से मुक्ति को मोक्ष कहते हैं। सम्यक दर्शन, सम्यक ज्ञान और सम्यक चारित्र (चारित्र)। जीव, अजीव, धर्म, अधर्म, आकाश और काल (छह द्रव्य)। जीव, अजीव, आस्रव, बन्ध, संवर, निर्जरा और मोक्ष (सात तत्व) अजीव, आस्रव, बन्ध, संवर, निर्जरा, मोक्ष, पुण्य और पाप (नौ पदार्थ। क्रोध, मान, माया ओर लोभ (चार कशाय)। देव गति, मनुष्य गति, तिर्यन्च गति, नर्क गति (चार गति), पंचम गति मोक्ष। नाम निक्षेप, स्थापना निक्षेप, द्रव्य निक्षेप और भाव निक्षेप (चार निक्षेप)। जैन ईश्वर को मानते हैं लेकिन ईश्वर को सत्ता सम्पन्न नहीं मानते। ईश्वर सर्वशक्तिशाली त्रिलोक का

ज्ञाता-द्रष्टा है पर त्रिलोक का कत्र्ता नहीं। अहिंसा, सत्य, अस्तेय, ब्रह्मचर्य और अपरिग्रह (पाँच महाव्रत)। निःशक्तित्व, निःकांक्षितत्व, निर्विचिकित्सत्व, अमूढ़दृष्टित्व, उपबृंहन/उपगूहन, स्थितिकरण, प्रभावना और वात्सल्य (सम्यकत्व के 8 अंग)।

आचार्य और दर्शन

ब. नास्तिक - ईश्वर कारण नहीं है अर्थात ईश्वर को न मानना

3. भगवान बुद्ध- बौद्ध दर्शन

बौद्ध धर्म के अनुयायी आर्य अष्टांग मार्ग के अनुसार जीकर अज्ञानता और दुःख से मुक्ति और निर्वाण पाने की कोशिश करते हैं। गौतम बुद्ध के गुजरने के बाद, बौद्ध धर्म के अलग-अलग संप्रदाय उपस्थित हो गये हैं परन्तु इन सब के कुछ सिद्धान्त मिलते हैं।

प्रतीत्यसमुत्पाद का सिद्धान्त कहता है कि कोई भी घटना केवल दूसरी घटनाओं के कारण ही एक जटिल कारण-परिणाम के जाल में विद्यमान होती है। प्राणियों के लिए इसका अर्थ है- कर्म और विपाक (कर्म के परिणाम) के अनुसार अनन्त संसार का चक्र। क्योंकि सब कुछ अनित्य और अनात्म (बिना आत्मा के) होता है। कुछ भी सच में विद्यमान नहीं है। हर घटना मूलतः शून्य होती है। परन्तु मानव, जिनके पास ज्ञान की शक्ति है, तृष्णा को जो कि दुःख का कारण है त्यागकर, तृष्णा में नष्ट की हुई शक्ति को ज्ञान और ध्यान में बदलकर, निर्वाण पा सकते हैं। बुद्ध का पहला धर्मोपदेश जो उन्होंने अपने साथ के कुछ साधुओं को दिया था, इन चार आर्य सत्यों के बारे में था-

1. दुःख, इस दुनिया में सब कुछ दुःख है। जन्म में, बुढ़े होने में, बीमारी में, मौत में, प्रियतम से दूर होने में, नापसंद चीजों के साथ में, चाहत को न पाने में, सब में दुःख है।
2. दुःख प्रारम्भ, तृष्णा या चाहत दुःख का कारण है और फिर से सशरीर करके संसार को जारी रखती है।
3. दुःख निरोध, तृष्णा से मुक्ति पाई जा सकती है।
4. दुःख निरोध का मार्ग, तृष्णा से मुक्ति आर्य अष्टांग मार्ग के अनुसार जीने से पाई जा सकती है।

गौतम बुद्ध कहते थे कि चार आर्य सत्य की सत्यता का निश्चय करने के लिए इस अष्टांग मार्ग का अनुसरण करना चाहिए।

1. सम्यक दृष्टि- चार आर्य सत्य में विश्वास करना।

2. सम्यक संकल्प-मानसिक और नैतिक विकास की प्रतिज्ञा करना।
3. सम्यक वाक- हानिकारक बातें और झूठ न बोलना।
4. सम्यक कर्म- हानिकारक कर्म न करना।
5. सम्यक जीविका- कोई भी स्पष्टतः या अस्पष्टतः हानिकारक व्यापार न करना।
6. सम्यक प्रयास- अपने आप सुधारने की कोशिश करना।
7. सम्यक स्मृति- स्पष्ट ज्ञान से देखने की मानसिक योग्यता पाने की कोशिश करना।
8. सम्यक समाधि- निर्वाण पाना और स्वयं का गायब होना।

कुछ लोग आर्य अष्टांग मार्ग को पथ की तरह समझते हैं जिसमें आगे बढ़ने के लिए पिछले स्तर को पाना आवश्यक हैं। अन्य लोगों को लगता है कि इस मार्ग के स्तर सब साथ-साथ पाये जाते हैं। मार्ग को तीन स्तर में वर्गीकृत किया जाता है-प्रज्ञा, शीला और समाधि। गौतम बुद्ध से पाई गई ज्ञानता को बोधि कहते हैं। माना जाता है कि बोधि पाने के बाद ही संसार से छुटकारा पाया जा सकता है। सारी पारमिताओं (पूर्णताओं) की निष्पत्ति, चार आर्य सत्यों की पूरी समझ, और कर्म के निरोध से ही बोधि पाई जा सकती है। इस समय लोभ, दोष, मोह, अविद्या, तृष्णा और आत्मा में विश्वास सब गायब हो जाते हैं। बोधि के तीन स्तर हैं-श्रावकबोधि, प्रत्येकबोधि और सम्यकसंबोधि। सम्यकसंबोधि बौद्ध धर्म की सबसे उन्नत आदर्श मानी जाती है।

बौद्ध दर्शन के अनुसार, इस दुनिया में सब कुछ क्षणिक है और नश्वर है। कुछ भी स्थायी नहीं परन्तु वैदिक मत से विरोध है (क्षणिकवाद)। आत्मा नाम की कोई स्थायी चीज नहीं है, जिसे लोग आत्मा समझते हैं वह चेतना का अविच्छिन्न प्रवाह है (अनात्मवाद)। बुद्ध ईश्वर की सत्ता नहीं मानते क्योंकि दुनिया प्रतीत्यसमुत्पाद के नियम पर चलती है। परन्तु अन्य जगह बुद्ध ने सर्वोच्च सत्य को अवर्णनीय कहा है। कुछ देवताओं की सत्ता मानी गयी है पर वो ज्यादा शक्तिशाली नहीं हैं (अनीश्वरवाद)। शून्यता महायान बौद्ध सम्प्रदाय का प्रधान दर्शन है (शून्यतावाद)। बौद्ध धर्म में दो मुख्य सम्प्रदाय हैं- थेरवाद या हीनयान-बुद्ध के मौलिक उपदेश ही मानता है। महायान-बुद्ध की पूजा करता है और थेरवादियों को "हीनयान" (छोटी गाड़ी) कहता है।

स्वामी विवेकानन्द के दृष्टि में बुद्ध
स्वामी विवेकानन्द के व्याख्यान - 05.बौद्ध धर्म-26 सितम्बर, 1893 (शिकागो, अमेरीका)

मैं बौद्ध धर्मावलम्बी नहीं हूँ, जैसा कि आप लोगों ने सुना है, पर फिर भी मैं बौद्ध हूँ। यदि चीन, जापान अथवा सीलोन (श्रीलंका), उस महान तथागत के उपदेशों का अनुसरण करते हैं तो भारत वर्ष उन्हें पृथ्वी पर ईश्वर का अवतार मानकर उनकी पूजा करता है। आपने अभी-अभी सुना कि मैं बौद्ध धर्म की आलोचना करने वाला हूँ, परन्तु उससे आपको केवल इतना ही समझना चाहिए। जिनको मैं इस पृथ्वी पर ईश्वर का अवतार मानता हूँ, उनकी आलोचना! मुझसे यह सम्भव नहीं। परन्तु बुद्ध के विषय में हमारी धारणा यह है कि उनके शिष्यों ने उनकी शिक्षाओं को ठीक-ठीक नहीं समझा। हिन्दू धर्म (हिन्दू धर्म से मेरा तात्पर्य वैदिक धर्म है) और जो आजकल बौद्ध धर्म कहलाता है, उनमें आपस में वैसा ही सम्बन्ध है, जैसा यहूदी तथा ईसाई धर्मों में। ईसा मसीह यहूदी थे और शाक्य मुनि हिन्दू। यहूदियों ने ईसा को केवल अस्वीकार ही नहीं किया, उन्हें सूली पर भी चढ़ा दिया। हिन्दूओं ने शाक्य मुनि को ईश्वर के रूप में ग्रहण किया है और उनकी पूजा करते हैं। किन्तु प्रचलित बौद्ध धर्म नें तथा बुद्धदेव की शिक्षाओं में वास्तविक भेद हम हिन्दू लोग दिखलाना चाहते हैं, वह विशेषत: यह है कि शाक्य मुनि कोई नयी शिक्षा देने के लिए अवतीर्ण नहीं हुए थे। वे भी ईसा के समान धर्म की सम्पूर्ति के लिए आए थे, उसका विनाश करने नहीं। अन्तर इतना है कि ईसा को प्राचीन यहूदी नहीं समझ पाये। जिस प्रकार यहूदी प्राचीन व्यवस्थान की निष्पत्ति नहीं समझ सके, उसी प्रकार बौद्ध भी हिन्दू के सत्यों की निष्पत्ति को नहीं समझ पाये। मैं यह बात फिर दुहराना चाहता हूँ कि शाक्य मुनि ध्वंस करने नहीं आये थे वरन् वे हिन्दू धर्म की निष्पत्ति थे। उसकी तार्किक परिणति और उसके सुक्तिसंगत विकास थे।

हिन्दू धर्म के दो भाग है-कर्मकाण्ड और ज्ञानकाण्ड। ज्ञानकाण्ड का विशेष अध्ययन संन्यासी लोग करते हैं। ज्ञानकाण्ड में जातिभेद नहीं हैं। भारतवर्ष में उच्च अथवा नीच जाति के लोग संन्यासी हो सकते हैं और तब दोनों जातियाँ समान हो जाती हैं। धर्म में जाति भेद नहीं है। जाति तो एक सामाजिक संस्था मात्र है। शाक्य मुनि स्वयं संन्यासी थे, और यह उनकी गरिमा है कि उनका हृदय इतना विशाल था कि उन्होंने अप्राप्य वेदों से सत्यों को निकालकर उनको समस्त संसार में विकीर्ण कर दिया। इस जगत में सब से पहले वे ही ऐसे हुए, जिन्होंने धर्म प्रचार की प्रथा चलायी, इतना ही नहीं, वरन् मनुष्य को दूसरे धर्म से अपने धर्म में दीक्षित करने का विचार भी सब से पहले उन्हीं के मन में उदित हुआ।

सर्वभूतों के प्रति, और विशेषकर अज्ञानी तथा दीन जनों के प्रति अद्भुत सहानुभूति में ही तथागत का महान गौरव सन्निहित है। उनके कुछ शिष्य ब्राह्मण थे। बुद्ध के धर्मोपदेश के समय संस्कृत भारत की जनभाषा नहीं रह गयी थी। वह उस समय केवल पण्डितों के ग्रन्थों की ही भाषा थी। बुद्धदेव के कुछ ब्राह्मण शिष्यों ने उनके उपदेशों का अनुवाद संस्कृत में करना चाहा था, पर बुद्धदेव उनसे सदा यही कहते-मैं दरिद्र और साधारण जनों के लिए आया हूँ, अत: जनभाषा में ही मुझे बोलने दो, और इसी कारण उनके अधिकांश उपदेश अब तक भारत की तात्कालीन लोकभाषा में पाये जाते हैं।

दर्शनशास्त्र का स्थान चाहे जो भी हो, तत्वज्ञान का स्थान चाहे जो भी हो, पर जब तक इस लोक में मृत्यु मान की वस्तु है, तब तक मानव हृदय में दुर्बलता जैसी वस्तु है। जब तक मनुष्य के अन्तःकरण से उसका दुर्बलताजनित करूण क्रन्दन बाहर निकलता है तब तक इस संसार में ईश्वर में विश्वास कायम रहेगा। जहाँ तक दर्शन की बात है, तथागत के शिष्यों ने वेदों की सनातन चट्टानों पर बहुत हाथ-पैर पटके, पर वे उसे तोड़ न सके और दूसरी ओर उन्होंने जनता के बीच से उस सनातन परमेश्वर को उठा लिया, जिसमें हर नर-नारी इतने अनुराग से आश्रय लेता है। फल यह हुआ कि बौद्ध धर्म को भारतवर्ष में स्वाभाविक मृत्यु प्राप्त करनी पड़ी और आज इस धर्म की जन्मभूमि भारत में अपने को बौद्ध कहने वाला एक भी स्त्री-पुरूष नहीं है।

किन्तु इसके साथ ही ब्राह्मण धर्म ने भी कुछ खोया, समाजसुधार का वह उत्साह, प्राणिमात्र के प्रति वह आश्चर्यजनक सहानुभूति और करूणा, तथा वह अद्भुत रसायन, जिसे बौद्ध धर्म ने जन-जन को प्रदान किया था एवं जिसके फलस्वरूप भारतीय समाज इतना महान हो गया कि तत्कालीन भारत के सम्बन्ध में लिखने वाले एक यूनानी इतिहासकार को यह लिखना पड़ा कि एक भी ऐसा हिन्दू नहीं दिखाई देता, जो मिथ्याभाषण करता हो, एक भी ऐसी हिन्दू नारी नहीं है जो पतिव्रता न हो। हिन्दू धर्म, बौद्ध धर्म के बिना नहीं रह सकता और न बौद्ध धर्म, हिन्दू धर्म के बिना ही। तब यह देखिए कि हमारे पारस्परिक पार्थक्य ने यह स्पष्ट रूप से प्रकट कर दिया कि बौद्ध, ब्राह्मणों के दर्शन और मस्तिष्क के बिना नहीं ठहर सकते, और न ब्राह्मण बौद्धों के विशाल हृदय के बिना। बौद्ध और ब्राह्मण के बीच यह पार्थक्य भारतवर्ष के पतन का कारण है। यही कारण है कि आज भारत में तीस करोड़ भिखमंगे निवास करते हैं और वह एक सहस्र वर्षों से विजेताओं का दास बना हुआ है। अत: आइए, हम ब्राह्मणों की इस अपूर्व मेधा के साथ तथागत के हृदय, महानभावता और अद्भुत लोकहितकारी शक्ति को मिला दें।

भगवान बुद्ध के संबंध मे स्वामी विवेकानन्द के उद्गार

01. निष्कर्ष के रूप में मैं तुम लोगों को एक ऐसे व्यक्ति के संबंध में कुछ बाते बताना चाहता हूँ जिसने कर्मयुग के उपदेशों को यथार्थ रूप से व्यवहार में उतारा है। यह व्यक्ति हैं- बुद्ध। वे ही एक ऐसे आद्वितीय पुरूष हैं जिन्होंने इसे पूर्णतया व्यवहार में उतारा है। बुद्ध के अतिरिक्त संसार में और जितने पैगम्बर हुए, वे बाह्य कारणों से प्रेरित होकर निष्काम कर्म की ओर बढ़े, पर बुद्ध अहैतुक कार्य करने वाला आदर्श कर्मयोगी हैं और मानवता का इतिहास उन्हें ऐसे महान पुरूष के रूप में प्रदर्शित करता है, जितना महान इस धरती पर और कभी पैदा नहीं हुआ। वे अतुलनीय हैं। उनके समान हृदय और मस्तिष्क का समन्वय करने वाला और कोई नहीं हुआ। उनमें आत्मशक्ति का जितना प्रकाशन हुआ उतना और कभी किसी में नहीं हुआ। बौद्ध

धर्म ऐतिहासिक दृष्टि से सबसे महत्वपूर्ण धर्म है। पर हाँ, ऐतिहासिक दृष्टि से दार्शनिक दृष्टि से नहीं क्योंकि वह संसार में घटित होने वाला बृहत्तम धार्मिक आन्दोलन था, मानव समाज पर फूट पड़ने वाली विराटतम आध्यात्मिक लहर थी।

02. आजकल विशेषतः दक्षिण में बौद्ध धर्म और उसके अज्ञेयवाद की आलोचना करने की एक प्रथा सी चल पड़ी है। यह उन्हें स्वप्न में भी ध्यान नहीं आता कि जो विशेष दोष आजकल हमारे समाज में विद्यमान है, वे सब बौद्ध धर्म द्वारा ही छोड़े गये हैं। (मेरी समर नीति, पृष्ठ-20)

03. बौद्ध धर्म के इतने विस्तार का कारण था, गौतम बुद्ध द्वारा प्रचारित अपूर्व नीति और उनका लोकोत्तर चरित्र। भगवान बुद्धदेव के प्रति मेरी यथेष्ट श्रद्धा-भक्ति है। पर मेरे शब्दों पर गौर कीजिए। बौद्ध-धर्म का विस्तार उक्त महापुरुष के मत एवं अपूर्व चरित्र के कारण उतना नहीं हुआ, जितना बौद्धों द्वारा निर्माण किये गये बड़े-बड़े मन्दिरों एवं भव्य प्रतिमाओं के कारण, समग्र देश के सन्मुख किये गये भड़कीले उत्सवों के कारण। पर अन्त में इन सब क्रियाकलापों में भारी अवनति हो गयी। ऐसी अवनति कि उसका वर्णन भी श्रोताओं के सामने नहीं किया जा सकता। (मेरी समर नीति, पृष्ठ-20)

04. बौद्ध धर्म और नव हिन्दू धर्म के सम्बन्ध में मेरे विचारों में क्रांतिकारी परिवर्तन हुआ है। उन विचारों को निश्चित रुप देने के लिए कदाचित मैं जिवित न रहूँ परन्तु उसकी कार्यप्रणाली का संकेत मैं छोड़ जाऊँगा और तुम्हें और तुम्हारे भ्रातृगणों को उस पर काम करना होगा (पत्रावली भाग-2, पृष्ठ-310)

भाग-4
धर्म

साभार - "विश्व के प्रमुख धर्मों में धर्म समभाव की अवधारणा"
प्रकाशक-वैज्ञानिक तथा तकनीकी शब्दावली आयोग, मानव संसाधन विकास मंत्रालय, भारत सरकार

धर्म का अर्थ, धर्म और रिलिजन

धर्म की परिभाषा, तत्व चिंतन और आवश्यकता

धर्म एवं दर्शन, धर्मदर्शन, विज्ञान, नैतिकता

धर्म में वस्तु तत्व एवं प्रतीक

धर्मसमभाव की अवधारणा और विश्वधर्म का आधार

धर्म का अर्थ

शब्द कोश के अनुसार धर्म शब्द की उत्पत्ति "धृ" धातु से हुई है और धृ का अर्थ है "धारण करना"। ऋग्वेद में "अतो धर्माणि धारयन" के रूप में धर्म के धारण करने का उल्लेख मिलता है (ऋग्वेद, 1/22/18)। महाभारत में "धारणात् धर्म मित्याहुः धर्मोंधारयते प्रजाः" (महाभारत, कर्ण पर्व, 49/50) के द्वारा एवं भगवद्गीता में "धृत्यायया धारयते" (गीता, 18/33) के द्वारा धारण का अर्थभाव स्पष्ट होता है। "धारण करना" को सरल शब्दों में अपनाना भी कहा जा सकता है।

ऋग्वेद में "त्रीणि पदा विचक्रमें विष्णुगोंपा अदाभ्यः। अतो धर्माणि धारयन।। (ऋग्वेद, 1/22/18)" के द्वारा व्यापाक अर्थ में कहा गया है कि परमात्मा ने आकाश में त्रिपाद परिमित स्थान में त्रिलोक का निर्माण कर उनमें धर्मों का धारण किया है। धृव्रतो (ऋग्वेद, 1/9/44/4) अर्थात सत्यव्रत धारण करने वाले, अधि धा (ऋग्वेद, 1/10/54/11) अर्थात अच्छी तरह धारण कर धर्मणामिरज्यसि (ऋग्वेद, 1/10/55/3) अर्थात धर्मों के योग से अतिशय, ऐश्वर्य आदि को धारण करने का निर्देश मिलता है।

अथर्ववेद में सत्य, दीक्षा, तप, ब्रह्म, यज्ञ आदि को धर्म तत्व मानते हुए पृथ्वी को धारण (अथर्ववेद, 12/1/1) करने की बात कही गयी है। महाभारत में वह वस्तु जो सम्पूर्ण विश्व को धारण कर रही है एवं समाज (प्रजा) की एकता को मूर्तिमंत करती है (महाभारत, कर्ण पर्व, 58-59), उसे ही धर्म कहा गया है।

धर्म के तत्वज्ञान (कठ उपनिषद्, 1/22/13), विधि-निषेध (तैत्तिरीय उपनिषद्, 2/11/1), सत्य (बृह. उपनिषद्, 1/4/14), पुण्य (छान्दोग्य उपनिषद्, 2/1/14), सांसारिक जीवन में अभ्युदय एवं जीवन के परम निःश्रेयस (वैशेषिक सूत्र, 1/1/1-3), चरित्र-आचरण (मनुस्मृति, 2/108) आदि को जीवन में धारण करना माना गया है जो निश्चित ही धारण के सम्बन्ध में विभिन्नताओं को दर्शाता है। अतः धर्म के धारण के सम्बन्ध में कोई एक पूर्ण निश्चित तथा सर्वमान्य विचार कर निर्णय कर पाना लगभग दुष्कर है किन्तु इतना निश्चित है कि धर्म का अर्थ निःसन्देह धारण करना ही माना गया है।

धर्म (मजहब), किसी एक या अधिक परलौकिक शक्ति में विश्वास और इसके साथ-साथ उसके साथ जुड़ी रिति, रिवाज, परम्परा, पूजा-पद्धति और दर्शन समूह है। इस सम्बन्ध में प्रोफेसर महावीर सरन जैन का अभिमत है कि आज धर्म के जिस रूप को प्रचारित एवं व्याख्यायित किया जा रहा है उससे बचने की जरूरत है। वास्तव में धर्म, सम्प्रदाय नहीं है। जिन्दगी में हमें जो धारण करना चाहिए, वही धर्म है। नैतिक मूल्यों का आचरण ही धर्म है। धर्म वह पवित्र अनुष्ठान है जिससे चेतना का शुद्धिकरण होता है। धर्म वह तत्व है जिसके आचरण से व्यक्ति अपने जीवन को चरितार्थ कर पाता है। यह मनुष्य में मानवीय गुणों के विकास की प्रभावना है, सार्वभौम चेतना का सत्संकल्प है। मध्ययुग में विकसित धर्म एवं दर्शन के परम्परागत स्वरूप एवं धारणाओं के प्रति आज के व्यक्ति की आस्था कम होती जा रही है। मध्ययुगीन धर्म एवं दर्शन के प्रमुख प्रतिमान थे- स्वर्ग की कल्पना, सृष्टि एवं जीवों के कर्ता के रूप में ईश्वर की कल्पना, वर्तमान जीवन की निरर्थकता का बोध, अपने देश एवं काल की माया एवं प्रपंचों से परिपूर्ण अवधारणा। उस युग में व्यक्ति का ध्यान अपने श्रेष्ठ आचरण, श्रम एवं पुरूषार्थ द्वारा अपने वर्तमान जीवन की समस्याओं का समाधान करने की ओर कम था, अपने आराध्य की स्तुति एवं जय गान करने में अधिक था। धर्म के व्याख्याताओं ने संसार के प्रत्येक क्रियाकलाप को ईश्वर की इच्छा माना तथा मनुष्य को ईश्वर के हाथों की कठपुतली के रूप में स्वीकार किया। दार्शनिकों ने व्यक्ति के वर्तमान जीवन की विपन्नता का हेतु "कर्म-सिद्धान्त" के सूत्र में प्रतिपादित किया। इसकी परिणति मध्ययुग में यह हुई कि वर्तमान की सारी मुसीबतों का कारण "भाग्य" अथवा ईश्वर की मर्जी को मान लिया गया। धर्म के ठेकेदारों ने पुरूषार्थवादी मार्ग के मुख्य द्वार पर ताला लगा दिया।

समाज या देश की विपन्नता को उसकी नियति मान लिया गया। समाज स्वयं भी भाग्यवादी बनकर सुख-दुःखात्मक स्थितियों से संतोष करता रहा। आज के युग ने यह चेतना प्रदान की है कि विकास का रास्ता हमें स्वयं बनाना है। किसी समाज या देश की समस्याओं का समाधान कर्म-कौशल, व्यवस्था परिववर्तन, वैज्ञानिक तथा तकनीकी विकास, परिश्रम तथा निष्ठा से सम्भव है। आज के मनुष्य की रूचि अपने वर्तमान जीवन को सँवारने में अधिक है। उसका ध्यान "भविष्योन्मुखी" न होकर वर्तमान में है। वह दिव्यताओं को अपनी ही धरती पर उतार लाने के प्रयास में लगा हुआ है। वह पृथ्वी को स्वर्ग बना देने के लिए बेताब है।

"वेदान्त दर्शन एक एक करके इन तीन सोपानों (द्वैत, विशिष्टद्वैत, अद्वैत) का अवलम्बन करके अग्रसर हुआ है तथा हम इस तृतीय सोपान (अद्वैत) को पार करके अधिक अग्रसर नहीं हो सकते, क्योंकि हम एकत्व के उपर अधिक जा नहीं सकते। धर्मज्ञान को उच्चतम चूड़ा में आरोहण करने के लिए मानव जाति को जिन सब सोपानों का अवलम्बन करना पड़ा है, प्रत्येक व्यक्ति को भी उसका ही अवलम्बन करना होगा। केवल प्रभेद यह है कि समग्र मानव जाति को एक सोपान से दूसरे सोपान में आरोहण करने के लिए लाख-लाख वर्ष लगे हो, किन्तु व्यक्तिगण कुछ वर्षों में ही मानव जाति का समग्र जीवन यापन कर ले सकते हैं, अथवा वे और भी शीघ्र, सम्भवतः छः मास के भीतर ही उसे सम्पूर्ण कर ले सकते हैं।" (धर्म विज्ञान, पृष्ठ-134-135, राम कृष्ण मिशन प्रकाशन)

- स्वामी विवेकानन्द

धर्म और रिलिजन

पाश्चात्य चिंतन में धर्म के स्थान पर "रिलिजन" शब्द का प्रयोग मिलता है। अतः रिलिजन शब्द के अर्थ को समझना आवश्यक है। कई विद्वान रिलिजन शब्द का प्रयोग एवं धर्म शब्द का प्रयोग एक ही अर्थ में करते हैं। वे इन्हें पूर्णतः एक ही मान लेते हैं और रिलिजन कह ही भाँति धर्म को व्याख्यायित करने का प्रयत्न करते हैं। इसका प्रमुख कारण दोनों में कुछ समरूपताओं का पाया जाना है, जैसे- पवित्रता, संयमपूर्ण जीवन, नैतिकता, विश्वास, ईश्वर की या परमसत्ता की मान्यता, प्रार्थना, उपासना, स्वर्ग-नरक आदि। किन्तु इससे यह नहीं माना जा सकता कि धर्म व रिलिजन एक ही हैं या दोनों का प्रयोग समग्र अर्थ में एक दूसरे के स्थान पर किया जा सकता है।

धर्म के लौकिक प्रयोग (हिन्दी विश्वकोष, एकादश भाग, नगेन्द्रनाथ बसु, पृष्ठ 107-108) को वर्णित करते हुए धर्म व रिलिजन के अर्थभेद को स्पष्ट किया गया है। इसमें ऋग्वेद के अनुसार धर्म को जगत् के निर्वाहक नियमों के समूह के रूप में स्वीकार किया गया है। धर्म शब्द संस्कृत भाषा का शब्द है जबकि लैटिन-अंग्रेजी भाषा के रिलिजन शब्द से विभिन्न जातियों की ईश्वरोपासना प्रणाली का बोध होता है। संस्कृत में ईश्वरोपासना प्रणाली को महत्ता दी गयी है किन्तु वह आचार शब्द के अन्तर्गत है। धर्म शब्द से आचार शब्द का बोध कराते हुए क्रमशः उसका अर्थ संकुचित कर आचार के विभिन्नांशो के लिए उसका प्रयोग किया जाने लगा और ऐसी स्थिति में रिलिजन शब्द का अर्थ धर्म में प्रविष्ट हो गया तथा धर्म को रिलिजन शब्द के स्थान पर, रिलिजन को धर्म शब्द के स्थान पर प्रयुक्त किया जाने लगा।

मैक्समूलर के अनुसार- धर्म और रिलिजन दो पृथक भाषाओं के शब्द हैं अतः धर्म को ग्रीक या लैटिन में अनुवादित नहीं किया जा सकता है और न ही लैटिन के रिलिजन में ही धर्म का सम्पूर्ण अर्थ सन्निहित है।

धर्म एवं रिलिजन में एक अन्य प्रमुख भेद व्यापकता का भी पाया जाता है। धर्म में ईश्वर को मानने वाले और ईश्वर को न मानने वाले, दोनों को धर्म में समावेशित किया गया है। वैदिक धर्म में ईश्वर की सत्ता में विश्वास प्रकट किया गया है किन्तु जैन धर्म एवं बौद्ध धर्म में ईश्वर (सृष्टा) के अस्तित्व में विश्वास प्रकट नहीं किया गया है जबकि रिलिजन के अर्थ के अन्तर्गत दिव्य सत्ता (ईश्वर), अलौकिक विश्वास, ईश्वर की अधिनता का आदर्श, ईश्वर का सृष्टित्व, उपवास, प्रायश्चित, विभिन्न उपासना पद्धतियाँ आदि को विशेष रूप से स्वीकार किया गया है। अनीश्वरवादी (ईश्वर को नहीं मानने वाला) धर्म हो सकता है, इसे प्रायः पाश्चात्य चिंतन परम्परा में स्थान दिये जाने का उल्लेख नहीं मिलता हे। दैवीय सत्ता के प्रकाशना (जिसके द्वारा ईश्वर स्वयं मनुष्यों को अपने विषय में जानकारी देता है), चमत्कार, आदि का बोध रिलिजन माना गया है। धर्म में भी आचार-विचार के दृष्टिकोण से इन समस्त भावों का आभास पाया जाता है किन्तु विभिन्न ग्रन्थों में धर्म के उल्लेखों से यह स्पष्ट होता है कि धर्म का अर्थ व स्वरूप रिलिजन के अर्थ एवं स्वरूप की अपेक्षा अधिक व्यापक है क्योंकि धर्म के रूप में तत्कालिन मनुष्य की सामाजिक व्यवस्था के स्वरूप के अनुसार धार्मिक विधि-विधान, सामाजिक एवं नैतिक नियमों, रीति-रिवाजों, ईश्वर, आत्मा, सृष्टि आदि से सम्बन्धित अवधारणाओं को वर्णित किया गया है। धर्म शब्द का प्रयोग मूर्तामूर्त, आत्मवाद व अनात्मवाद, ईश्वरवाद व अनीश्वरवाद, आचार, शास्त्र-आज्ञा, कर्तव्यपालन, श्रेय व प्रेय की सिद्धि, स्वभाव आदि सभी के लिए प्रयुक्त हुआ है। रिलिजन शब्द का प्रयोग कहीं पर भी अनात्मवाद या अनीश्वरवाद के लिए किया गया हो ऐसा उल्लेख उपलब्ध नहीं होता है। कारण यह है कि रिलिजन का अर्थ ही मनुष्य को ईश्वर से सम्बन्धित करना अथवा बाँधना है। अतः यह स्पष्ट होता है कि धर्म शब्द का अर्थ व प्रयोग निःसन्देह व्यापक व विस्तृत अर्थ में हुआ है जबकि रिलिजन शब्द का प्रयोग अपेक्षाकृत कम व्यापक अर्थ में किया गया है।

धर्म की परिभाषा, तत्व चिंतन और आवश्यकता

परिभाषा और तत्व चिंतन

धर्म अथवा रिलिजन की कोई निश्चित एवं सर्वमान्य परिभाषा देना कठिन है क्योंकि धर्म अथवा रिलिजन शब्द का प्रयोग विभिन्न अर्थो में किया जाता रहा है।

जे.बी.प्राट के अनुसार - यह बड़ा बेतुका तथ्य प्रतीत होता है कि धर्म नाम का लोक प्रचलित शब्द जो मनुष्य जाति के होठों से बार-बार निःसृत होता है और जिससे मानव जीवन के सबसे प्रत्यक्ष व्यापार का बोध होता है फिर भी यह इतना जटिल है कि इसे परिभाषित करना अत्यंन्त दुष्कर है। धर्म की वहीं परिभाषा सर्वमान्य हो सकती है जो सभी धर्मों पर लागू हो सकती हो तथा जिसमें ज्ञान, भावना और कर्म तीनों का समावेश हो।

भारतीय चिंतन में धर्म को अनेक रूपों में परिभाषित किया गया है। जैसे- वेद में सत्य, ऋतु, व्रत, यज्ञ आदि को विभिन्न प्रकार से धर्म ही कहा गया है। तैत्तिरीय व छान्दोग्य उपनिषद् में नैतिक आदर्श या सदाचार को धर्म कहा गया है। बृहदारण्यक उपनिषद् में धर्म शब्द का प्रयोग आध्यत्मिक, नैतिक एवं भौतिक जगत (वस्तुओं) के संचालन के अर्थ में किया गया है। धर्म के सम्बन्ध में कहा गया है कि - यह धर्म सब भूतों का मधु है, और सब वस्तुएँ इस धर्म की मधु हैं और जो इस धर्म में प्रकाशमय, अमृतमय पुरूष है, वह आत्मा ही है, यह अनश्वर अमृत है, यह ब्रह्म है, यह सर्वमय है। बृहदारण्क उपनिषद् में धर्म को सत्य व सत्य को धर्म के रूप में विवेचित करते हुए सत्य बोलने वाले के लिए कहा गया है कि यह धर्म कह रहा है तथा धर्म की बात कहने वाले के प्रति कहा गया है कि वह सत्य कह रहा है। सत्य को धर्म धर्म के रूप में मानते हुए ईशावास्योपनिषद् में कहा गया है कि ऋषियों ने सत्य को धर्म के रूप में देखा है-"सत्यं धर्माय द्दष्टये"। सत्य ही धर्म की सच्ची प्रतिष्ठा है- "धर्म प्रतिष्ठितः"। इसलिए सत्य से बढ़कर दूसरा धर्म नहीं माना गया है - "सत्यान्नास्ति परोधर्म"। सत्य से बढ़कर कोई धर्म, नीति, तप व बल नहीं माना गया है। सत्य पर सभी को अधिष्ठित मानते हुए यही कहा गया है कि यह संसार धर्म पर प्रतिष्ठित है - "धर्मों विश्वस्य जगतः प्रतिष्ठा"।

महाभारत में धर्म के लिए कहा गया है कि वह वस्तु जो सम्पूर्ण विश्व को धारण कर रही है या करती है अर्थात जो समस्त वस्तुओं का मूल आधार है एवं समाज की एकता को मूर्तिमंत करती है वही धर्म है। इसमें सत्य को सनातन मानते हुए सर्वाधिक महत्व दिया गया है।

मनुस्मृति में धर्म के दस लक्षणों का वर्णन व्यवहार्य के अर्थ में किया गया है यथा-धृति, क्षमा, दम, अस्तेय, शौच, इन्द्रिय निग्रह, धी, विद्या, सत्य और अक्रोध। यह राग द्वेष रहित आचरण को धर्म मानती है। मनुस्मृति के अनुसार वेदविरूधता अधर्म है।

गीता में धर्म को कत्र्तव्याकर्तव्य की व्यवस्था के रूप में माना गया है। उसमें राग-द्वेष को जीतकर स्वधर्म का आचरण, शास्त्रविधि से नियतकर्म करना, यज्ञादि कर्म करना, अनासक्त भाव से निरंतर कर्तव्य कर्म का अच्छी तरह आचरण (पालन) करना, निष्काम कर्म, स्वधर्म तथा समत्व बुद्धियोग (पुण्य-पाप दोनों का त्याग कर धर्म व अधर्म का निष्पक्ष बोध) से कर्तव्य का पालन करना-कर्म बंधन से मुक्त होने का उपाय ही धर्म माना गया है। भागवत पुराण में विद्या, दान, तप औा सत्य को धर्म के चार पर माने गये है। पुराणों में नैतिक गुणों को संस्कारों से अधिक महत्वपूर्ण माना गया है तथा कुछ स्थलों पर नैतिक गुणों को धर्म का मूल कहा गया है।

जैन धर्म में धर्म को धम्मं शब्द से निरूपित करते हुए उसके स्वरूप को विभिन्न प्रकार से वर्णित किया गया है। जिनोक्त धर्म का आचरण (मोक्षमार्ग-संयम का अनुगामी सम्यक् ज्ञान, सम्यक् चरित्र व सम्यक् दर्शन (त्रिरत्न), ममत्वरहित एवं निरंहकार होकर आचरण करना) करना, महावीर की आज्ञा का पालन करना ही धर्म माना गया है। स्थानांग सूत्र में ग्राम धर्म, नगर धर्म, संघ धर्म आदि के सन्दर्भ में धर्म को सामाजिक विधि-विधानों के रूप में

भी माना गया है। जैन धर्म में धर्म को शुभ कर्म, कर्तव्य, कुशल अनुष्ठान, सुकृत, पुण्य, सदाचार, स्वभाव, गुण, पर्याय, धर्मास्तिकाय, द्रव्य मर्यादा, रीति-व्यवहार आदि से सम्बद्ध माना गया है। उसमें धर्म के कई प्रकारों यथा नाम धर्म, स्थापना धर्म, साधु धर्म, श्रमण धर्म आदि का उल्लेख भी मिलता है। किन्तु धर्म का सार लक्षण चरित्र, विश्वकल्याण, ज्ञान, संयम, निर्वाण आदि को माना गया है।

बौद्ध धर्म में धम्म या धम्र्म (धर्म) के कई अर्थ और व्याख्यान मिलते हैं। टीकाकार बुद्धघोष तथा प्राचीन शास्त्र परम्परा के अनुसार "वेदना", "संज्ञा" और अहंकार इन तीनों स्कंधों को ही धम्म कहा गया है, जो विज्ञान या मन के परिणाम हैं। यमकवग्गो में धर्म के लिए कहा गया है कि जो मनुष्य राग, द्वेष और मोह का परित्याग कर प्रज्ञायुक्त चिंताविहिन चित्त से शास्त्रों का भाषण करता हुआ धर्म का आचरण करता है वह सद्गति को प्राप्त होता है (श्रमण का भागीदार होता है)। अवैर (अशत्रुता), इन्द्रिय संयम, शीलयुक्त आचरण को श्रेष्ठ माना गया है और उसे ही धर्म कहा गया है, धर्म से मानव चित्त शुद्ध एवं निर्मल होता है।

यहूदी धर्मग्रन्थ "धर्मशास्त्र (बाइबिल)" के पुराना नियम (ओल्ड टेस्टामेन्ट) में धर्म न्याय करते हुए यहोवा (परमेश्वर) के मार्ग में अटल बने रहने का विधान है। विश्राम के दिनों का पालन करना और यहोवा के पवित्र स्थान का भय मानना।, वाचा न तोड़ना व यहोवा की आज्ञा मानना भी धर्म माना गया है तथा इनका उल्लंघन करना अधर्म है। अन्याय से मुक्त करना, भूखों को अपनी रोटी बाँट देना, दीन-दुखियों को संतुष्ट करना धर्मशास्त्र के अनुसार धर्म है। यहोवा की महिमा प्रकट करना भी धर्म माना गया है। यहोवा की महिमा को महत्व देते हुए यहोवा द्वारा ही कहलाया गया है कि "यह मैं ही हूँ जो धर्म से बोलता और पूरा उद्धार करने की शक्ति रखता हूँ "।

ईसाई धर्म के नया नियम (न्यू टेस्टामेन्ट) में ईश्वर (परमेश्वर) से अपनी सम्पूर्ण बुद्धि, मन, प्राण शक्ति से प्रेम रखना और अपने पड़ोसी से अपने समान प्रेम रखना ही परमेश्वर की सबसे बड़ी आज्ञा है। नम्रता, दयावंत होना, दीन मन होना, शुद्ध मन होना धर्म के लक्षण माने गये हैं और इनके समर्थकों को व अपनाने वालों को धन्य कहा गया है। संदेह, अनिश्चय, अविश्वास पाप है, अधर्म है तथा पवित्र आत्मा से जो मेल-मिलाप और एक-दूसरे का सुधार होता है उसे ही धर्म कहा गया है, आनन्द कहा गया है, यह परमेश्वर को प्रिय एवं मनुष्यों के ग्रहण करने योग्य है।
कुरान मज़ीद में कुरआन के ज्ञान को एवं उसके अनुसरण को धर्म माना गया है तथा इस्लाम धर्म अल्लाह (ईश्वर) की ओर से है, यह कहा गया है। इंसाफ (ईमान) का पालन करना, अल्लाह से डरना, नेक काम करना धर्म है तथा इसका पालन न करना दीन (धर्म) से इंकार कराना है। सूरे फातिहः में अल्लाह को सर्वोपरि एवं ज़जा (अंतिम न्यायी) माना गया है जो इस्लाम (शान्ति) की रूह है और इस्लाम ही धर्म है।

महात्मा गाँधी के अनुसार - "सच्ची नीति ही सच्चा धर्म है। धर्म के बिना नीति का पालन नहीं किया जा सकता है, यानि नीति का आचरण धर्म के रूप में करना चाहिए। फर्ज (कर्तव्य), दया, सेवा आदि का निःस्वार्थ आचरण ही नीति है।"

डा. भगवान दास के अनुसार - "धर्म शाब्दिक दृष्टि से वह है जो किसी वस्तु को धारण किये होता है, उसे वह जो कुछ बनाता है, उसे टूटने और किसी अन्य वस्तु में परिवर्तित होने से बचाता है, इसका प्रमुख कार्य, इसका विशिष्ट लक्षण, इसका अनिवार्य गुण, इसकी अनिवार्य प्रकृति, इसका धर्म है।"

डा. सर्वपल्ली राधाकृष्णन् के अनुसार - "जिन सिद्धान्तों का हमें अपने दैनिक जीवन शुद्धि के नियम या विधि-विधान बनाना है। अतः मनुष्य के उस आचार-विचार को धर्म कहते हैं जिसके द्वारा मनुष्य का वैयक्तिक और सामाजिक कल्याण होता है, सुख बढ़ता है, एक व्यवस्था पैदा होती है"

ग्रीक दार्शनिक सुकरात (470-399 ई.पू.) के अनुसार ज्ञान ही धर्म है, परम शुभ है, निःश्रेयस है। ज्ञान, धर्म का पूर्व प्रतिबंध है। धर्म ज्ञान के अस्तित्व के कारण है और ज्ञान धर्म की प्रमाणिकता का कारण है। ज्ञान और धर्म तत्व के दो समानान्तर पहलू हैं। ज्ञान शुभ कर्मो का सार है और शुभ कर्म (सद्गुण) धर्म होते हैं- ऐसा मानते हैं। उनके अनुसार ज्ञान शिक्षणीय है अतः धर्म शिक्षणीय है और यह एकत् है। बुद्धिमता, साहस, न्याय व मिताचार आदि धर्म के विभिन्न प्रकाशन है।

विलियम जेम्स के अनुसार - "धर्म का अर्थ व्यक्ति का वह एकान्तिक भाव, क्रिया एवं अनुभव है, जो व्यक्ति और ईश्वर (दिव्य सत्ता) के सम्बन्ध के ज्ञान से विकसित होते हैं।"

दी. पारसन्स के अनुसार - "धर्म व्यक्तियों द्वारा समाज में विकसित विश्वासों, रिवाजों एवं संस्थाओं का समूह है।"

एम. सालोमन रिंच के अनुसार - "धर्म उन निषेधों का संग्रह है जो हमारी शक्तियों के स्वतन्त्र कार्य (विकास) में बाधक है।"

मैथ्यू आर्नाल्ड के अनुसार - "संवेग सहित नैतिकता ही धर्म है।"

एडवर्ड टायलर के अनुसार - "धर्म आध्यात्मिक सत्ताओं में विश्वास है।"

सर जेम्स फ्रजर के अनुसार - "धर्म (रिलिजन) से मैं मनुष्य से श्रेष्ठ उन शक्तियों की संतुष्टि या आराधना समझता हूँ जिनके सम्बन्ध में यह विश्वास किया जाता है कि वे प्रकृति और मानव जीवन को मार्ग दिखलाती है और नियंत्रित करती है।"

मैक्समूलर के अनुसार - "धर्म वह मानसिक शक्ति या प्रवृत्ति" है जो मनुष्य को अनन्त सत्ता का ज्ञान प्राप्त कराने में सक्षम सिद्ध होती है।

गिलिन और गिलिन के अनुसार - "एक सामाजिक समूह में व्याप्त उन भावनात्मक विश्वासों को जो किसी अलौकिक शक्ति से सम्बन्धित है तथा उन बाहरी प्रकट व्यवहारों, भैतिक वस्तुओं एवं प्रतीकों को जो इन विश्वासों से सम्बन्ध रखते हैं धर्म के सामाजिक क्षेत्र में सम्मिलित किया जा सकता है।"

जार्ज गैल्वे के अनुसार - "अपने से परे शक्ति में मनुष्य का यह विश्वास धर्म है जिसके द्वारा वह अपनी संवेगात्मक आवश्यकताओं की संतुष्टि और जीवन की स्थिरता प्राप्त करता है तथा जिसे वह उपासना एवं सेवा के माध्यम से प्रकट करता है।"

ब्रैडले के अनुसार - "उँचे शुभ स्तर पर पहुँची हुई नैतिकता धर्म में समाप्त होती है।"

हाफडिंग के अनुसार - "मूल्यों के संरक्षण में विश्वास ही धर्म है।"

उपरोक्त समग्र विवेचन के अनुसार - धर्म की वे सभी परिभाषाएं सर्वमान्य हो सकतीं हैं जो मानव के ज्ञानात्मक, भावात्मक एवं क्रियात्मक पक्षों को अभिव्यक्त करती हों और जो पूर्वाग्रह रहित होकर वैयक्तिक और सामाजिक कल्याण के अन्तर्गत भौतिकता व आध्यात्मिकता (लोक मण्डल) को समन्वयात्मक रूप से समावेशित करती हों।

आवश्यकता

मानव में पूर्णता की भावना होती है। वह केवल बौद्धिक सीमाओं में रह कर पूर्णत्व की उपलब्धि नहीं कर सकता है। धर्म में ईश्वर के द्वारा आवतरित होने का भाव, श्रेयस की भावना, नियामक सिद्धान्त आदि विश्व की प्रयोजनात्मक प्रक्रिया, उसकी निश्चित दिशा व लक्ष्य के आधार पर मानव में सार्वभौमिक सम्बन्धों के द्वारा समन्वय स्थापित करने की चेष्टा की जाती है। अतः धर्म के द्वारा व्यक्ति की अन्तर्दृष्टि का विकास होता है यह अन्तर्दृष्टि से प्रेरित उच्चतम चेतना का आदर्श होता है जो मनुष्य में सभी प्रकार के दिव्य विचारों को जन्म देता है तथा उनको अनुभवगम्य बनाने की चेष्टा करता है। यह हमारे भीतर जीवन के प्रति सहज निष्ठा और मानवीय प्रकृति की एकता के प्रति विश्वास उत्पन्न कर आध्यात्मिक आधार पर समस्त जीवन में सामंजस्य व संतुलन स्थापित कर भयमुक्त (अभय) करता है।

पूर्णता के लिए व्यक्ति की चाह, अभाव की भावना, अनन्तता की चेतना को जानने एवं प्राप्त करने की चेष्टा स्वाभाविक, दिव्य एवं शक्ति रूप है, चाहे वह एक विचार मात्र ही क्यों न हो। बुद्धिमान मनुष्य ने ही अमरत्व की इच्छा कर चक्षु आदि इन्द्रियों को बाह्य विषयों की ओर से विमुख करके अतंरात्मा को देखा है। सभी धर्मों में (ईश्वरवादी व अनीश्वरवादी) अतीन्द्रिय बोध के लिए इन्द्रियों को वश में कर कर्म करने को, नैतिकता को श्रेष्ठ आचरण एवं शुभ तथा कल्याणकारक माना गया है।

संसार से पलायन कर मनुष्य न तो पूर्णत्व को उपलब्ध हो सकता है और न ही कोई भी कर्म करके अकर्म (निष्कर्मता) की दशा को उपलब्ध कर सकता है। मनुष्य जब तक जीवित है तब तक वह एक पल भी कर्म किये नहीं रह सकता। सब बुरी बातें हमारे हृदय से ही निकलती है। धर्म तत्व इन बुरे विचारों का अपने आध्यात्मिक चिंतन के द्वारा शमन करता है तथा दिव्य शक्ति भाव को हृदय में प्रतिष्ठित करता है। धर्म सामूहिक रूप में तो सामाजिक अथवा संस्थागत होता है किन्तु व्यक्ति के सन्दर्भ में यह पूर्णतया उसके अंतर्जगत से सम्बन्धित होता हे।

धर्म व्यक्ति को मानसिक शक्ति प्रदान करता है तथा समुदाय में सामाजिक सामंजस्य उत्पन्न करने में योगदान देता है। अपूर्ण मानव सत्ता से भिन्न एक पूर्ण सत्ता ईश्वर धर्म का एक प्रमुख तत्व होता है जिस पर व्यक्ति का आस्थामय विश्वास होता है। इस विश्वास केन्द्रित भाव (आस्था) से आशावाद का जागरण होता है इसलिए ईश्वर नहीं वरन् जीवन-अधिक जीवन, व्यापक, अधिक समृद्ध तथा संतोषजनक जीवन ही धर्म का उद्देश्य है। धर्म मानव जीवन को दृढ़ता, पुनर्जीवन, अनुकम्पा, आश्वासन प्रदान करता है। प्राकृतिक मानव का रूपान्तरण नूतन जीवन के रूप में अर्थात उसे सभ्य एवं सुसंस्कृत करता है। वास्तविक धर्म का वैयक्तिक एवं सामाजिकता दोनों से सम्बन्ध होता है। वस्तुतः धर्म मत या धर्म सिद्धान्त स्वयं धर्म नहीं वरन् वे सब मनुष्यों को धर्म (धारण) तक ले जाने वाले साधन मात्र हैं जो मानव भावना को रूपान्तरित करते हैं। वह देश-काल् की सीमाओं में न बँधने वाला सार्वभौमिक सत्य है जो प्राणिमात्र को विश्वात्मा से आबद्ध करता है।

धर्म एवं दर्शन, धर्मदर्शन, विज्ञान, नैतिकता

धर्म एवं दर्शन

दर्शन शब्द की उत्पत्ति "दृश" धातु से हुई है, जिसका अर्थ है "देखना"। यह दर्शन या तो इन्द्रियजन्य निरीक्षण हो सकता है, या प्रत्ययी ज्ञान अथवा अन्तर्दृष्टि द्वारा अनुभूत हो सकता है। यह घटनाओं के सूक्ष्म निरीक्षण, तार्किक परीक्षण अथवा आत्मा के अन्तर्निरीक्षण द्वारा भी प्राप्त होता है।

धर्म में पूर्ण चेतनात्मक एकता की अनुभूति को लक्ष्य माना जाता है। यह व्यक्ति और समाज में सामंजस्य एवं परस्पर अभियोजन स्थापित करने का यत्न करता है। धर्म के पालन से स्वपर कल्याण अर्थात श्रेय व प्रेय की सिद्धि होती है। इसलिए कहा जा सकता है कि आध्यात्मिक चिंतन के द्वारा विश्व को मित्रतापूर्ण बनाना निश्चय ही धर्म का एक उद्देश्य है।

डा. सर्वपल्ली राधाकृष्णन् के अनुसार - "दर्शन पूर्णता (पूर्ण सत्ता) का उत्तर तर्क से देता है जबकि धर्म इसका उत्तर विश्वास से देता है।"

दर्शन व धर्म भिन्न क्षेत्रों से सम्बन्धित होते हुए भी परस्पर पूरक हैं। धर्म में दर्शन का समावेश हो या न हो किन्तु दर्शन अपनी व्यापकता के अनुसार धर्म को भी चिन्तन का विषय बनाता है तथा उसे यौक्तिक आधार प्रदान करता है। दर्शन अपने समग्र रूप में ज्ञान, प्रमाण, सृष्टि, नैतिकता, धर्म, तत्वमीमांसा आदि की सत्य, निष्पक्ष, तर्कपूर्ण, बौद्धिक, सैद्धान्तिक व्याख्या कर उन्हें सुदृढ़ आधार प्रदान करता है। वह तुलनात्मक, विश्लेषणात्मक दृष्टि अपनाते हुए तर्क-वितर्क, आलोचना-प्रत्यालोचना तथा विवेकपूर्ण मंथन के द्वारा निष्कर्षों की निरपेक्ष स्थापना करने का यत्न करता है। परम सत्ता की खोज, जिसे प्रायः धर्म श्रद्धा व विश्वास के आधार पर मानता है को आना लक्ष्य बनाता है तथा विवेकपूर्ण सद्आचरण द्वारा अभिव्यक्त करता है।

धर्म एवं धर्मदर्शन

वस्तुतः धर्मदर्शन न तो स्वयं धर्म ही है और न ही दर्शन। वरन् धर्म के दार्शनिक विवेचन को ही धर्मदर्शन कहते हैं। धर्मदर्शन के अन्तर्गत विश्व के समस्त धर्म और उनके विषय क्षेत्र के अध्ययन की विषय-वस्तु होती है। वह ईश्वरवादी एवं अनीश्वरवादी, आत्मवादी एवं अनात्मवादी धर्म प्रत्यय-प्रतीक तत्व, ईश्वर के गुण आदि की विवेकपूर्ण निष्पक्ष तुलनात्मक बौद्धिक व्याख्या प्रस्तुत करता हे। उन्हें तार्किक आधार प्रदान करता है। इसलिए वर्तमान जीवन के लिए धर्मदर्शन का विशिष्ट महत्व है। धर्मदर्शन धार्मिक चेतना से प्राप्त दिव्य जीवन की दार्शनिक अभिव्यक्ति है, व्याख्या है तथा दोनों ही (धर्म एवं धर्मदर्शन) सत्य को महत्व देते हैं।

जान हिक के अनुसार - "धर्म के सन्दर्भ में दार्शनिक चिंतन ही धर्मदर्शन है।"

प्रो. गैल्वे के अनुसार - "धर्मदर्शन, दार्शनिक विधियों एवं दार्शनिक सिद्धान्तों का धर्म पर प्रयोग है।"

प्रो. डी.एम.एडवर्ड के अनुसार - "धर्मदर्शन, धार्मिक अनुभूति के स्वरूप, व्यापार, मूल्य तथा सत्यता की दार्शनिक खोज है।"

प्रो. ब्राइटमैन के अनुसार - "धर्मदर्शन, धर्म की बौद्धिक व्याख्या की खोज का एक प्रयास है। यह धर्म का सम्बन्ध अन्य अनुभूतियों से बतलाकर विश्वासों की सत्यता, धार्मिक मनोवृत्तियों एवं आधारों का मूल्य स्पष्ट करता है।"

महर्षि अरविन्द के अनुसार - "धर्म एक क्षण भी खड़ा नहीं रह सका होता यदि वह महान सत्यों की बौद्धिक व्याख्या से अपनी पुष्टि नहीं करता, चाहे वे कितने ही अपर्याप्त हों"

धर्म एवं विज्ञान

विज्ञान की परिभाषा करते हुए यह कहा जाता है कि विज्ञान वह है जिसमें व्यवस्थित चिंतन के परिणामस्वरूप सिद्धान्त एवं प्रयोग होते हैं। यह एक प्रकार से प्रयोग को सर्वाधिक महत्व देता है अतः इसकी प्रमाणिकता का आधार अनुभूत तथ्य, तर्क, युक्ति होते हैं जो बुद्धिजनित होते हैं जिनके आधार पर वैज्ञानिक मापन, तोलन, परिकलन, वर्गीकरण करके कारणों का निर्धारण एवं नियमों को सूत्रबद्ध करता है। तथ्यों का विश्लेषण, वर्णन और व्याख्या करता है।

दूसरी ओर धर्म श्रद्धा, विश्वास एवं दिव्य सत्ता से सम्बन्धित होता है जिन्हें विज्ञान सत्य नहीं मानता, क्योंकि प्रायः धर्म अथवा धार्मिक विश्वास अनुभूतिपरक एवं श्रद्धाजनित होते हैं उन्हें तर्क द्वारा अथवा इन्द्रियानुभव द्वारा या उपकरणों के द्वारा नहीं जाना जा सकता। धर्म का अनुभव व बोध श्रुति के माध्यम से प्राप्त किया जाता है। उसमें भावनात्मक दृष्टिकोण अनिवार्यतः रहता है। अतः धर्म को विज्ञान का विरोधी एवं मानव प्रगति में बाधक माना गया है।

धर्म और विज्ञान के अपने-अपने क्षेत्र हैं तथा धर्म और विज्ञान दोनों ही हमारे ज्ञान के आवश्यक अंग हैं। धर्म हमारे जीवन के गंतव्य को निश्चित करता है, परन्तु विज्ञान हमारे समक्ष उन साधनों को प्रस्तुत करता है जो गंतव्य अथवा लक्ष्य तक पहुँचने में सहायक होते हैं। धर्म व विज्ञान में यद्यपि तार्किकता, अन्वेषण विधि, विषय सामग्री आदि को लेकर पर्याप्त अन्तर पाया जाता है किन्तु दोनों को एक दूसरे के पूर्णतः विरोधी मानना मानव कल्याण की दृष्टि से तर्कसंगत प्रतीत नहीं होता है। पूर्ण संतोषप्रद जीवन के लिए धर्म और विज्ञान दोनों ही आवश्यक हैं। धर्म और विज्ञान में जो विरोध माना जाता रहा है वह इन दोनों के वास्तविक स्वरूप, विषय-वस्तु, पद्धति एवं उपयोग को न समझ पाने के कारण है।

जार्ज संटियाना के अनुसार - "धर्म और विज्ञान में संघर्षात्मक स्थिति तभी उत्पन्न होती है जब धर्म विज्ञान का एवं विज्ञान धर्म का स्थान लेना चाहता है। सांसारिक कष्टों व दुःखों का (जो वास्तविक समस्या है) वास्तविक निवारण, वास्तविक तरीकों से ही होता है। उनकी निःस्सारता एवं काल्पनिकता के द्वारा नहीं। धर्म की विफलता का कारण दुःखों के निवारण के लिए काल्पनिक निदान (अप्राकृतिक) देना है। यदि धर्म में भी यथार्थता के आधार पर समस्याओं का निराकरण करने पर बल दिया जाये तो धर्म और विज्ञान में विरोधात्मक संघर्ष नहीं रहेगा।"

वैज्ञानिक मैंस प्लैंक के अनुसार - "प्रत्येक विमर्शी चिंतक यह स्वीकार करता है कि मानव जीवन को संतुलित एवं सामंजस्य रूप देने में धार्मिक तत्वों का एक महत्वपूर्ण योगदान है, अतः धर्म और विज्ञान के बीच कोई वास्तविक विरोध नहीं है, क्योंकि दोनों एक दूसरे के पूरक हैं।"

आइन्सटाइन के अनुसार - "धर्म के अभाव में विज्ञान पंगु है और विज्ञान के अभाव में धर्म अंधा है।"

अमेरिकी समीक्षात्मक यथार्थवादी विचारक सेलर्स के अनुसार - "धर्म का भविष्य पारलौकिकता को तिलांजली देने में ही है। अनुभूत तथ्यों की उपेक्षा करने वाले तत्वों का आश्रय न लेकर क्रियाशील प्राकृतिक परिवर्तनों के आधार पर विश्व एवं चेतना की व्याख्या की जानी चाहिए। नैतिक तत्व, एक प्रकार से धर्म जीवन-यापन करने की एक कला है।"

स्वामी विवेकानन्द के अनुसार - (पुस्तक - विज्ञान और आध्यात्किकता, राम कृष्ण मिशन प्रकाशन)

1. यदि हम अपने व्यक्तिगत एवं सामूहिक जीवन में वैज्ञानिक चेतना सम्पन्न एवं आध्यात्मिक एक साथ न हो पाए, तो मानवजाति का अर्थपूर्ण अस्तित्व ही संशय का विषय हो जाएगा। (पृ0-9)
2. अवश्य, सदाचार बहुत महत्वपूर्ण है। यह सही है कि अपने विचारों एवं भावनाओं को अनुशासित किये बिना मनुष्य धर्म के लक्ष्य तक नहीं पहुँच सकता, लेकिन आचार किसी भी अर्थ में धर्म का अन्तिम लक्ष्य नहीं है। (पृ0-17)

3. अन्त में देश-काल की सीमाओं में बद्ध ज्ञान का महामिलन उस ज्ञान से होगा जो इन दोनों से परे है, जो मन तथा इन्द्रियों के पहुँच से परे है- जो निरपेक्ष है, असीम है, अद्वितीय है। (पृ0-36)
4. विज्ञान सहज निर्धारण एवं उसे प्राप्त करने की प्रेरणा लक्ष्यों एवं प्रेरणाओं की सिद्धि के उपायों के बारे में धर्म, परोक्ष या अपरोक्ष रूप से विज्ञान से बहुत कुछ सीख सकता है। विज्ञान यह बता सकता है कि अमुक लक्ष्य कैसे प्राप्त किया जाय। लेकिन वह यह नहीं बता सकता कि उसे कौन सा लक्ष्य प्राप्त करना चाहिए। (पृ0-55)
5. अनुभव ही ज्ञान का एक मात्र स्रोत है। विश्व में केवल धर्म ही ऐसा विज्ञान है जिसमें निश्चयत्व का अभाव है, क्योंकि अनुभव पर आश्रित विज्ञान के रूप में उसकी शिक्षा नहीं दी जाती। ऐसा नहीं होना चाहिए। परन्तु कुछ ऐसे लोगों का एक छोटा समूह भी सर्वदा विद्यमान रहता है, जो धर्म की शिक्षा अनुभव के माध्यम से देते हैं। ये लोग रहस्यवादी कहलाते हैं। और वे हरेक धर्म में, एक ही वाणी बोलते हैं। और एक ही सत्य की शिक्षा देते हैं। यह धर्म का यथार्थ विज्ञान है। जैसे गणित शास्त्र विश्व के किसी भी भाग में भिन्न-भिन्न नहीं होते। वे सभी एक ही प्रकार के होते है तथा उनकी स्थिति भी एक ही होती है। उन लोगों का अनुभव एक ही है और यही अनुभव धर्म का रूप धारण कर लेता है। (पृ0-70)
6. धर्म तात्त्विक (आध्यात्मिक) जगत के सत्यों से उसी प्रकार सम्बन्धित है, जिस प्रकार रसायन शास्त्र तथा दूसरे भौतिक विज्ञान भौतिक जगत के सत्यों से। रसायन शास्त्र पढ़ने के लिए प्रकृति की पुस्तक पढ़ने की आवश्यकता है। धर्म की शिक्षाप्राप्त करने के लिए तुम्हारी पुस्तक अपनी बुद्धि तथा हृदय है। सन्त लोग प्रायः भौतिक विज्ञान से अनभिज्ञ ही रहते हैं। क्योंकि वे एक भिन्न पुस्तक अर्थात् आन्तरिक पुस्तक पढ़ा करते हैं; और वैज्ञानिक लोग भी प्रायः धर्म के विषय में अनभिज्ञ ही रहते हैं क्योंकि वे भी भिन्न पुस्तक अर्थात् वाह्य पुस्तक पढ़ने वाले हैं। (पृ0-71)
7. काल प्रवाह में सुसंगत परिवर्तन लाने के लक्ष्य को प्राप्त करना ऐसा आसान कार्य नहीं है जो इने गिने मुट्ठी भर उत्साही लोगों द्वारा चन्द दिनों में किया जा सके। यह कार्य लाखों लोगों के युग-युगान्तर तक किये गये साग्रह एवं निष्ठापूर्ण प्रयास द्वारा ही सम्भव है। इसके लिए हमारी शिक्षा पद्धति को पुनर्गठित करना होगा जिससे मानव के विचारों, आदर्शों एवं कार्यों को नई दिशा प्रदान की जा सके। (पृ0-78)
8. सम्भवतः ऐसा समय आ रहा है जब इस भौतिकवादी समाज में एक नयी भावना का उदय होगा और वह यह कि ईश्वर-दर्शन प्रत्येक व्यक्ति के लिए सम्भव है; तब सभी के उस दिशा में संघर्ष न करने पर भी जो ईश्वर का प्रत्यक्ष प्रयोगात्मक अनुभव करना चाहेंगे उन्हें युग-चेतना से उपहास एवं संदेह के बदले, प्रोत्साहन प्राप्त होगा। (पृ0-100)

धर्म एवं नैतिकता

अंग्रेजी में ग्रीक के Ethos शब्द से उत्पन्न Ethics और Mores से उत्पन्न Moral का अर्थ क्रमशः आचार रीति या रीति-रिवाज और परम्परा पालन है जो आचार-व्यवहार के नियमों के रूप में पालनीय होते हैं। दर्शन परिभाषा कोश के अनुसार - नैतिक आदर्श की दृष्टि से आचरण का अध्ययन करने वाला शास्त्र अथवा मुख्य रूप से मानव-स्वभाव, आदर्श और उसका अनुसरण करने के लिए बनाये गये नियमों से सम्बन्धित विचारों का तन्त्र विशेष नीति कहलाता है। नीति एवं दर्शन की वह शाखा जो कर्म में उचित-अनुचित, शुभ-अशुभ, कर्तव्य-अकर्तव्य, पुण्य-पाप इत्यादि भेदों का विवेचन करती है तथा इन भेदों के मूल में जो आदर्श निहित है उसका निरूपण करती है, आचार नीति अथवा नीति शास्त्र कहलाता है। अतः शब्दकोष के आधार पर यह स्पष्ट होता है कि नीति यदि आचरण नियमरूप है तो नीतिशास्त्र विषयरूप है जिसमें नीति-आचरण का व विचारों का सैद्धान्तिक विवेचन होता है और नैतिकता उन नीति-आचरण का जीवन में व्यावहारिक प्रयोग है जिसमें व्यक्ति सदाचारी एवं निष्ठावान बनता है अर्थात् नैतिकता नियमों का पालन या सद्गुण युक्त जीवन है।

मानव जीवन के विभिन्न पक्षों को दृष्टि में रखते हुए ही मानवोचित मूल्यों की स्थापना की जाती है। ये मूल्य सभ्यता, संस्कृति, नीति, धर्म, सद्गुण, राजनीति आदि के सन्दर्भ में स्वीकार किये जाते हैं। मानव जीवन में धर्म एवं नैतिकता का विशेष महत्व होने के कारण चिंतकों ने इन दोनों के सम्बन्ध पर विविध प्रकार से चिंतन किया है।

धर्म का अर्थ धारणात्मक तत्व से है। वह कोई मत, पंथ या सम्प्रदाय आदि नहीं है, वरन् उन नियमों, वृत्तियों, आध्यात्मिक अनुभवों व कृत्यों का आचरण है जिनकों श्रेयकर माना गया है। नीति शब्द से ही नैतिकता शब्द विकसित हुआ है। नीति का शाब्दिक अर्थ किसी कार्य की सिद्धि के लिए अपनायी (प्रयुक्त) जाने वाली युक्ति या उपाय जो लोक या समाज के कल्याण के लिए उचित ठहराये हुए आचार-व्यवहार की निर्धारित व्यवस्था या नियम रूप व्यावहारिक सिद्धान्त है। इसे व्यवहार की रीति भी कहा जा सकता है।

धर्म के सैद्धान्तिक स्वरूप में नीति का और व्यावहारिक रूप में नैतिकता का समावेश अनिवार्यतः किया गया है किन्तु नीति या नैतिकता में धर्म का समावेश अनिवार्यतः हो ही यह आवश्यक नहीं है। यद्यपि जिस प्रकार से धर्म का सम्बन्ध मानव चेतना से है ठीक उसी प्रकार से नैतिकता का सम्बन्ध भी केवल मानव चेतना से या मानव जीवन से ही है। नैतिक आचरण (नैतिकता) की दृष्टि से सद्गुणों का विशेष महत्व है। अतः नैतिकता को मानव सभ्यता का आधार मानते हुए मानव जीवन दर्शन का निर्धारण किया गया है। धर्म अंतःकरण की गहन अनुभूति के आधार पर लोकसेवा और लोक कल्याण की भावना से प्रेरित होकर अनुभवातीत, अतींद्रिय सत् से सम्बद्ध कर व्यक्ति की नैतिकता को आध्यात्मिक तत्वों से समायोजित करता है। धर्म के द्वारा होने वाली नैतिकता की अभिव्यक्ति मानव का तीनों वृत्तियों अथवा पक्षों (ज्ञान, भाव एवं कर्म) के समन्वय का परिणाम है। अतः नैतिकता विहिन धर्म का चितंन करना एवं धर्मविहीन नैतिकता का समर्थन करना मानव जीवन का ऐकांगी पक्ष ही होगा।

जे.एस. मैकेंजी के अनुसार - "नैतिक जीवन का अर्थ ही है चरित्र निर्माण अर्थात निश्चित आदतों का निर्ताण है। जिनके आधार पर व्यक्ति जीवन यापन करता है अथवा आचरण करता है।"

मैथ्यू आर्नाल्ड के अनुसार - "धर्म भावना (संवेग) में युक्त नैतिकता के अतिरिक्त अन्य कुछ नहीं है।"

स्वामी विवेकानन्द के अनुसार

(पुस्तक - भारत का ऐतिहासिक क्रम विकास और अन्य प्रबन्ध, राम कृष्ण मिशन प्रकाशन)

1. नियम कभी घटनाचक्र से, सिद्धान्त कभी व्यक्ति से भिन्न नहीं होता। अपनी सीमा के भीतर, पृथक पदार्थ की, क्रिया अथवा निष्क्रिय सम स्थिति की विधि ही नियम कही जाती है। (पृ0-68)
2. नियम पदार्थों की यथास्थिति में है- इस विधि से कि पदार्थ एक दूसरे के प्रति कैसे क्रियमान होते हैं; न कि कैसे उन्हें होना चाहिए। (पृ0-68)
3. आध्यात्मिक नियम, नैतिक नियम, सामाजिक नियम, राष्ट्रीय नियम-तभी नियम है जब वे प्रस्तुत आत्मिक और मानव इकाईयों के अंग हो और इन नियमों से शासित मानी जाने वाली प्रत्येक इकाई को कर्म की अनिवार्य अनुभूति हो। (पृ0-68)
4. हमारा निर्माण नियम द्वारा और हमारे द्वारा नियम का निर्माण-यह चक्र चलता है। कुछ विशिष्ट परिस्थितियों में मनुष्य अनिवार्यतः क्या करता है, इस सम्बन्ध में सामान्य निष्कर्ष- एक उन परिस्थितियों के सम्बन्ध में मनुष्य पर लागू होने वाला नियम है। अचल, सार्वभौम मानवीय व्यापार ही मनुष्य का नियम है, जिससे कोई भी व्यक्ति बच नहीं सकता- किन्तु यह भी सत्य है कि अलग-अलग व्यक्तियों के कार्यों का योग ही सार्वभौम नियम है। पूर्ण योग या सार्वभौम अथवा असीम ही व्यक्ति का निर्माण कर रहा है और व्यक्ति अपने क्रिया से उस विधान को सजीव बनाये हुए है। इस अर्थ में नियम सार्वभौम का ही दूसरा नाम है। सार्वभौम व्यक्ति पर निर्भर है, व्यक्ति सार्वभौम पर निर्भर है। यह अनन्त शान्त अंशों से निर्मित है। (पृ0-69)
5. आध्यात्मिक और नैतिक नियम प्रत्येक मनुष्य की क्रिया पद्धति नहीं है। शीलाचार, नैतिकता, और राष्ट्रीय नियमों के पालन की अपेक्षा इनका उल्लंघन ही अधिक किया जाता है। यदि ये सब नियम होते तो भंग कैसे किये जा सकते। (पृ0-70)

6. प्रकृति के नियमों के विपरीत जाने की सामथ्र्य किसी भी व्यक्ति में नहीं है। तो फिर ऐसा क्यों है कि हम सर्वदा मनुष्य द्वारा नैतिक और राष्ट्रीय नियमों के भंग किये जाने की शिकायत सुनते हैं? (पृ0-70)
7. राष्ट्रीय नियम, अपने सर्वोत्कृष्ट रूप में, राष्ट्र के बहुमत की इच्छा के मूर्त रूप है- सर्वदा एक अन्य स्थिति, न कि यथार्थ स्थिति। इस प्रकार प्राकृतिक नियमों के सम्बन्ध में प्रयुक्त 'नियम' शब्द का अर्थ सामान्यतः नीतिशास्त्र और मानव क्रियाओं की भूमिका में बहुत बदल जाता है। (पृ0-70)
8. संसार के नैतिक नियमों का विश्लेषण करने पर और यथार्थ स्थिति से उनकी तुलना करने पर दो नियम सर्वोपरि ठहरते हैं। एक है अपने से प्रत्येक वस्तु के विकर्षण का नियम-हर व्यक्ति से अपने को पृथक करना जिसका परिणाम होता है, अन्ततः दूसरों की सुख-सुविधा की बलि देकर भी अपने अभ्युदय की सिद्धि। दूसरा है आत्म-बलिदान का विधान- अपनी चिन्ता से सर्वथा मुक्ति7सर्वदा केवल दूसरों का ध्यान करना। संसार में महान और सत्पुरुष वे हैं जिनमें यह दूसरी क्षमता प्रबल होती है। फिर भी ये दोनों शक्तियाँ साथ साथ संयुक्त रूप से काम कर रही है; प्रायः प्रत्येक व्यक्ति में वह मिली हुई पायी जाती है, एक या दूसरी प्रमुख होती है। चोर, चोरी करता है; पर शायद, किसी दूसरे के लिए जिसे वह प्यार करता है। (पृ0-70)
9. मुक्ति ही विश्व की प्रेरक है और मुक्ति ही इसका लक्ष्य है। प्रकृति के नियम में ऐसी पद्धतियाँ हैं जिनके द्वारा हम जगदम्बा के निर्देशन में, उस मुक्ति तक पहुँचने का संघर्ष करते हैं। मुक्ति के लिए इस विश्वव्यापी संघर्ष की सर्वोच्च अभिव्यक्ति मनुष्य में मुक्त होने की सजग अभिलाषा के रूप में होती है। यह मुक्ति तीन प्रकार से प्राप्त होती है- कर्म, उपासना और ज्ञान से। कर्म-दूसरों की सहायता करने और दूसरों को प्रेम करने का सतत अविरत प्रयत्न। उपासना-प्रार्थना-वन्दना, गुणगान और ध्यान। ज्ञान-जो ध्यान से उत्पन्न होता है। (पृ0-73)

धर्म में वस्तु तत्व एवं प्रतीक

शब्द कोश के अनुसार-

कोई भी चीज जिसके बारे में बातचीत या विचार किया जा सके, चाहे वह वास्तविक हो या काल्पनिक, मानसिक हो या भौतिक "वस्तु" कहलाती है और तत्व शब्द का अर्थ है - सार, रहस्य, यथार्थता इत्यादि। इस आधार पर धर्म के सम्बन्ध में वस्तु तत्व का अर्थ धर्म में सर्वस्वीकृत मूत्र्त या अमूत्र्त विषय एवं धारणाएँ होगा। वस्तु तत्व को भाषायिक स्वरूप प्रदान कर इनके श्रेष्ठ, उचित या योग्य होने के सम्बन्ध में विभिन्न संदर्भों के अन्तर्गत वार्तालाप, संभाषण, तर्क आदि किये जा सकते हैं। अतः धर्म के वस्तु तत्व जैसे ईश्वर, मुक्ति, नियतिवाद, कर्म, स्वर्ग-नरक आदि के सम्बन्ध में भिन्न-भिन्न लेखकों ने प्रश्न उठायें हैं, प्राकल्पनाएँ, सिद्धान्त, व्याख्याएँ, परिभाषाएँ एवं धारणाएँ प्रस्तुत की हैं।

इस आधार पर यह कहा जा सकता है कि धर्म के वस्तु-तत्व वे होते हैं जो सत्ता/अस्तित्व/अमूत्र्त को अर्थपूर्णता प्रदान करते हैं और समाज को सक्रिय चेतन आयाम प्रदान करते हैं। इन वस्तु तत्वों को समाज/समुदाय की विकासोन्मुख स्थिति, बौद्धिक वर्ग एवं जन सामान्य की स्थिति, नये मूल्यपरक दृष्टिकोण आदि को ध्यान में रखते हुए शक्तिशाली, अपूर्व बुद्धिमान व्यक्ति पुराने के स्थान पर नवीन धर्मतत्वों की स्थापना कर सकते हैं या उन्हें रूपान्तरित कर सकते हैं। अतः धर्म के वस्तु तत्व-तत्वों का निर्धारण देशकाल, परिस्थितियों के आधार पर अथवा युगानुरूप दृष्टिकोण के आधार पर किया जा सकता है। धर्म के वस्तु तत्व व्यक्ति के अपूर्व कल्पना शक्ति के द्योतक होते हैं। इनके द्वारा अमूर्त को मूर्त रूप में व्याख्यायित कर समझने का व्यावहारिक यत्न किया जाता है।

धर्म में वस्तु तत्व प्रतीक के रूप में होते हैं। ऋग्वेद में प्रतीक शब्द का प्रयोग अवयव के अर्थ में किया गया है। उपनिषद् में प्रतीक शब्द का प्रयोग मुख के लिए करते हुए कहा गया है कि जो अन्न के अक्षय भाव को जानता है, वह मुख रूप से प्रतीक के द्वारा इसका भक्षण करता है। इससे स्पष्ट होता है कि प्रतीक प्रयोग प्राचीनकाल में अवयव, मुख, अंग आदि विभिन्न अर्थो में किये जाते रहें हैं।

शब्दकोश के अनुसार सामान्यतः प्रतीक वे होते हैं जो किसी भौतिक एवं अभौतिक वस्तु का प्रतिनिधित्व करते हैं। ये संकेत, चिन्ह, लक्षण (स्वभाव), चरित्र आदि अर्थ को भी समाहित करते हैं। ये वे कृत्रिम चिन्ह या संकेत हैं जो किसी वस्तु-विचार या कल्पना को व्यक्त करते हैं। ये मानव मन का ही आविष्कार है तथा चेतन-अचेतन दोनों मनः अवस्थाओं द्वारा प्रयुक्त किये जाते हैं। अतः प्रतीक केवल मानस प्रत्यक्ष तथा कल्पना में आने वाले विचारों, भावों और अनुभूतियों के गोचर संकेत अथवा चिन्ह हैं, के रूप में भी परिभाषित किया गया है। भारतीय चिंतकों के अनुसार प्रतीक का अर्थ है- "ओर आना या समीप पहुँचना"। ये मनुष्य को अपने साधना मार्ग अथवा सद्गुणों के विकास में अगले सोपान (सीढ़ी) तक ले जाते हैं। इनके आधार पर मनुष्य अपने ध्येय की ओर बढ़ता है किन्तु वे प्रतीक सीढ़ीयाँ उच्चतर तत्व की प्राप्ति के लिए सहायक साधन मात्र हैं, स्वयं लक्ष्य या उच्चतर तत्व नहीं। इनका प्रयोग हम मूल वस्तु को समझने के लिए करते हैं। ये सदा ही अनुभव या अवबोध से भिन्न होते हैं।

प्रतीक के निम्नलिखित लक्षण होते हैं-

1. प्रतीक व चिन्ह दोनों अपने से पृथक किसी अन्य वस्तु की ओर संकेत करते हैं। ये एक दूसरे से भिन्न होते हैं, किन्तु कई बार इनमें अंतर न कर पाने के कारण इन्हें एक मान लिया जाता है। एक चिन्ह के स्थान पर दूसरे चिन्ह को स्वेच्छानुसार प्रयोग किया जा सकता है किन्तु किसी एक प्रतीक के स्थान पर अन्य प्रतीक का स्वेच्छापूर्वक प्रयोग अथवा उसकी रचना नहीं की जा सकती। प्रतीक में अपनी विशेष शक्ति अन्तर्निहित होती है।
2. प्रतीक वस्तुओं का प्रतिनिधित्व करते हुए प्रतीक्य की ओर संकेत करते हैं, उसमें सहभागी होते हैं किन्तु कभी भी प्रतीक्य का स्थान ग्रहण नहीं कर सकते है। जैसे - राष्ट्रध्वज (प्रतिनिधि) राष्ट्र की शक्ति, गौरव, मर्यादा, सम्मान में सहभागी होता है किन्तु यह सम्मान ध्वजरूपी प्रतिनिधि का नहीं वरन् उसका होता है जिसका कि वह प्रतिनिधित्व करता है।

3. इनकी सहायता से वह अदृश्य, अनुभवातीत सत्ता भी इनके सत्स्वरूप संकेत के कारण बोधगम्य हो जाती है जिसे अन्य इन्द्रियानुभविक प्रकारों से नहीं जाना जा सकता है।
4. प्रतीक की सार्थकता समाज द्वारा उनकी स्वीकृति पर निर्भर होती है। प्रतीक बनने तथा प्रतीक के रूप में समाज द्वारा स्वीकार किये जाने की प्रक्रिया साथ ही साथ होती है। यद्यपि प्रतीक सर्वप्रथम किसी के मन में उत्पन्न होते हैं और अचेतन पर निर्भर हैं फिर भी इसकी रचना व ग्राह्य सामाजिक क्रिया का परिणाम है कल्पित या मनगढ़न्त नहीं।
5. प्रतीकों में संगठनात्मक व विघटनात्मक दोनों शक्तियाँ विद्यमान रहती हैं।

प्रतीकों के ये लक्षण सामान्य प्रतीकों के साथ-साथ धार्मिक प्रतीकों में भी पायी जाती हैं। इस दृष्टि से सामान्य प्रतीकों तथा धार्मिक प्रतीकों में पर्याप्त समानता है परन्तु इस समानता के होते हुए भी धार्मिक प्रतीक सामान्य प्रतीक से भिन्न होते हैं। प्रत्येक धार्मिक प्रतीक का प्रयोजन उसकी ओर संकेत करना है जो सीमातीत है। ये ऐसे विषय को अभिव्यक्त करते हैं जो आस्था का विषय है तथा स्वरूपतः विश्व की उन वस्तुओं से परे है जिन्हें ज्ञान का विषय बनाया जा सकता है। ऐसे विषय यथा-परमसत्ता जो कि निरूपाधिक इन्द्रियातीत सत्ता है, को धार्मिक प्रतीकों के अभाव में नहीं जाता जा सकता। जबकि सामान्य प्रतीक जिन वस्तुओं की ओर संकेत करते हैं उन्हें प्रतीकों की सहायता लिये बिना भी जाना जा सकता है। परमसत्ता अनुभवातीत और अज्ञेय है अर्थात् इन्द्रियगम्य नहीं है। अतः इस परमसत्ता के सम्बन्ध में कुछ कहने के लिए विभिन्न प्रतीकों की सहायता लेनी पड़ती है। इन प्रतीकों के माध्यम से मनुष्य परमसत्ता के प्रति अपनी भावनाओं तथा अभिवृत्तियों को व्यक्त कर सकता है। इन धर्म प्रतीकों के द्वारा परमसत्ता का ज्ञान (बौद्धिक) तो नहीं हो सकता, किन्तु इनके प्रतीक के द्वारा अगम्य परमसत्ता (अन्तिम सत्ता) का सांकेतिक, अप्रत्यक्ष आभास अवश्य हो सकता है। प्रतीक इसी सत्स्वरूप के प्रति अन्तिम संलग्नता को व्यक्त करते हैं। ये हमारे कार्यो को दैवत्व से सम्बद्ध करते हैं।

धार्मिक प्रतीकों का क्षेत्र विस्तृत है। ईश्वर, देवता, इष्ट, धर्मगुरू, प्रतिमा, शब्द, सिद्धान्त, देवकथा, पवित्र वस्तुएँ, सृष्टि, स्वर्ग-नरक, पाप-पुण्य, पूजा आदि सभी धर्म में, प्रतीक रूप में व्यवहार्य हैं। गौतम बुद्ध, ईसामसीह आदि ऐतिहासिक पुरूष ही नहीं वरन् धर्म प्रतीक भी हैं। प्रतीक सभी अनुभवात्मक जगत में सत्यस्वरूप की ओर संकेत करते हैं जो कि इन्द्रियातीत है। लक्ष्य प्राप्ति होने पर प्रतीकों का कोई प्रयोजन नहीं है।

अतः कहा जा सकता है कि धर्म में जो वस्तु तत्व स्वीकार्य किये जाते हैं वे प्रतीक रूप होते हैं। चाहे वे धार्मिक उपादान (ईश्वर, आत्मा, अवतार, ईश्वर के अंश से उत्पन्न मानव, क्रास, शंख, चक्र, धर्म पुस्तकें आदि) हों या धार्मिक कृत्य चर्च, मन्दिर जाना, उपासना करना, नमाज या प्रार्थना करना, यज्ञ करना आदि। ये किसी न किसी रूप में सभी धर्मों में प्रचलित होते हैं तथा मानव आस्थाओं के परिचायक होते हैं।

स्वामी विवेकानन्द के प्रतीक के सम्बन्ध में विचार-

1. उन्हें (सिद्ध गुरुओं) मंत्र द्वारा शिष्यों में आध्यात्मिक ज्ञान का बीजारोपड़ करना पड़ता है। ये मंत्र क्या हैं? भारतीय दर्शन के अनुसार नाम और रुप ही इस जगत की अभिव्यक्ति के कारण हैं। मानवीय अन्तर्जगत में एक भी ऐसी चित्तवृत्ति नहीं रह सकती, जो नाम-रुपात्मक न हो। बृहत् ब्रह्माण्ड में भी ब्रह्मा, हिरण्यगर्भ या समष्टि महत् ने पहले अपने आप को नाम के, और फिर बाद में रुप के आकार में अर्थात् इस परिदृश्यमान जगत के आकार में अभिव्यक्त किया। यह सारा व्यक्त इन्द्रियग्राह्य जगत रुप है, और इसकें पीछे है अनन्त अव्यक्त स्फोट। स्फोट का अर्थ- समस्त जगत की अभिव्यक्ति का कारण शब्द-ब्रह्म है। समस्त नामों अर्थात् भावों की नित्य समवायी उपादान स्वरुप यह नित्य स्फोट ही वह शक्ति है, जिससे भगवान इस विश्व की सृष्टि करते हैं। यहीं नहीं बल्कि भगवान पहले स्फोट रुप में परिणत हो जाते हैं और तत्पश्चात् अपने को उससे भी स्थूल इस इन्द्रियग्राह्य जगत के रुप में परिणत कर लेते हैं। इस स्फोट का एक मात्र वाचक शब्द है-"ऊँ"। और चूँकि हम किसी भी उपाय से शब्द को भाव से अलग नहीं कर सकते, इसलिए यह "ऊँ" भी इस नित्य स्फोट से नित्य संयुक्त है। एकमेव यह "ऊँ" ही इस प्रकार सर्वभावाव्यापी वाचक शब्द है, अन्य

कोई भी इसके समान नहीं। स्फोट ही सारे भावों का उपादान है, फिर भी वह स्वयं पूर्ण रुप से विकसित कोई विशिष्ट भाव नहीं है। अर्थात् यदि उन सब भेदों को, जो एक भाव को दूसरे से अलग करते हैं, निकाल दिया जाय, तो जो कुछ बचा रहता है, वहीं स्फोट है। इसलिए इस स्फोट को "नादब्रह्म" कहते हैं। जो वाचक शब्द उसे सब से कम विशेषभावापन्न करेगा, पर साथ ही उसके स्वरुप को यथासम्भव पूरी तरह प्रकाशित करेगा, वहीं उसका सबसे सच्चा वाचक होगा। और यह वाचक शब्द है- एकमात्र "ऊँ" क्योंकि ये तीनों अक्षर अ, उ और म्, जिनका एक साथ उच्चारण करने से "ऊँ" होता है, समान शब्दों के साधारण वाचक के तौर पर लिये जा सकते हैं (भक्ति योग, राम कृष्ण मिशन)।

2. सृष्टि के पूर्व ब्रह्म शब्दात्मक बनते है, फिर ओंकारात्मक या नादात्मक होते है। तत्पश्चात् पहले कल्पों के विशेष शब्द जैसे- भूः, भुवः, स्वः अथवा गो, मानव, घट, पट इत्यादि का प्रकाश उसी आंेकार से होता है। सिद्ध संकल्प ब्रह्म में क्रमशः एक-एक शब्द के होते ही उसी क्षण उन सब पदार्थो का भी प्रकाश हो जाता है और इस विचित्र जगत् का विकास हो उठता है। अब समझे न कि कैसे शब्द ही सृष्टि का मूल है (विवेकानन्द जी के संग में, पृष्ठ-62, राम कृष्ण मिशन)।
3. प्रतीक का अर्थ है वे वस्तुएं, जो थोड़े-बहुत अंश में ब्रह्म के स्थान में उपास्य-रूप से ली जा सकती है जो वस्तु ब्रह्म नहीं है, उसमें ब्रह्म-बुद्धि करके ब्रह्म का अनुसंधान प्रतीकोपासना कहलाता है। (योग क्या है?, पृष्ठ-48, राम कृष्ण मिशन)।
4. संसार के मुख्य धर्मों में से वेदान्त, बौद्ध धर्म और ईसाई धर्म के कुछ सम्प्रदाय बिना किसी आपत्ति के प्रतिमाओं का उपयोग करते हैं। केवल इस्लाम और प्रोटेस्टेण्ट ये ही दो ऐसे धर्म हैं जो इस सहायता की आवश्यकता नहीं मानते। फिर भी मुसलमान प्रतिमा के स्थान में अपने पीरों और शहीदों की कब्रों का उपयोग करते हैं। ईसाई और इस्लाम धर्म में जो कुछ प्रतिमा-उपासना विद्यमान है, वह उस श्रेणी की है, जिसमें प्रतीक या प्रतिमा की उपासना केवल प्रतीक या प्रतिमा रूप से होती है- ब्रह्म दृष्टि से नहीं। अतएव वह कर्मानुष्ठान के ही समान है-उससे न भक्ति मिल सकती है, न मुक्ति। इस प्रकार की प्रतिमा-पूजा में उपासक ईश्वर को छोड़ अन्य वस्तुओं में आत्मसमर्पण कर देता है और इसलिए प्रतिमा, कब्र, मन्दिर आदि के इस प्रकार उपयोग को ही सच्ची मूर्तिपूजा कहते है। पर वह न तो कोई पाप कर्म है और न कोई अन्याय-वह तो बस एक कर्म मात्र है, और उपासकों को उसका फल भी अवश्य मिलता है। (भक्तियोग पृष्ठ-51, राम कृष्ण मिशन)"

श्री लव कुश सिंह "विश्वमानव" के प्रतीक के सम्बन्ध में विचार-

मानव सभ्यता के विकास के कालक्रम में कर्म कर अनुभव के ज्ञान सूत्र का संकलन ही वेद के रूप में व्यक्त हुआ जिससे आने वाली पीढ़ी मार्गदर्शन को प्राप्त कर सके और अपना समय बचाते हुए कर्म कर सके। अर्थात प्रत्येक साकार सफल नेतृत्व के साथ उसके अनुभव का निराकार ज्ञान सूत्र के संकलन की समानान्तर प्रक्रिया भी चलती रही। और यह सभी प्रक्रिया मानव जाति के श्रेष्ठतम विकास के लिए ही की जा रही थी। समाज को एकात्म करने के लिए शास्त्र की रचना करना व उसका प्रचार-प्रसार करने वाले व्यास कहलाये।
जिनके द्वारा शास्त्र रचना के युगानुसार निम्न चरण पूरे हुए।

1. सार्वभौम आत्मा के ज्ञान द्वारा समाज को एकात्म करने के लिए शास्त्र - वेद
2. सार्वभौम आत्मा के नाम द्वारा समाज को एकात्म करने के लिए शास्त्र - उपनिषद्
3. सार्वभौम आत्मा के कृति कथा द्वारा समाज को एकात्म करने के लिए शास्त्र - पुराण
4. सार्वभौम आत्मा के प्रकृति द्वारा समाज को एकात्म करने के लिए शास्त्र - महाभारत
5. सार्वभौम आत्मा के कर्मज्ञान द्वारा समाज को एकात्म करने के लिए शास्त्र -विश्वशास्त्र-द नालेज आफ फाइनल नालेज

वेद के ज्ञान सूत्र व उपनिषद् की वार्ता के अलावा मनुष्य को एकात्म करने के लिए दृश्य चित्र या वस्तु की आवश्यकता की विधि का प्रयोग ही पौराणिक देवी-देवता हैं। सार्वभौम आत्मा के कृति कथा द्वारा समाज को एकात्म करने के लिए पुराण शास्त्र ही देवी-देवताओं के उत्पत्ति का कारण है। जिसे उत्पन्न करने का कारण मानव को एक आदर्श मानक पैमाना व लक्ष्य देना था जिससे वे मार्गदर्शन प्राप्त कर सकें। वेद और उपनिषद् शास्त्र में देवी-देवता के स्थान पर मात्र प्रकृति-पुरूष का प्रतीक चिन्ह - शिवलिंग ही व्यक्त था। मनुष्य या कोई भी जीव जब अपने ईश्वर का रूप निर्धारित करेगा तब वह अपनी ही शारीरिक संरचना रूप में ही कल्पना कर सकता है। इस मानवीय रूप के निर्धारण में गुणों को वस्त्र-आभूषण, वाहन इत्यादि के प्रतीक के माध्यम से व्यक्त किया गया। पुराणों में निम्नलिखित विधि से देवी-देवताओं की उत्पत्ति की गयी है-

1. सार्वभौम आत्मा से ब्रह्माण्ड और उसके परिवार जैसे सूर्य, चाँद, ग्रह, नक्षत्र, नदी, समुद्र, पर्वत इत्यादि को देवी-देवता के रूप में एक मानवीय रूप द्वारा गुणों के अनुसार निरूपित कर प्रक्षेपित किया गया। जिससे यह ज्ञान प्राप्त हो सके कि उस अदृश्य ईश्वर की कृति यह ब्रह्माण्ड उसका दृश्य रूप है अर्थात यह दृश्य ब्रह्माण्ड ही हमारा दृश्य ईश्वर है। अर्थात जिस प्रकार हम ईश्वर से प्रेम करते हैं उसी प्रकार हमें इस दृश्य ईश्वर - ब्रह्माण्ड से प्रेम करना चाहिए जो हमें प्रत्यक्ष रूप में जीवन संसाधन उपलब्ध कराता है।
2. सार्वभौम आत्मा से मनुष्य और उसके परिवार को देवी-देवता के रूप में एक मानवीय रूप द्वारा गुणों के अनुसार निरूपित कर प्रक्षेपित किया गया। जिससे यह ज्ञान प्राप्त हो सके कि उस अदृश्य ईश्वर की कृति यह मनुष्य उसका दृश्य रूप है अर्थात यह दृश्य मनुष्य ही हमारा दृश्य ईश्वर है। अर्थात जिस प्रकार हम ईश्वर से प्रेम करते हैं उसी प्रकार हमें इस दृश्य ईश्वर - मानव से प्रेम करना चाहिए जो हमें प्रत्यक्ष रूप में जीवन संसाधन उपलब्ध कराता है।

उस एक सार्वभौम आत्मतत्व को जानने के लिए ज्ञान सूत्रों के माध्यम से वेदों में, ईश्वर नाम (ओउम्) के माध्यम से उपनिषद् में, उस आत्मतत्व के गुणों व ब्रह्माण्डीय वस्तुओं (सूर्य, चाँद, ग्रह, नक्षत्र, तत्व इत्यादि) के गुणों के साकार निरूपण (मूर्ति) के माध्यम से पुराणों में, प्रकृति (सत्व, रज, तम, आसुरी, दैवी व उसके अन्य अंश गुणों) के माध्यम से गीता/गीतोपनिषद् में व्यक्त किया गया है। इन सभी माध्यमों सहित वर्तमान पदार्थ विज्ञान, समाज विज्ञान, राजनीति विज्ञान, शासन प्रणाली इत्यादि के माध्यम से सार्वजनिक प्रमाणित गीता अर्थात विश्वशास्त्र में व्यक्त किया गया है।

धर्मसमभाव की अवधारणा और विश्वधर्म का आधार

मानव जीवन में धर्म का अपना विशिष्ट स्थान है। अतः प्राचीन काल से ही मानव धर्म के सम्बन्ध में विविध रूपों में चिन्तन प्रस्तुत करता रहा है। प्रकृति के परिवर्तनशीलता और मानव के विकास के साथ-साथ धर्म-धारणा में भी निरन्तर परिवर्तन, परिष्कार तथा विकास उदात्तता की ओर होता चलता गया है। सभी धर्म मानव जाति के उत्थान और एकता के लिए विकसित हुए हैं। सभी धर्म इसके लिए प्रेम, सौहार्द, सौमनस्यपूर्णता तथा समत्वभाव का चिन्तन प्रस्तुत करते हैं, तथापि धर्म को लेकर मानव समाज में हिंसा, द्वेष, वैमनस्य और वैर-विरोध पाये जाते हैं। सामान्य मानव के मस्तिष्क में धर्म के नाम पर या तो मन्दिर, मस्जिद, गुरूद्वारा, चर्च, अगियारि आदि स्मृति में आते हैं, या फिर वेद, उपनिषद्, गीता, रामायण, पुराण, त्रिपिटक, आगम शास्त्र, कुरआन, जेन्द-अवेस्ता, कर्मकाण्ड, पूजा-पाठ, प्रार्थना, नमाज आदि। किन्तु धर्म यही तक सीमित नहीं है। धर्म के व्यापक धरातल को प्रस्तुत करने की दृष्टि से एवं धर्मानुयायियों में व्यापक कट्टरता, विद्वेष, साम्प्रदायिकता तथा हठधर्मिता को दूर करने की दृष्टि से "धर्म समभाव" की धारणा चिन्तकों द्वारा प्रस्तुत की गयी है। परन्तु स्वयं धर्म समभाव के विषय में भी कालान्तर में भिन्न-भिन्न दृष्टिकोण निर्मित होते गये। यही कारण है कि धर्म और धर्म समभाव का संगत अर्थ सही परिप्रेक्ष्य में उसके सभी पक्ष-उपपक्ष के साथ प्रस्ततु किया जाना आधुनिक काल की महती आवश्यकता बन गई है।

धर्म समभाव का अर्थ एवं परिभाषा

धर्म समभाव शब्द तीन पदों से बना है। प्रथम पद है-धर्म, द्वितीय पद है-सम और तृतीय पद है-भाव। शब्दकोश में हमें धर्म समभाव की सम्पूर्ण परिभाषा उपलब्ध नहीं होती है। अतः हम पदों के अर्थ निरूपित करते हुए इनके योग के आधार पर एवं विचारकों के दृष्टिकोण के आधार पर इसके (धर्म समभाव) प्रत्यय को समझने का यत्न करेंगे।

धर्म, सम एवं भाव, तीनों ही पद संस्कृत तथा हिन्दी भाषीय शब्द हैं। धर्म को "धृ" धातु से उत्पन्न मानते हुए सदाचार, सत्कर्म, आध्यात्मिक, नैतिक एवं चरम सत्य की वह अनुभूति जो समस्त प्राणियों में चेतनात्मक एकता के भाव जागृत करती है।

शब्दकोश के अनुसार सम का अर्थ समान, तुल्य, बराबर, वैसा ही समरूप आदि है। तथा भाव का अर्थ होना, भावना, विचार, विश्वास, आदर, प्रतिष्ठा आदि है। समानता अथवा तुल्यता का अर्थ राग-द्वेष से परे, निष्पक्ष, तुलनात्मक समान आदर विचार अथवा भावना के रूप में किया जा सकता है। अतः शब्दकोश के आधार पर धर्म समभाव का अर्थ धर्म के प्रति निष्पक्ष, तुलनात्मक समान आदर भाव रखना और "सर्व धर्म समभाव" का अर्थ सब धर्मों के प्रति निष्पक्ष, तुलनात्मक समान (राग-द्वेष से परे) आदर भाव (समभाव) रखना माना जा सकता है।

किसी भी धर्म को पूर्ण सत्य या पूर्ण असत्य समझना भूल है। किसी भी धर्म का उपयोग करते समय युगबाह्य (जो समयानुसार न हो, तत्कालीन देश-काल से मेल न खाता हो) अंश निकाल देना चाहिए और युगसत्य (जो तत्कालीन देश-काल से मेल खाता हो) जोड़ देना चाहिए। इस प्रकार विवेक और आदरपूर्वक उसका उपयोग करना चाहिए।

धर्म समभाव का व्यवहार करने वाला व्यक्ति यह मानकर चलता है कि साधारणतः सभी धर्म जगत के कल्याण के लिए उत्पन्न हुए हैं। वह प्रचलित धर्म की युग के अनुसार मानव कल्याण विरोधिता की विवेकपूर्ण जाँच करने के पश्चात् ही उसे स्वीकार या अस्वीकार करता है। जबकि धर्म सम्भाव विरोधी केवल अपने धर्म को (जिस धर्म का वह अनुयायी है एवं जिसे वह सत्य समझता है) छोड़कर अन्य सब धर्मों को मिथ्या समझता है। महापुरूषों, तीर्थंकरों, पैगम्बरों में ज्ञान, संयम आदि की दृष्टि से अंतर तो होता है लेकिन इससे धर्म समभाव के व्यवहार में बाधा उत्पन्न नहीं होती है। जैसे माता, पिता, चाचा आदि में अन्तर होता है किन्तु साधारणतः व्यवहार में वे सब वंदनीय/आदरणीय होते हैं। लेकिन वंदनीय होने से अन्तर समाप्त नहीं होता है। तात्पर्य यह है कि समभावी अपने

तीर्थ या तीर्थंकर एवं धर्म का अंध प्रशंसक और दूसरे के धर्म का अंधनिन्दक नहीं होता है। वह विवेकहीन होकर सबको सत्य नहीं मानता है वरन् संकुचितता का त्याग कर निष्पक्षता से उनका निरीक्षण-परीक्षण करता है, गुण-दोषों की जांच करता है, इससे समभाव पर कोई आंच नहीं आती है। इससे अपने युग की समस्याओं का निराकरण करने में सहायता मिलती है तथा मानव-जीवन के लिए युगानुरूप विकास का मार्ग प्रशस्त होता है।

धर्म समभाव की आवश्यकता

धर्म का उद्देश्य तो जगत में प्रेम, शान्ति व आनन्द को विकसित करना है। धर्म के अन्तर्गत सभी प्रचलित संस्थागत धर्मों को इसलिए स्वीकार किया गया है कि एक ही लक्ष्य की प्राप्ति के लिए (आत्मशुद्धि द्वारा आध्यात्मिक विकास और उसकी आत्मानुभूति के आधार पर जगत में दुःख निवारण तथा स्वपर कल्याण करना) भिन्न-भिन्न देश व काल में किये गये भिन्न-भिन्न प्रयास हैं। अतः विश्व में धर्म के विभिन्न रूप मिलते हैं। देश काल के अनुसार बाह्याचार (मन्दिर, मस्जिद, भाषा, कर्मकाण्ड, विधि-विधान, शास्त्र आदि) में वे विरोधी हैं, किन्तु उनके पीछे मूल उद्देश्य एक ही है। अतः प्रत्येक धर्म को अन्य धर्म से पृथक मानते हुए भी विरोधी मानना उपयुक्त नहीं है। सभी धर्म मानवीय मूल्यों के संरक्षण पर बल देते हैं।, सभी धर्म चेतनात्मक एकता को स्वीकार करते हैं। प्रत्येक धर्म में सत्य अन्तर्निहित है। अतः वह नष्ट न हो और उनकी (धर्मों की) विविधता भी बनी रहे इसके लिए उनमें धर्म समभाव के द्वारा ही समन्वय अथवा सामंजस्य स्थापित किया जा सकता है।

धर्म समभाव के स्वीकृत तत्वों के आधार पर धर्म समन्वय करने पर सत्य अक्षुण्ण रहता है तथा मिथ्यात्व, रूढ़िवादिता, धार्मिक कट्टरता, मोहांधता, संकीर्ण व संकुचित दृष्टिकोण आदि समाप्त हो जाते हैं। सभी धर्मों के प्रति सत्यनिष्ठ एवं विनयगत आदरभाव विकसिंत होता है। अतः धर्म समभाव की महत्ती आवश्यकता स्पष्ट होती है।

विश्वधर्म का आधार

विभिन्न प्रमुख धर्मों के धर्म प्रत्यय सिद्धान्तों के आधार पर सारतः स्पष्ट है कि -

1. सभी धर्म मानते हैं कि परम सत्ता मूलतः एक सर्वव्यापी, सर्वोच्च एवं परमपूज्य है।
2. सभी धर्म मानते हैं कि परमसत्ता के अतिरिक्त देवों/दूतों/फरिश्तों होते हैं।
3. सभी धर्म मानते हैं कि परमसत्ता का ज्ञान व निर्देश देने वाले, दिव्य ज्ञान से युक्त संदेशवाहकों/मार्गदर्शकों का आगमन होता है।
4. सभी धर्म मानते हैं कि अमर/अविनाशी चेतना होती है।
5. सभी धर्म मानते हैं कि मरणोत्तर जीवन होती है।
6. सभी धर्म मानते हैं कि धर्म-कर्म और कर्मफल के उपभोग के साथ ही पाप-पुण्य एवं स्वर्ग-नरक की धारणा में विश्वास है।
7. सभी धर्म मानते हैं कि राग, द्वेष, तृष्णा, अज्ञानादि से बन्धन है और अनासक्ति तथा तत्वज्ञान से मुक्ति होती है।
8. सभी धर्म मानते हैं कि जगत् और संसार चक्र होता है।
9. सभी धर्म मानते हैं कि दुःख से मुक्ति के लिए धर्म साधना का मार्ग स्वीकार करते हुए नैतिक मूल्यों का परिपालन आवश्यक है।

अंधश्रद्धा की अपेक्षा युगानुरूप विवेकसम्मत ज्ञान सत्य होता है इसलिए धर्म ज्ञान एवं तत्संम्बन्धी विवेचन भी युगानुरूप एवं विवेकसम्मत होना चाहिए, जो कुछ न्यायसंगत व उचित है उसे स्वीकार करना चाहिए। अतः आधुनिक समकालीन चिंतको ने धर्म के विषय में पुनः चिंतन करना प्रारम्भ किया है। वे परम्परागत धर्मों की सभी मान्यताओं को आज युगानुरूप नहीं पाते हैं। उनके अनुसार कोई भी धर्म पूर्ण/सार्वभौमिक रूप से सत्य नहीं है और न ही वे आज की धारणाओं से संगति रखते हैं। अतः परम्परागत धर्मों में से कोई भी धर्म, आज का युगधर्म/सर्वमान्य हो सकने वाला सार्वभौमिक/विश्वधर्म नहीं हो सकता है। आधुनिक समकालीन चिंतक परम्परागत धर्मों के स्थान

किसी ऐसे धर्म की स्थापना पर बल देते हैं जिसके विश्वास व मूल्य युगानुरूप बौद्धिक विकास के अनुकूल हों, जिसमें धर्म समभाव के सभी आधार उपलब्ध होते हों तथा जिसमें सिद्धान्त व व्यवहार में असंगत/विरोधाभासपूर्ण मान्यताओं को किसी भी प्रकार से स्वीकृति प्रदान न की गयी हो।

स्वामी विवेकानन्द के विश्वधर्म के सम्बन्ध में विचार-

1. जो व्यक्ति कहता है, इस जगत् का अस्तित्व है, किन्तु ईश्वर नहीं है, वह निर्बोध है, क्योंकि यदि जगत् हो, तो जगत् का एक कारण रहेगा और उसक कारण का नाम ही ईश्वर है। कार्य रहने पर ही उसका कारण है, यह जानना होगा। जब यह जगत् अन्तर्हित होगा, तब ईश्वर भी अन्तर्हित होंगे। जब आप ईश्वर के सहित अपना एकत्व अनुभव करेंगे, तब आपके पक्ष में यह जगत् फिर नहीं रहेगा। जिसे हम इस क्षण जगत् के रूप में देख रहे हैं, वही हमारे सम्मुख ईश्वर के रूप में प्रतिभासित होगा, एवं जिनको एक दिन हम बहिर्देश में अवस्थित समझते थे, वे ही हमारी आत्मा के अन्तरात्मा रूप में प्रतीत होंगे।- 'तत्वमसि'- वही तुम हो।
2. एक ही सूर्य विविध जल बिन्दुओं में प्रतिबिम्बित होकर नाना रूप दिखा रहा है। लाख-लाख जलकणों में लाख-लाख सूर्य का प्रतिबिम्ब पड़ा है तथा प्रत्येक जल कण में ही सूर्य की सम्पूर्ण प्रतिमूर्ति विद्यमान है; किन्तु सूर्य वास्तव में एक है। इन सब जीवगण के सम्बन्ध में भी यही बात है-वे उसी एक अनन्त पुरुष के प्रतिबिम्ब मात्र है। स्वप्न कदापि सत्य के बिना रह नहीं सकता, और वह सत्य-वही एक अनन्त सत्ता है। शरीर, मन अथवा आत्मा भाव में मानने पर आप स्वप्न मात्र हैं, किन्तु आपका यथार्थ स्वरूप अखण्ड सच्चिदानन्द है। - अद्वैतवादी यही कहते है। यह सब जन्म, पुनर्जन्म, यह आना-जाना यह सब उस स्वप्न का अंशभाग है। आप अनन्त स्वरूप है। आप फिर कहाँ जायेंगे? आत्मा कभी उत्पन्न नहीं होती, कभी मरेगी भी नहीं, आत्मा के किसी काल में माता-पिता, शत्रु-मित्र कुछ भी नहीं है; क्योंकि आत्मा अखण्ड सच्चिदानंद स्वरूप है। जिस व्यक्ति ने इसका साक्षात्कार किया है उसने ही मुक्तिलाभ किया है, वह इस स्वप्न को भगं करके उसके बाहर चला गया है, उसने अपना यथार्थ स्वरूप जाना है। अद्वैतवेदान्त का यही उपदेश है।
3. सत्य के दो अंग है। पहला जो साधारण मानवों को पांचेन्द्रियग्राह्य एवम् उसमें उपस्थापित अनुमान द्वारा गृहीत है और दूसरा-जिसका इन्द्रियातीत सूक्ष्म योगज शक्ति के द्वारा ग्रहण होता है। प्रथम उपाय के द्वारा संकलित ज्ञान को "विज्ञान" कहते है, तथा द्वितीय प्रकार के संकलित ज्ञान को "वेद" संज्ञा दी है। वेद नामक अनादि अनन्त अलौकिक ज्ञानराशि सदा विद्यमान है। स्वंय सृष्टिकत्र्ता उसकी सहायता से इस जगत के सृष्टि-स्थिति-प्रलय कार्य सम्पन्न कर रहे हैं। जिन पुरूषों में उस इन्द्रियातीत शक्ति का आविर्भाव है, उन्हें ऋषि कहते है और उस शक्ति के द्वारा जिस अलौकिक सत्य की खोज उन्होंने उपलब्धि की है, उसे "वेद" कहते हैं। इस ऋषित्व तथा वेद दृष्टत्व को प्राप्त करना ही यथार्थ धर्मानुभूति है। साधक के जीवन में जब तक उसका उन्मेष नहीं होता तब तक "धर्म" केवल कहने भर की बात है एवम् समझना चाहिए कि उसने धर्मराज्य के प्रथम सोपान पर भी पैर नहीं रखा है। समस्त देश-काल-पात्र को व्याप्त कर वेद का शासन है अर्थात वेद का प्रभाव किसी देश, काल या पात्र विशेष द्वारा सीमित नहीं हैं। सार्वजनिन धर्म का व्याख्याता एक मात्र "वेद" ही है।
4. विज्ञान एकत्व की खोज के सिवा और कुछ नहीं है। ज्योंही कोई विज्ञान शास्त्र पूर्ण एकता तक पहुँच जायेगा, त्योंहीं उसका आगे बढ़ना रुक जायेगा क्योंकि तब तो वह अपने लक्ष्य को प्राप्त कर चुकेगा। उदाहरणार्थ रसायनशास्त्र यदि एक बार उस एक मूल द्रव्य का पता लगा ले, जिससे वह सब द्रव्य बन सकते हैं तो फिर वह और आगे नहीं बढ़ सकेगा। पदार्थ विज्ञान शास्त्र जब उस एक मूल शक्ति का पता लगा लेगा जिससे अन्य शक्तियां बाहर निकली हैं तब वह पूर्णता पर पहुँच जायेगा। वैसे ही धर्म शास्त्र भी उस समय पूर्णता को प्राप्त हो जायेगा जब वह उस मूल कारण को जान लेगा। जो इस मत्र्यलोक में एक मात्र अमृत स्वरुप है जो इस नित्य परिवर्तनशील जगत का एक मात्र अटल अचल आधार है जो एक मात्र परमात्मा है और अन्य सब आत्माएं जिसके प्रतिबिम्ब स्वरुप हैं। इस प्रकार अनेकेश्वरवाद, द्वैतवाद आदि में

से होते हुए इस अद्वैतवाद की प्राप्ति होती है। धर्मशास्त्र इससे आगे नहीं जा सकता। यहीं सारे विज्ञानों का चरम लक्ष्य है।

5. यह समझना होगा कि धर्म के सम्बन्ध में अधिक और कुछ जानने को नहीं, सभी कुछ जाना जा चुका है। जगत के सभी धर्म में, आप देखियेगा कि उस धर्म में अवलम्बनकारी सदैव कहते हैं, हमारे भीतर एक एकत्व है अतएव ईश्वर के सहित आत्मा के एकत्व ज्ञान की अपेक्षा और अधिक उन्नति नहीं हो सकती। ज्ञान का अर्थ इस एकत्व का आविष्कार ही है। यदि हम पूर्ण एकत्व का आविष्कार कर सकें तो उससे अधिक उन्नति फिर नहीं हो सकती।
6. हमें देखना है कि किस प्रकार यह वेदान्त हमारे दैनिक जीवन में, नागरिक जीवन में, ग्राम्य जीवन में, राष्ट्रीय जीवन में और प्रत्येक राष्ट्र के घरेलू जीवन में परिणत किया जा सकता है। कारण, यदि धर्म मनुष्य को जहाँ भी और जिस स्थिति में भी है, सहायता नहीं दे सकता, तो उसकी उपयोगिता अधिक नहीं - तब वह केवल कुछ विशिष्ट व्यक्तियों के लिए कोरा सिद्धान्त हो कर रह जायेगा।
7. हम मनुष्य जाति को उस स्थान पर पहुँचाना चाहते हैं, जहाँ न वेद है, न बाइबिल है, न कुरान है परन्तु वेद, बाइबिल और कुरान के समन्वय से ही ऐसा हो सकता है। मनुष्य जाति को यह शिक्षा देनी चाहिए कि सब धर्म उस धर्म के, उस एकमेवाद्वितीय के भिन्न-भिन्न रुप हैं, इसलिए प्रत्येक व्यक्ति उन धर्मों में से अपना मनोनुकूल मार्ग चुन सकता है।
8. यदि कभी कोई सार्वभौमिक धर्म हो सकता है, तो वह ऐसा ही होगा, जो देश या काल से मर्यादित न हो, जो उस अनन्त भगवान के समान ही अनन्त हो, जिस भगवान के सम्बन्ध में वह उपदेश देता है, जिसकी ज्योति श्रीकृष्ण के भक्तों पर और ईसा के प्रेमियों पर, सन्तों पर और पापियों पर समान रूप से प्रकाशित होती हो, जो न तो ब्राह्मणों का हो, न बौद्धों का, न ईसाइयों का और न मुसलमानों का, वरन् इन सभी धर्मों का समष्टिस्वरूप होते हुए भी जिसमें उन्नति का अनन्त पथ खुला रहे, जो इतना व्यापक हो कि अपनी असंख्य प्रसारित बाहूओं द्वारा सृष्टि के प्रत्येक मनुष्य का प्रेमपूर्वक आलिंगन करें।... वह विश्वधर्म ऐसा होगा कि उसमें किसी के प्रति विद्वेष अथवा अत्याचार के लिए स्थान न रहेगा, वह प्रत्येक स्त्री और पुरूष के ईश्वरीय स्वरूप को स्वीकार करेगा और सम्पूर्ण बल मनुष्यमात्र को अपनी सच्ची, ईश्वरीय प्रकृति का साक्षात्कार करने के लिए सहायता देने में ही केन्द्रित रहेगा।
9. ईसाई को हिन्दू अथवा बौद्ध नहीं होना पड़ेगा, और न हिन्दू या बौद्ध को ईसाई ही, परन्तु प्रत्येक धर्म दूसरे धर्मों के सारभाग को आत्मसात् करके पुष्टिलाभ करेगा और अपने वैशिष्ट्य की रक्षा करते हुए अपनी निजी प्रकृति के अनुसार वृद्धि को प्राप्त होगा। यदि इस सर्वधर्म परिषद् ने जगत् के समक्ष कुछ प्रमाणित किया है तो वह यह कि उसने यह सिद्ध कर दिखाया है कि शुद्धता, पवित्रता और दयाशीलता किसी सम्प्रदाय-विशेष की सम्पत्ति नहीं है तथा प्रत्येक धर्म ने श्रेष्ठ एवं अतिशय उन्नत-चरित्र स्त्री पुरूषों को जन्म दिया है। अब इन प्रत्यक्ष प्रमाणों के बावजु्््द भी यदि कोई ऐसा स्वप्न देखे कि अन्यान्य सारे धर्म नष्ट हो जायेंगे और केवल उसका धर्म ही अपना सर्वश्रेष्ठता के कारण जीवित रहेगा, तो उस पर मैं अपने हृदय के अन्तस्थल से दया करता हॅू और उसे स्पष्ट शब्दों में बतलाये देता हूॅ कि वह दिन दूर नहीं हैं, जब उस-जैसे लोगों के अड़ंगों के बावजूद भी प्रत्येक धर्म की पताका पर यह स्वर्णाक्षरों में लिखा रहेगा-‘सहयोग, न कि विरोध’, पर-भाव-ग्रहण न कि पर-भाव-विनाश, ‘समन्वय और शान्ति, न कि मतभेद और कलह’!
10. एक मात्र वेदान्त ही समाज तन्त्रवाद की युक्तिसंगत दार्शनिक भित्ति होने लायक है। मानव समाज की उन्नति चाहने वाले व्यक्तिगण, कम से कम उनके परिचालक गण, यह समझने का प्रयत्न कर रहे हैं कि उनके धन साम्य एवं समान अधिकार पर आधारित मतवादों की एक आध्यात्मिक भित्ति रहना संगत है, और एक मात्र वेदान्त ही यह भित्ति होने के योग्य हैं। सामाजिक, राजनीतिक एवं आध्यात्मिक, सभी क्षेत्रो में यथार्थ संगत स्थापित करने का केवल एक सूत्र विद्यमान है, और वह सूत्र- केवल इतना जान लेना कि मैं

और मेरा भाई एक हैं। सब देशों में, सभी युगो में, सभी जातियों के लिए यह महान सत्य समान रूप से लागू है।

11. हिन्दू भावों को अंग्रेजी में व्यक्त करना, फिर शुष्क दर्शन, जटिल पौराणिक कथाएं और अनूठे आश्चर्यजनक मनोविज्ञान से ऐसे धर्म का निर्माण करना, जो सरल, सहज और लोकप्रिय हो और उसके साथ ही उन्नत मस्तिष्क वालों को संतुष्ट कर सके- इस कार्य की कठिनाइयों को वे ही समझ सकते हैं, जिन्होंने इसके लिए प्रयत्न किया हो। अद्वैत के गुढ़ सिद्धान्त में नित्य प्रति के जीवन के लिए कविता का रस और जीवन दायिनी शक्ति उत्पन्न करनी है। अत्यन्त उलझी हुई पौराणिक कथाओं में से जीवन प्रकृत चरित्रों के उदाहरण समूह निकालने हैं और बुद्धि को भ्रम में डालने वाली योगविद्या से अत्यन्त वैज्ञानिक और क्रियात्मक मनोविज्ञान का विकास करना है और इन सब को एक ऐसे रुप में लाना पड़ेगा कि बच्चा-बच्चा इसे समझ सके।
12. अब व्यावहारिक जीवन में उसके प्रयोग का समय आया है। अब और 'रहस्य' बनाये रखने से नहीं चलेगा। अब और वह हिमालय की गुहाओ। में, वन-अरण्यों में साधु-सन्यासियों के पास न रहेगा, लोगों के दैनन्दिन जीवन में उसको कार्यन्वित करना होगा। राजा के महल में, साधु-सन्यासी की गुफा में, मजदूर की झोपड़ी में, सर्वत्र सब अवस्थाओं में- यहाँ तक कि राह के भिखारी द्वारा भी - वह कार्य में लाया जा सकता है।

1. 13.हमें ऐसे धर्म की आवश्यकता है, जिससे हम मनुष्य बन सकें। हमें ऐसे सिद्धान्तों की आवश्यकता है, जिससे हम मनुष्य हो सकें। हमें ऐसी सर्वांगसम्पन्न शिक्षा चाहिए, जो हमें मनुष्य बना सके और यह रही सत्य की कसौटी-जो भी तुम्हे शारीरिक, मानसिक और आध्यात्मिक दुर्बलता लाए, उसे जहर की भांति त्याग दो; उसमें जीवन-शक्ति नहीं है, वह कभी सत्य नहीं हो सकता। सत्य तो बलप्रद है, वह पवित्रता स्वरूप है, ज्ञान स्वरूप है। सत्य तो वह है जो शक्ति दे, जो हृदय के अन्धकार को दूर कर दे, जो हृदय में स्फूर्ति भर दें। (मेरी समर नीति-पृ0-36)

13. हमें दिखलाना है- हिन्दुओं की आध्यामिकता, बौद्धो की जीवदया, ईसाइयों की क्रियाशीलता एवं मुस्लिमों का बन्धुत्व, और ये सब अपने व्यावहारिक जीवन के माध्यम द्वारा। हमने निश्चय किया- हम एक सार्वभौम धर्म का निर्माण करेंगें।

भाग-5
कर्म वेदान्त और विकास दर्शन

स्वामी विवेकानन्द की दृष्टि में

वेद

वेदान्त

ईश्वर

धर्म-विज्ञान

कर्म वेदान्त और विकास दर्शन

एकात्मकर्मवाद और विश्व का भविष्य

विश्व का मूल मन्त्र- "जय जवान-जय किसान-जय विज्ञान-जय ज्ञान-जय कर्मज्ञान"

स्वामी विवेकानन्द की दृष्टि में

वेद

01. वेद का अर्थ अनादि सत्यों का समूह है। वेदज्ञ ऋषियों ने इन सत्यों को प्रत्यक्ष किया था। बिना अतिन्द्रिय दृष्टि के साधारण दृष्टि से ये सत्य प्रत्यक्ष नहीं होते। इसी से वेद में ऋषि का अर्थ मन्त्रार्थ दर्शी है, यज्ञोपवीतधारी ब्राह्मण नहीं। ब्राह्मण आदि जाति विभाग वेद के बाद हुआ था। वेद शब्दात्मक अर्थात् भावात्मक हैं अथवा अनन्त भाव राशि की समष्टि को ही वेद कहते हैं। "शब्द" इस पद का वैदिक प्राचीन अर्थ सूक्ष्म भाव है, जो फिर आगे स्थूल रुप से अपने को व्यक्त करता है इसलिए प्रलय काल में भावी सृष्टि का सूक्ष्म बीज समूह वेद में ही संपुटित रहता है। इसी से पुराण में पहले-पहल मीनावतार से वेद का उद्धार दिखाई देता है। प्रथमावतार से ही वेद का उद्धार हुआ। (विवेकानन्द जी के संग में, पृष्ठ-61)

02. भारत में यह सर्वसम्मत है कि "वेद" शब्द में तीन भाग सम्मिलित हैं-संहिता, ब्राह्मण और उपनिषद्। इनमें से पहले दो भाग कर्मकाण्ड सम्बन्धी होने के कारण अब लगभग एक ओर कर दिये गये हैं। सब मतों के निर्माताओं तथा तत्व ज्ञानियों ने केवल उपनिषदों को ही ग्रहण किया है। केवल संहिता ही वेद है, यह स्वामी दयानन्द का शुरु किया हुआ विल्कुल नया विचार है और पुरातनमतावलम्बी या सनातनी जनता में इसको मानने वाला कोई नहीं है। इस मतावलम्बन का कारण यह था कि स्वामी दयानन्द समझते थे कि संहिता की एक नई व्याख्या के अनुसार वे पुरे वेद का एक सुसंगत सिद्धान्त निर्माण कर सकेंगे। परन्तु कठिनाइयाँ कुछ कम न हुई, केवल वे अब ब्राह्मण (वेदों के एक भाग का नाम) भाग के सम्बन्ध में उठ खड़ी हुई और अनेक व्याख्याओं तथा प्रक्षिप्तता की कल्पनाओं का सहारा लेने पर भी बहुत कुछ कठिनाइयाँ शेष ही रह गयीं। अब यदि यह सम्भव है कि संहिता के आधार पर एक समन्वयपूर्ण धर्म का निर्माण किया जाये तो यह सहस्त्र गुना अधिक सम्भव है कि एक समन्वयपूर्ण और सामंजस्य युक्त मत उपनिषदों के आधार पर बन सकता है, फिर इसमें पहले से प्राप्त राष्ट्रीय सम्मति के विपरीत न जाना पड़ेगा। यहाँ भूतकाल के सब आचार्य तुम्हारा साथ देंगे तथा उन्नति के नये मार्गों का विशाल क्षेत्र तुम्हारे सामने खुला है। निस्सन्देह गीता हिन्दुओं की बाइबिल बन चुकी है और यह इस मान के सर्वथा योग्य भी है। परन्तु श्रीकृष्ण का व्यक्तित्व काल्पनिक कथाओं के झुण्ड में ऐसा आच्छादित हो गया है कि उनके जीवन से जीवनदायिनी स्फूर्ति प्राप्त करना असम्भव सा जान पड़ता है दूसरे, वर्तमान युग में नई विचार प्रणाली और नवीन जीवन की आवश्यकता है (पत्रावली भाग-2, पृष्ठ-97)

03. स्मृति और पुराण, सीमित बुद्धि वाले व्यक्तियों की रचनाएँ हैं और भ्रम, प्रमाद, भेद तथा द्वेष भाव से परिपूर्ण हैं। उनके कुछ अंश जिनमें मन की उदारता और प्रेम का आविर्भाव है, ग्रहण करने योग्य है और शेष सब का त्याग कर देना चाहिए। उपनिषद् और गीता सच्चे शास्त्र हैं, और राम, श्रीकृष्ण, बुद्ध, चैतन्य, नानक, कबीर आदि सच्चे अवतार हैं, क्योंकि उनके हृदय आकाश के समान विशाल थे। और इन सब में श्रेष्ठ हैं-रामकृष्ण। रामानुज, शंकर इत्यादि संकीर्ण हृदय वाले केवल पंडित मालूम होते हैं। वह प्रेम कहाँ है, वह हृदय जो दूसरों का दुःख देखकर द्रवित हो? पंडितों का शुष्क विद्याभिमान-जैसे-तैसे केवल अपने आप को मुक्त करने की इच्छा। परन्तु महाशय क्या यह सम्भव है? क्या इसकी कभी सम्भावना थी या हो सकती है? क्या अहम भाव का अल्पांश भी रहने से किसी चीज की प्राप्ति हो सकती है? (पत्रावली भाग-2, पृष्ठ-95)

04. सभी देशों में, सभी काल में कर्मकाण्ड, सामाजिक रीति-नीति सदा ही परिवर्तित होते रहते हैं। एक मात्र ज्ञान काण्ड ही परिवर्तित नहीं होता। वैदिक युग में भी देख, कर्मकाण्ड धीरे-धीरे परिवर्तित हो गया, परन्तु उपनिषद् का ज्ञान प्रकरण आज तक भी एक ही भाव से मौजूद है, सिर्फ उसकी व्याख्या करने वाले अनेक हो गये। (विवेकानन्द जी के संग में, पृष्ठ-259)

वेदान्त

01. समग्र धर्म वेदान्त में ही है अर्थात् वेदान्त दर्शन के द्वैत, विशिष्टाद्वैत और अद्वैत। इन तीन स्तरों या भूमिकाओं में है और ये एक के बाद एक आते हैं तथा मनुष्य की आध्यात्मिक उन्नति के क्रम से तीन भूमिकाएं हैं। प्रत्येक भूमिका आवश्यक है। यही सार रुप से धर्म है भारत के नाना प्रकार के जातीय आचार व्यवहारों और धर्म मतों में वेदान्त के प्रयोग का नाम है-हिन्दू धर्म। यूरोप की जातियों के विचारों नें उसकी पहली भूमिका अर्थात् द्वैत का प्रयोग है-ईसाई धर्म। सेनेटिक जातियों में उसका ही प्रयोग है-इस्लाम धर्म। अद्वैतवाद ही अपनी योगानुभूति के आकार में हुआ-बौद्ध धर्म। इत्यादि, इत्यादि। धर्म का अर्थ है वेदान्त, उसका प्रयोग विभिन्न जातियों के विभिन्न प्रयोजन, पारिपार्शिवक अवस्था एवं अन्यान्य अवस्थाओं के अनुसार विभिन्न रुपों में बदलता ही रहेगा। मूल दार्शनिक तत्व एक होने पर भी तुम देखोगे कि शैव, शाक्त आदि हर एक ने अपने विशेष धर्ममत और अनुष्ठान पद्धति में उसे रुपान्तरित कर लिया है (पत्रावली भाग-1, पृष्ठ-318)

02. एक श्रेणी के वेदान्तवादियों का ऐसा ही मत है-वे कहते हैं "व्यष्टि की मुक्ति, मुक्ति का वास्तविक स्वरुप नहीं है। इस समष्टि की मुक्ति ही मुक्ति है।" हाँ, इस मत के दोष-गुण अवश्य दिखाए जा सकते हैं (विवेकानन्द जी के संग में, पृष्ठ-255)

ईश्वर

01. जिस प्रकार मानवी शरीर एक व्यक्ति है और उसका प्रत्येक सूक्ष्म भाग जिसे हम "कोश" कहते हैं एक अंश है। उसी प्रकार सारे व्यक्तियों का समष्टि ईश्वर है, यद्यपि वह स्वयं भी एक व्यक्ति है। समष्टि ही ईश्वर है, व्यष्टि या अंश, जीव है। इसलिए ईश्वर का अस्तित्व जीवों के अस्तित्व पर निर्भर है जैसे कि शरीर का उसके सूक्ष्म भाग पर और सूक्ष्म भाग का शरीर पर। इस प्रकार जीव और ईश्वर परस्परावलम्बी हैं। जब तक एक का अस्तित्व है तब तक दूसरे का भी रहेगा। और हमारी इस पृथ्वी को छोड़कर अन्य सब उँचे लोकों में शुभ की मात्रा अशुभ से अधिक होती है। इसलिए वह समष्टि स्वरुप ईश्वर शिव स्वरुप, सर्वशक्तिमान और सर्वज्ञ कहा जा सकता है। ये गुण प्रत्यक्ष प्रतीत होते हैं। ईश्वर से सम्बद्ध होने के कारण उन्हें प्रमाण करने के लिए तर्क की आवश्यकता नहीं होती। ब्रह्म इन दोनों से परे है और वह कोई विशिष्ट अवस्था नहीं है वह एक ऐसी वस्तु है जो अनेकों की समष्टि से नहीं बनी है। वह एक ऐसी सत्ता है जो सूक्ष्मातित सूक्ष्म से लेकर ईश्वर तक सब में व्याप्त है और उसके बिना किसी का अस्तित्व नहीं हो सकता सभी का अस्तित्व उसी सत्ता या ब्रह्म का प्रकाश मात्र है। जब मैं सोचता हूँ "मैं ब्रह्म हूँ" तब मेरा यथार्थ अस्तित्व होता है ऐसा ही सबके बारे में है विश्व की प्रत्येक वस्तु स्वरुपतः वही सत्ता है (पत्रावली भाग-2, पृष्ठ-18)

02. सबका स्वामी (परमात्मा) कोई व्यक्ति विशेष नहीं हो सकता, वह तो सबकी समष्टि स्वरुप ही होगा। वैराग्यवान मनुष्य आत्मा शब्द का अर्थ व्यक्तिगत "मैं" न समझकर, उस सर्वव्यापी ईश्वर को समझता है जो अन्तर्यामी होकर सबमें वास कर रहा हो। वे समष्टि के रुप में सब को प्रतीत हो सकते हैं ऐसा होते हुए जब जीव और ईश्वर स्वरुपतः अभिन्न हैं, तब जीवों की सेवा और ईश्वर से प्रेम करने का अर्थ एक ही है। यहाँ एक विशेषता है। जब जीव को जीव समझकर सेवा की जाती है तब वह दया है, किन्तु प्रेम नहीं। परन्तु जब उसे आत्मा समझकर सेवा करो तब वह प्रेम कहलाता है। आत्मा ही एक मात्र प्रेम का पात्र है, यह श्रुति, स्मृति और अपरोक्षानुभूति से जाना जा सकता है। भगवान चैतन्यदेव ने इसलिए यह ठीक कहा था-"ईश्वर से प्रेम और जीवों पर दया" वे द्वैतवादी थे, इसलिए उनका अन्तिम निर्णय जिसमें वे जीव और ईश्वर में भेद करते हैं उनके लिए ठीक है परन्तु हम अद्वैत वादी हैं हमारे लिए जीव को परमात्मा से पृथक करना बन्धन का कारण

है इसलिए मूल तत्व दया न होना चाहिए परन्तु प्रेम। हमारा धर्म करुणा नहीं वरन् सेवा धर्म है और सब में आत्मा ही को देखना है। (पत्रावली भाग-2, पृष्ठ-109)

03. "स ईशोऽनिर्वचनीयप्रेमस्वरुपः"-ईश्वर अनिर्वचनीय प्रेम स्वरुप है। नारद द्वारा वर्णन किया हुआ ईश्वर का यह लक्षण स्पष्ट है और सब लोगों को स्वीकार है। यह मेरे जीवन का दृढ़ विश्वास है। बहुत से व्यक्तियों के समूह को समष्टि कहते हैं और प्रत्येक व्यक्ति, व्यष्टि कहलाता है आप और मैं दोनों व्यष्टि हैं, समाज, समष्टि है आप और मैं, पशु, पक्षी, कीड़ा, कीड़े से भी तुक्ष प्राणी, वृक्ष, लता, पृथ्वी, नक्षत्र और तारे यह प्रत्येक व्यष्टि है और यह विश्व समष्टि है जो कि वेदान्त में विराट, हिरण गर्भ या ईश्वर कहलाता है। और पुराणों में ब्रह्मा, विष्णु, देवी इत्यादि। व्यष्टि को व्यक्तिशः स्वतन्त्रता होती है या नहीं, और यदि होती है तो उसका नाम क्या होना चाहिए। व्यष्टि को समष्टि के लिए अपनी इच्छा और सुख का सम्पूर्ण त्याग करना चाहिए या नहीं, वे प्रत्येक समाज के लिए चिरन्तन समस्याएँ हैं सब स्थानों में समाज इन समस्याओं के समाधान में संलग्न रहता है ये बड़ी-बड़ी तरंगों के समान आधुनिक पश्चिमी समाज में हलचल मचा रही हैं जो समाज के अधिपत्य के लिए व्यक्तिगत स्वतन्त्रता का त्याग चाहता है वह सिद्धान्त समाजवाद कहलाता है और जो व्यक्ति के पक्ष का समर्थन करता है वह व्यक्तिवाद कहलाता है। (पत्रावली भाग-2, पृष्ठ-288)

04. यन्त्र कभी नियम को उल्लंघन करने की कोई इच्छा नहीं रखता। कीड़ा नियम का विरोध करना चाहता है और नियम के विरुद्ध जाता है चाहे उस प्रयत्न में वह सिद्धि लाभ करे या असिद्धि, इसलिए वह बुद्धिमान है। जिस अंश में इच्छाशक्ति के प्रकट होने में सफलता होती है उसी अंश में सुख अधिक होता है और जीव उतना ही उँचा होता है परमात्मा की इच्छा शक्ति पूर्ण रुप से सफल होती है इसलिए वह उच्चतम है। (पत्रावली भाग-2, पृष्ठ-290)

05. ईश्वर उस निरपेक्ष सत्ता की उच्चतम अभिव्यक्ति है, या यों कहिए, मानव मन के लिए जहाँ तक निरपेक्ष सत्य की धारणा करना सम्भव है, बस वही ईश्वर है। सृष्टि अनादि है और उसी प्रकार ईश्वर भी अनादि है (भक्ति योग, पृष्ठ-13)

06. यह सारा झगड़ा केवल इस "सत्य" शब्द के उलटफेर पर आधारित है। "सत्य" शब्द से जितने भाव सूचित होते हैं वे समस्त भाव "ईश्वर भाव" में आ जाते हैं। ईश्वर उतना ही सत्य है जितनी विश्व की कोई अन्य वस्तु। और वास्तव में, "सत्य" शब्द यहाँ पर जिस अर्थ में प्रयुक्त हुआ है, उससे अधिक "सत्य" शब्द का कोई अर्थ नहीं। यही हमारी ईश्वर सम्बन्धी दार्शनिक धारणा है। (भक्ति योग, पृष्ठ-21)

धर्म-विज्ञान

01. धर्म मनुष्य के भीतर से ही उत्पन्न है, वह बाहर की किसी वस्तु से उत्पन्न नहीं है। हमारा विश्वास है, धर्म चिन्तन मनुष्य के पक्ष में प्रकृतिगत है; वह मनुष्य के स्वभाव के सहित ऐसे अविच्छिन्न भाव से जड़ित है कि जब तक मनुष्य अपनी देह तथा मन का त्याग नहीं कर पाता, जब तक वह चिन्ता और जीवन त्याग नहीं कर पाता, तब तक उसके लिए धर्मत्याग असम्भव है। (धर्म-विज्ञान, पृष्ठ-2)

02. वर्तमान काल में सब प्रश्नों में से प्रधान प्रश्न यह है-माना-ज्ञात और ज्ञेय के दोनों ओर अज्ञेय और अनन्त अज्ञात विद्यमान है-किन्तु इस अनन्त अज्ञात को जानने का यत्न क्या है? क्यों हम ज्ञात को लेकर ही सन्तुष्ट नहीं होते? क्यों हम भोजन, पान और समाज का कुछ कल्याण करके ही सन्तुष्ट नहीं रहते? आजकल सुनते रहते हैं-जगत का उपकार करो-यही एक मात्र धर्म है, जगत् से अतीत सत्ता की समस्या लेकर अस्थिर होने का कोई फल नहीं है। यह भाव आजकल इतना अधिक प्रबल हो गया है कि यह एक स्वतः सिद्ध सत्य के रूप में उपस्थित है। (धर्म-विज्ञान, पृष्ठ-3)

03. यदि मनुष्य वर्तमान लेकर सन्तुष्ट रहे और जगदातीत सत्ता के समस्त अनुसन्धान का एकदम परित्याग कर दे, तो मानव जाति को पशु की भूमि में फिर से आना होगा। धर्म-जगदातीत सत्ता का अनुसन्धान ही-मनुष्य और पशु में प्रभेद बनाये रखता है। (धर्म-विज्ञान, पृष्ठ-4)

04. अब प्रश्न आता है, धर्म के द्वारा क्या वास्तव में कोई फल होता है? हाँ होता है। उससे मानव अनन्त जीवन प्राप्त करता है! मनुष्य वर्तमान में जो है, वह इस धर्म की ही शक्ति से हुआ है, और इससे ही यह मनुष्य नामक प्राणी देवता बनेगा। धर्म यही करने में समर्थ है। (धर्म-विज्ञान, पृष्ठ-6)

05. प्रश्न है-हमारा चरम लक्ष्य क्या है? जहाँ से हमने आरम्भ किया है, वहीं अवश्य ही अन्त करना होगा; और जब ईश्वर से आपकी गति आरम्भ हुई है, तब ईश्वर में ही अवश्य फिर लौटना होगा। (धर्म-विज्ञान, पृष्ठ-7)

06. एक और प्रश्न आता है-हम उन्नति पथ में अग्रसर होते-होते क्या धर्म के नये सत्य का अविष्कार नहीं करेंगे? हाँ भी, नहीं भी। प्रथमतः यह समझना होगा कि धर्म के सम्बन्ध में अधिक और कुछ जानने को नहीं है, सभी कुछ जाना जा चुका है। जगत् के सभी धर्म में, आप देखियेगा कि उस धर्म के अवलम्बनकारी सदैव कहते हैं, हमारे भीतर एक एकत्व है। अतएव ईश्वर के सहित आत्मा के एकत्व-ज्ञान की अपेक्षा और अधिक उन्नति नहीं हो सकती। ज्ञान का अर्थ इस एकत्व का अविष्कार ही है। हम आप सब को नर-नारी रूप में पृथक् देखते हैं-यही बहुत्व है। (धर्म-विज्ञान, पृष्ठ-7)

07. "ईश्वर को जब तक आप नहीं जान लेते, तब तक मनुष्य को किस प्रकार जानियेगा?"-ये ईश्वर, यही अनन्त, अज्ञात या निरपेक्ष सत्ता या अनन्त या नामातीत वस्तु-उन्हें जिस नाम से इच्छा हो, उसी नाम से पुकारा जाता है-ये ही वर्तमान जीवन के, जो कुछ ज्ञात हैं और जो कुछ ज्ञेय हैं, सब के ही एकमात्र युक्तियुक्त व्याख्यास्वरूप है। चाहे जिस वस्तु की बात-सम्पूर्ण जड़ वस्तु की कोई बात लीजिए। केवल जड़तत्त्व सम्बन्धी विज्ञान में से कोई भी एक, जैसे-रसायन, पदार्थ विद्या, गणित, ज्योतिष या प्राणितत्व विद्या की बात लीजिये, उसकी विशेष रूप से आलोचना कीजिये, क्रमशः यह तत्वानुसन्धान अग्रसर हो, देखियेगा-स्थूल क्रमशः सूक्ष्म, अतिसूक्ष्म पदार्थ में लय हो रहा है-अन्त में आपको ऐसे स्थान में आना होगा, जहाँ इन सब जड़ वस्तुओं को छोड़कर इन्हें अतिक्रमण करके अर्थात् फाँदकर अजड़ में जाना ही होगा। सब विधाओं में ही स्थूल क्रमशः सूक्ष्म में मिल जाता है, पदार्थ विद्या दर्शन में पर्यवसित हो जाती है। इसी प्रकार मनुष्य को बाध्य होकर जगदातीत सत्ता की आलोचना में उतरना होता है। (धर्म-विज्ञान, पृष्ठ-3)

08. यह बात कहने में अच्छी है कि वर्तमान में जो देख रहे हो वह सब लेकर ही तृप्त रहो; गाय, कुत्ते और अन्यान्य पशुगण इसी प्रकार वर्तमान के द्वारा ही सन्तुष्ट हैं, और इसी कारण वे पशु बने हैं। सब प्राणियों में से मनुष्य ही स्वभावतः उपर की ओर दृष्टि उठाकर देखता है। इसी उध्र्वदृष्टि ऊपर की ओर गमन और पूर्णत्व के अनुसन्धान को ही "परित्राण" अथवा "उद्धार" कहते हैं और ज्योंहि मनुष्य उच्चतर दिशा की ओर गमन करना प्रारम्भ करता है, त्योंहि वह इस परिमाणस्वरूप सत्य की धारणा की दिशा में अपने को अग्रसर करता है। परित्राण-अर्थ, वेशभूषा अथवा घर पर निर्भर नहीं करता, यह मानव मस्तिष्क के भीतर की आध्यात्मिक भाव रत्नराशि के तारतम्य पर निर्भर करता है। (धर्म-विज्ञान, पृष्ठ-5)

09. शिशु गुण अपनी निज की दृष्टि से अर्थात् किस वस्तु से कितनी मिठाई मिलती है, इस हिसाब से समग्र जगत् का विचार कर लेते हैं जो लोग अज्ञान से घिरे होने के कारण शिशु सदृश हैं, जगत् में उन सब शिशुओं का विचार भी उसी प्रकार का है। निम्न वस्तु की दृष्टि से उच्चतर वस्तु का विचार करना कदापि उचित नहीं है। प्रत्येक विषय का विचार उसकी गुरुता के हिसाब से करना होगा। अनन्त का विचार अनन्त की गुरुता के हिसाब से करना होगा। धर्म मानव जीवन का सर्वांश है-केवल वर्तमान नहीं-भूत, भविष्यत्, वर्तमान-सर्वांशव्यापी है। अतएव यह, अनन्त आत्मा और अनन्त ईश्वर के बीच अनन्त सम्बन्ध स्वरूप है। (धर्म-विज्ञान, पृष्ठ-6)

10. रासायनिक गुण सब प्रकार की ज्ञात वस्तुओं को उनके मूल धातुओं का रूप देने का यत्न कर रहे हैं। यदि इस अवस्था पर कभी वे पहुंचे, तब फिर इससे ऊपर और आगे नहीं बढ़ सकेंगे; तब रसायन विद्या सम्पूर्ण

होगी। धर्म विज्ञान के सम्बन्ध में भी यही बात है। यदि हम पूर्ण एकत्व का अविष्कार कर सकें तो उससे अधिक उन्नति फिर नहीं हो सकती। (धर्म-विज्ञान, पृष्ठ-8)

11. हमारे सम्मुख दो शब्द हैं-क्षुद्र ब्रह्माण्ड और बृहत् ब्रह्माण्ड; अन्तः और बहिः हम अनुभूति के द्वारा ही इन दोनों से सत्य लाभ करते हैं; अभ्यान्तर अनुभूति और बाह्य अनुभूति। आभ्यान्तर अनुभूति के द्वारा संगृहीत सत्य समूह मनोविज्ञान, दर्शन और धर्म के नाम से परिचित हैं, और वाह्य अनुभूति से भौतिक विज्ञान की उत्पत्ति हुई है। अब बात यह है कि जो सम्पूर्ण सत्य है, उसका इन दोनों जगत् की अनुभूति के साथ समन्वय होगा। क्षुद्र ब्रह्माण्ड, बृहत् ब्रह्माण्ड के सत्यसमूह को साक्षी प्रदान करेगा, उसी प्रकार वृहत् ब्रह्माण्ड की क्षुद्र ब्रह्माण्ड के सत्य को स्वीकार करेगा। चाहे जिस विद्या में हो, प्रकृत सत्य में कभी परस्पर विरोध रह नहीं सकता, आभ्यान्तर सत्य समूह के साथ बाह्य सत्य का समन्वय है। (धर्म-विज्ञान, पृष्ठ-10)

12. अंग्रेजी में हम सब शब्द नेचर का व्यवहार करते हैं। प्राचीन हिन्दू दार्शनिकगण उसके लिए दो विभिन्न संज्ञाओं का प्रयोग करते थे; प्रथम-"प्रकृति" और दूसरा उसकी अपेक्षा अधिक वैज्ञानिक नाम है-"अव्यक्त"-जो व्यक्त अथवा प्रकाशित अथवा भेदात्मक नहीं है-उससे ही सब पदार्थ उत्पन्न हुये हैं, उससे अणु-परमाणु सब आये हैं; उससे ही भूत, शक्ति, मन, बुद्धि सब आये हैं। यह अत्यन्त विस्मयकारक है कि भारतीय दार्शनिकगण अनेक युग पहले ही कह गये हैं कि मन सूक्ष्म जड़मात्र है। (धर्म-विज्ञान, पृष्ठ-12)

13. प्राचीन आचार्यगण ने इस अव्यक्त का लक्षण बताया है-"तीन शक्तियों की साम्यावस्था"। उनमें से एक का नाम सत्व, दूसरी का रजः और तीसरी का तमः है। तमः निम्नतम शक्ति है-आकर्षणस्वरूप, रजः उसकी अपेक्षा किंचित् उच्चतर है-विकर्षणस्वरूप; तथा सर्वोच्च जो शक्ति है वह इन दोनों की संयमस्वरूप है-वही सत्व है। अतएव ज्योंहि ये आकर्षण और विकर्षण दोनों शक्तियां सत्त्व के द्वारा पूर्णतः संयत होती हैं अथवा सम्पूर्ण साम्यावस्था में रहती है, तब सृष्टि अथवा विकार का अस्तित्व नहीं रहता, किन्तु ज्योंहि यह साम्यावस्था नष्ट होती है, ज्योंहि उनका सामंजस्य नष्ट होता है और उनमें से एक शक्ति दूसरी शक्तियों की अपेक्षा प्रबलतर हो उठती है, त्योंहि परिवर्तन तथा गति का आरम्भ होता है और इन सब का परिणाम चलता रहता है। इसी प्रकार व्यापार चक्रगति से चल रहा है। (धर्म-विज्ञान, पृष्ठ-12)

14. ब्रह्माण्ड के सम्पूर्ण वाह्य भाग को-आजकल हम जिसे स्थूल जड़ कहते हैं-प्राचीन हिन्दूगण भूत कहते थे। उनके मतानुसार उनमें से एक ही, शेष सब का कारण है; क्योंकि अन्यान्य सब भूत इसी एक भूत से उत्पन्न हुए हैं। इस भूत को आकाश की संज्ञा प्राप्त है तथा उसके साथ प्राण नाम की एक और वस्तु रहती है। (धर्म-विज्ञान, पृष्ठ-14)

15. जितने दिन सृष्टि रहती है, उतने दिन में प्राण और आकाश रहते हैं। कल्पान्त में प्राण और आकाश तक उसी अनन्त पुरुष में सुप्त भाव में थे, किन्तु किसी प्रकार का व्यक्त प्रपंच नहीं था। इस अवस्था को अव्यक्त कहते हैं-उसका ठीक शब्दार्थ स्पन्दन रहित अथवा अप्रकाशित है। (धर्म-विज्ञान, पृष्ठ-15)

16. प्राण स्वयं आकाश की सहायता के अभाव में कोई काम नहीं कर पाता। यह प्राण स्वयं नहीं रह सकता अथवा किसी मध्यवर्ती के बिना काम नहीं कर सकता। वह कभी आकाश से पृथक् नहीं रह सकता। शक्ति और भूत की अति सूक्ष्मावस्था को ही प्राचीन दार्शनिकगण ने प्राण और आकाश की संज्ञा दी है। प्राण को आप जीवनीशक्ति कह सकते हैं, किन्तु उसको केवल मनुष्य के जीवन में सीमाबद्ध करने से अथवा आत्मा के साथ अमिट समझने से भी काम नहीं चलेगा। अतएव सृष्टि, प्राण और आकाश के संयोग से उत्पन्न है तथा उसका आदि भी नहीं है, अन्त भी नहीं है। (धर्म-विज्ञान, पृष्ठ-17)

17. अतः अव्यक्त प्रकृति, यह सर्वव्यापी बुद्धित्व में अथवा महत्त में परिणत होती है, यह फिर सर्वव्यापी अहंतत्व अथवा अहंकार में और यह परिणाम प्राप्त करके फिर सर्वव्यापी इन्द्रियग्राह भूत (इन्द्रिय और तन्मात्रा) में परिणत होता है। यही भूत-समष्टि इन्द्रिय अथवा केन्द्र समूह में और समष्टि सूक्ष्म परमाणु समूह में परिणत होती है। फिर इन सब के मिलने पर इस स्थूल जगत-प्रपंच की उत्पत्ति होती है। सांख्य मत के अनुसार यही

सृष्टि का क्रम है और बृहत् ब्रह्माण्ड में जो है, वह व्यष्टि अथवा क्षुद्र ब्रह्माण्ड में भी अवश्य रहेगा। (धर्म-विज्ञान, पृष्ठ-33)

18. सांख्यवादियों का एक मत अनन्यसाधारण है। उनके मतानुसार एक मनुष्य अथवा कोई भी एक प्राणी जिस नियम से गठित है, समग्र विश्व ब्रह्माण्ड भी ठीक उसी नियम से विरचित है। इसलिए हमारा जैसे एक मन है, उसी प्रकार एक विश्वमन भी है। (धर्म-विज्ञान, पृष्ठ-25)

19. जितने दिनों से जगत् है उतने दिनों से मन का अभाव-उस एक विश्वमन का अभाव, कभी नहीं हुआ। प्रत्येक मानव, प्रत्येक प्राणी उस विश्वमन से ही निर्मित हो रहा है, क्योंकि वह सदा ही वर्तमान है और उन सब के निर्माण के लिए उपादान प्रदान कर रहा है। (धर्म-विज्ञान, पृष्ठ-27)

20. जगत में प्रकृति के प्रथम विकास को सांख्य वादीगण महत् या समष्टि बुद्धि कहते हैं। इसका ठीक शब्दार्थ है-सर्वश्रेष्ठ तत्व। इसे अहंज्ञान नहीं कहा जा सकता, कहने पर भूल होगी। अहंज्ञान इस बुद्धितत्व का अंशविशेष मात्र है, परन्तु बुद्धितत्व सार्वजनिन तत्व है। अहंज्ञान, अव्यक्त ज्ञान और ज्ञानातीत अवस्था, ये सब ही उसके अन्तर्गत आते हैं। (धर्म-विज्ञान, पृष्ठ-31)

21. महत्तत्व ही उन सब परिवर्तनों का कारण है जिनके फलस्वरूप यह शरीर निर्मित हुआ है। महतत्व या समष्टि बुद्धि के भीतर ज्ञान की निम्न भूमि, साधारण ज्ञान की अवस्था और ज्ञान से अतीत अवस्था में सब ही विद्यमान है। (धर्म-विज्ञान, पृष्ठ-27)

22. ज्ञान की निन्म भूमि हम पशुओं में देखते हैं और उसे-सहजात ज्ञान कहते हैं। सहजात ज्ञान में प्रायः कभी भूल नहीं होती। एक पशु इस सहजात ज्ञान के प्रभाव से कौन सी घास खाने योग्य है, कौन सी घास विषाक्त है, यह सुविधापूर्वक समझ लेता है। (धर्म-विज्ञान, पृष्ठ-37)

23. उनके पश्चात् हमारा (मानव का) साधारण ज्ञान आता है, यह सहजात ज्ञान की अपेक्षा उच्चतर अवस्था है। हमारा साधारण ज्ञान भ्रान्तिमय है, यह पग-पग पर भ्रम में जा पड़ता है। इसे ही आप युक्ति अथवा विचारशक्ति कहते हैं। अवश्य सहजात ज्ञान की अपेक्षा उसका प्रसार अधिक दूर तक है, किन्तु सहजात ज्ञान की अपेक्षा युक्ति विचार में अधिक भ्रम की आशंका है। (धर्म-विज्ञान, पृष्ठ-37)

24. मन की और एक उच्चतर अवस्था विद्यमान है,-ज्ञानातीत अवस्था, इस अवस्था में केवल योगीगण का ही अर्थात् जिन्होंने यत्न करके इस अवस्था को प्राप्त किया है, उनका ही अधिकार है। वह सहजात ज्ञान के समक्ष भ्रान्ति से विहिन है और युक्तिविचार से भी उसका अधिक प्रसार है। वह सर्वोच्च अवस्था है। (धर्म-विज्ञान, पृष्ठ-37)

25. जिस प्रकार मनुष्य के भीतर महत् ही ज्ञान की निम्नभूमि, साधारण ज्ञानभूमि और ज्ञानातीत भूमि और ज्ञानातीत भूमि है, उसी प्रकार इस वृहत् ब्रह्माण्ड में भी यही सर्वव्यापी बुद्धितत्व अथवा महत्, सहजात ज्ञान, युक्ति विचार से उत्पन्न ज्ञान और विचार से अतीत ज्ञान, इन तीन प्रकारों से स्थित है। (धर्म-विज्ञान, पृष्ठ-38)

26. ज्ञान का अर्थ है-सदृश वस्तु के साथ उसका मिलन। कोई नया संस्कार आने पर यदि आप लोगों के मन में उसके सदृश सब संस्कार पहले से ही वर्तमान रहे, तभी आप तृप्त होते हैं, और इस मिलन अथवा सहयोग को ही ज्ञान कहते हैं। अतएव ज्ञान का अर्थ, पहले से ही हमारी जो अनुभूति, समष्टि विद्यमान है, उसके साथ और एक सजातीय अनुभूति को एक ही कोष में प्रतिष्ठित कर देना है। तथा पहले से ही आपका एक ज्ञान भण्डार न रहने पर कोई नया ज्ञान ही आपका नहीं हो सकता, यही उसका सर्वोत्तम प्रबल प्रमाण है। (धर्म-विज्ञान, पृष्ठ-38)

27. सांख्यमत के अनुसार सृष्टिवाद में सृष्टि अथवा क्रम विकास और प्रलय अथवा क्रम संकोच-ये दोनों स्वीकृत हुये हैं। सभी उसी अव्यक्त प्रकृति के क्रम विकास से उत्पन्न हैं, और ये सब क्रम संकुचित होकर व्यक्त आकार धारण करते हैं। सांख्य मत के अनुसार ऐसी किसी जड़ अथवा भौतिक वस्तु का अस्तित्व सम्भव नहीं है, ज्ञान का कोई अंशविशेष जिसका उपादान न हो। ज्ञान ही वह उपादान है, जिससे यह प्रपंच निर्मित हुआ है। (धर्म-विज्ञान, पृष्ठ-25)

28. कपिल का प्रधान मत है-परिणाम। वे कहते हैं, एक वस्तु दूसरी वस्तु का परिणाम अथवा विकार स्वरूप है; क्योंकि उनके मत के अनुसार कार्य-कारण भाव का लक्षण यह है कि-कार्य अन्य रूप में परिणत कारण मात्र है। (धर्म-विज्ञान, पृष्ठ-52)

29. कपिल का मत है कि समग्र ब्रह्माण्ड ही एक शरीर स्वरूप है जो कुछ हम देखते हैं, वे सब स्थूल शरीर है, उन सबके पश्चात् सूक्ष्म शरीर समूह और उनके पश्चात् समष्टि अहंतत्व, उसके भी पश्चात् समष्टि बुद्धि है। किन्तु यह सब ही प्रकृति के अन्तर्गत हैं। उसमें से जो हमारे प्रयोजन का है, हम ग्रहण कर रहे हैं; इसी प्रकार जगत के भीतर समष्टि मनस्तत्व विद्यमान है, उससे भी हम चिरकाल से प्रयोजन के अनुसार ले रहे हैं। किन्तु देह का बीज माता-पिता से प्राप्त होना चाहिए। इससे वंश की अनुक्रमणिकता और पुनर्जन्मवाद दोनों ही तत्व स्वीकृत हो जाते हैं। (धर्म-विज्ञान, पृष्ठ-25)

30. समग्र प्रकृति के पश्चात् निश्चित रूप में कोई सत्ता है, जिसका आलोक उन पर पड़कर महत्, अहंज्ञान और यह सब नाना वस्तुओं के रूप में प्रतीत हो रहा है। और इस सत्ता को ही कपिल पुरुष अथवा आत्मा कहते हैं। वेदान्ती भी उसे आत्मा कहते हैं। कपिल के मत के अनुसार पुरुष अमिश्र पदार्थ है। वह यौगिक पदार्थ नहीं है। वही एकमात्र व जड़ पदार्थ है और सब प्रपंच-विकार ही जड़ है। पुरुष ही एकमात्र ज्ञाता है। (धर्म-विज्ञान, पृष्ठ-52)

31. समस्त प्रकृति आत्मा के भोग अथवा अभिज्ञता का संचय करने के लिए काम करती जा रही है, और आत्मा उसी चरम लक्ष्य में जाने के लिए यह अभिज्ञता संचय कर रही है तथा मुक्ति ही यह चरम लक्ष्य है। सांख्य दर्शन के मत के अनुसार इस आत्मा की संख्या बहुत है। अनन्त संख्यक आत्माएं विद्यमान हैं। उसका और एक सिद्धान्त यह है कि "ईश्वर नहीं है", जगत् का सृष्टिकर्ता कोई नहीं है। सांख्यवादी कहते हैं प्रकृति ही जब इन सब विभिन्न रूपों का सृजन करने में समर्थ है तब ईश्वर स्वीकार करने का प्रयोजन नहीं है। (धर्म-विज्ञान, पृष्ठ-55)

32. साख्य दर्शन सब आत्माओं के एकत्व के प्रति विश्वासी नहीं है। वेदान्त के मतानुसार सब जीवात्माएं ब्रह्मनामधेय एक विश्वात्मा में अमिश्र है, किन्तु सांख्य दर्शन के प्रतिष्ठाता कपिल द्वैतवादी थे। अवश्य उन्होंने जगत का विश्लेषण जहाँ तक किया है, वह अत्यन्त अद्भुत है। वे हिन्दू परिणामवादियों के जनक स्वरूप हैं, और परिवर्ती सब दार्शनिक शास्त्र उनकी ही चिन्तन प्रणाली के परिणाम मात्र हैं। (धर्म-विज्ञान, पृष्ठ-24)

33. ज्ञान चैतन्य सम्पूर्ण रूप से प्रकृति के अधिकार में है, आत्मा में ज्ञान चैतन्य नहीं है। वेदान्त कहता है-आत्मा का स्वरूप असीम है अर्थात् वह पूर्णसत्ता, ज्ञान और आनन्द स्वरूप है। तथापि हमारा सांख्य के साथ इस विषय में एक मत है कि वे जिसे ज्ञान कहते हैं, वह एक यौगिक पदार्थ मात्र है। (पृष्ठ-56)

34. जैसे सोना गलाना हो तो उसमें पोटैशियम साइनाइड मिलाना होता है। पोटैशियम साइनाइड अलग रह जाता है, उस पर कोई रासायनिक कार्य नहीं होता, किन्तु सोना गलाने का काम सफल करने के लिए उसके सान्निध्य का प्रयोजन है। पुरुष के सम्बन्ध में भी यही बात है। वह प्रकृति के साथ मिश्रित नहीं होता, वह बुद्धि या महत् अथवा किसी प्रकार का विकार नहीं है, वह शुद्ध पूर्ण आत्मा है-"मेरे साक्षी स्वरूप विद्यमान रहने के कारण प्रकृति यह सब चेतन और अचेतन का सृजन कर रही है।" (गीता, 9/10) (धर्म-विज्ञान, पृष्ठ-45)

35. पुरुष में चैतन्य है, किन्तु पुरुष को बुद्धिमान अथवा ज्ञानवान नहीं कहा जा सकता, किन्तु वह ऐसी वस्तु है, जिसके रहने पर ही ज्ञान सम्भव होता है। पुरुष में जो चित्त है, वह प्रकृति से मिलकर हमारे निकट बुद्धि अथवा ज्ञान के नाम से परिचित होता है। जगत् में जो कुछ सुख, आनन्द एवं शान्ति है, सब पुरुष की है; परन्तु वह सब मिश्र है क्योंकि उसमें पुरुष और प्रकृति का मिश्रण है। "जहाँ किसी प्रकार का सुख है, जहाँ किसी प्रकार का आनन्द है वहाँ उस अमृत स्वरूप पुरुष का एक कण विद्यमान है, यह समझ लेना होगा।" (वृहदारण्यक उपनिषद्) (धर्म-विज्ञान, पृष्ठ-46)

36. यदि हम एक मानव का विश्लेषण कर सकें तो समग्र जगत् का विश्लेषण कर लिया; क्योंकि वे सब एक ही नियम से निर्मित हैं। अतएव यदि यह सत्य हो कि इस व्यष्टि श्रेणी के पीछे ऐसे एक व्यक्ति विद्यमान है जो

समस्त प्रकृति से अतीत है, जो किसी प्रकार के उपादान से निर्मित नहीं है अर्थात् पुरुष, तो यह एक ही युक्ति समष्टि ब्रह्माण्ड पर भी घटित होगी तथा उसके पश्चात् भी एक चैतन्य स्वीकार करने का प्रयोजन होगा। जो सर्वव्यापी चैतन्य प्रकृति के समग्र विकारों के पश्चात् भाग में विद्यमान है, उसे वेदान्त सब का नियंता, ईश्वर कहता है। (धर्म-विज्ञान, पृष्ठ-64)

37. पहले यह स्थूल शरीर, उसके पश्चात् सूक्ष्म शरीर, उसके पश्चात् जीव अथवा आत्मा, यही मानव का यथार्थ स्वरूप है। मनुष्य का एक सूक्ष्म शरीर और एक स्थूल शरीर है, ऐसा नहीं है। शरीर एक ही है तथापि सूक्ष्म आकार में वह स्थूल की अपेक्षा दीर्घ काल तक रहता है, तथा स्थूल शीघ्र नष्ट हो जाता है। द्वैतवादियों के मतानुसार यह जीव अर्थात् मनुष्य का यथार्थ स्वरूप जो है वह अणु अर्थात् अति सूक्ष्म है। (धर्म-विज्ञान, पृष्ठ-125)

38. सूक्ष्म शरीर भी दीर्घकाल के पश्चात् विश्लिष्ट हो जायेगा, किन्तु जीव अयौगिक पदार्थ है, इसलिए वह कभी ध्वंस प्राप्त नहीं होगा। किसी अयोगिक पदार्थ का जन्म नहीं हो सकता, केवल जो यौगिक है उसका ही जन्म हो सकता है। (धर्म-विज्ञान, पृष्ठ-126)

39. लाख-लाख प्रकार के आकार में मिश्रित यह समग्र प्रकृति ईश्वर की इच्छा के अधीन है। ईश्वर सर्वव्यापी, सर्वज्ञ और निराकार है, एवं वह दिन-रात इस प्रकृति को परिचालित करता है। समस्त प्रकृति ही उसके शासन के अधीन विद्यमान है। किसी प्राणी को स्वाधीनता नहीं है, वह हो ही नहीं सकती। ईश्वर ही रास्ता है। यही द्वैतवादात्मक वेदान्त का उपदेश है। (धर्म-विज्ञान, पृष्ठ-126)

40. इस मानव देह को कर्मदेह कहते हैं, इस मानवदेह में ही हम अपना भविष्यत्: दृष्ट स्थिर किया करते हैं। हम एक वृहत् वृत्त के आकार में भ्रमण कर रहे हैं, तथा मानवदेह ही उस वृत्त के मध्य में एक बिन्दु है, जहाँ हमारी भविष्यत्: अवस्था स्थिर होती है। इस कारण ही अन्यान्य सब प्रकार की देहों की अपेक्षा मानवदेह ही श्रेष्ठतम् निर्दिष्ट की जाती है। देवतागण भी मनुष्य जन्म ग्रहण किया करते हैं। द्वैत वेदान्त यहाँ तक कहता है। (धर्म-विज्ञान, पृष्ठ-129)

41. तथापि ईश्वर की कृपा एवं शुभ कर्म के अनुष्ठान के द्वारा वे (जीवात्मा) पुनः विकास प्राप्त होगी। प्रत्येक जीवात्मा को मुक्तिलाभ के समान सुयोग और सम्भावना प्राप्त है एवं काल में सब ही शुद्धस्वरूप होकर प्रकृति के बन्धन से मुक्त होंगी। किन्तु इतना होने पर भी इस जगत का लोप नहीं होगा, क्योंकि वह अनन्त है। यही वेदान्त का द्वितीय प्रकार का सिद्धान्त है, जिसके मतानुसार ईश्वर, आत्मा और प्रकृति है, तथा आत्मा और प्रकृति ईश्वर का देहस्वरूप है और ये तीनों मिलकर एक है-विशिष्टाद्वैत वेदान्त कहते हैं। (धर्म-विज्ञान, पृष्ठ-131)

42. यह समग्र जगत् एक अखण्ड स्वरूप है, और उसे ही अद्वैत वेदान्त-दर्शन में ब्रह्म कहते हैं। ब्रह्म जब ब्रह्माण्ड के पश्चात् प्रदेश में है ऐसा लगता है, तब उसे ईश्वर कहते हैं। अतएव यह आत्मा ही मानव का अभ्यन्तरस्थ ईश्वर है। केवल एक पुरुष, उन्हें ईश्वर कहते हैं, तथा जब ईश्वर और मानव दोनों के स्वरूप का विश्लेषण किया जाता है तब दोनों को एक के रूप में जाना जाता है। (धर्म-विज्ञान, पृष्ठ-67)

43. “सभी हाथों से आप काम कर रहे हैं, सभी मुखों से आप खा रह रहे हैं, सब नासिकाओं से आप श्वास-प्रश्वास ले रहे हैं, सब मन से आप चिन्ता अथवा विचार कर रहे हैं।“ (गीता, अध्याय-13) समग्र जगत ही आप है। जो कुछ है, सब आप है, यथार्थ “आप“-वह एक अविभक्त आत्मा-जिस क्षुद्र सीमाबद्ध व्यक्ति विशेष को आप “आप“ समझते हैं, वह नहीं। तथा आप जो अमुक राम, श्याम, हरि है, यह बात भी किसी काल में सत्य नहीं है, यह केवल स्वप्न मात्र है। यही जानकर मुक्त होइए। यह अद्वैतवादियों का सिद्धान्त है। (धर्म-विज्ञान, पृष्ठ-67-68)

44. यदि आप अपने को बद्ध के रूप में सोंचे तो आप बद्ध ही रहेंगे; आप स्वतः ही अपने बन्धन के कारण होंगे। तथा यदि आप उपलब्धि करे कि आप मुक्त हैं तो इसी मुहुर्त आप मुक्त हैं। यही ज्ञान है-मुक्तिप्रद ज्ञान, तथा समग्र प्रकृति का चरम लक्ष्य ही मुक्ति है। (धर्म-विज्ञान, पृष्ठ-68)

45. एक ही सूर्य विविध जल बिन्दुओं में प्रतिबिम्बित होकर नाना रूप दिखा रहा है। लाख-लाख जलकणों में लाख-लाख सूर्य का प्रतिबिम्ब पड़ा है तथा प्रत्येक जल कण में ही सूर्य की सम्पूर्ण प्रतिमूर्ति विद्यमान है; किन्तु सूर्य वास्तव में एक है। इन सब जीवगण के सम्बन्ध में भी यही बात है-वे उसी एक अनन्त पुरुष के प्रतिबिम्ब मात्र है। स्वप्न कदापि सत्य के बिना रह नहीं सकता, और वह सत्य, वही एक अनन्त सत्ता है। शरीर, मन अथवा आत्मा भाव में मानने पर आप स्वप्न मात्र हैं, किन्तु आपका यथार्थ स्वरूप अखण्ड सच्चिदानन्द है। अद्वैतवादी यही कहते हैं। यह सब जन्म, पुनर्जन्म, यह आना-जाना यह सब उस स्वप्न का अंशभाग है। आप अनन्त स्वरूप हैं। आप फिर कहाँ जायेंगे? आत्मा कभी उत्पन्न नहीं होती, कभी मरेगी भी नहीं, आत्मा के किसी काल में माता-पिता, शत्रु-मित्र कुछ भी नहीं है; क्योंकि आत्मा अखण्ड सच्चिदानंद स्वरूप है। जिस व्यक्ति ने इसका साक्षात्कार किया है उसने ही मुक्तिलाभ किया है, वह इस स्वप्न को भंग करके उसके बाहर चला गया है, उसने अपना यथार्थ स्वरूप जाना है। अद्वैतवेदान्त का यही उपदेश है। (धर्म-विज्ञान, पृष्ठ-133-134)

46. वेदान्त दर्शन एक एक करके इन तीन सोपानों (द्वैत, विशिष्टद्वैत, अद्वैत) का अवलम्बन करके अग्रसर हुआ है तथा हम इस तृतीय सोपान (अद्वैत) को पार करके अधिक अग्रसर नहीं हो सकते, क्योंकि हम एकत्व के उपर अधिक जा नहीं सकते। (धर्म-विज्ञान, पृष्ठ-134)

47. धर्मज्ञान को उच्चतम चूड़ा में आरोहण करने के लिए मानव जाति को जिन सब सोपानों का अवलम्बन करना पड़ा है, प्रत्येक व्यक्ति को भी उसका ही अवलम्बन करना होगा। केवल प्रभेद यह है कि समग्र मानव जाति को एक सोपान से दूसरे सोपान में आरोहण करने के लिए लाख-लाख वर्ष लगे हों, किन्तु व्यक्तिगण कुछ वर्षों में ही मानव जाति का समग्र जीवन यापन कर ले सकते हैं, अथवा वे और भी शीघ्र, सम्भवतः छः मास के भीतर ही उसे सम्पूर्ण कर ले सकते हैं। (धर्म-विज्ञान, पृष्ठ-135)

48. जो व्यक्ति कहता है, इस जगत् का अस्तित्व है, किन्तु ईश्वर नहीं है, वह निर्बोध है, क्योंकि यदि जगत् हो, तो जगत् का एक कारण रहेगा और उसक कारण का नाम ही ईश्वर है। कार्य रहने पर ही उसका कारण है, यह जानना होगा। जब यह जगत् अन्तर्हित होगा, तब ईश्वर भी अन्तर्हित होंगे। जब आप ईश्वर के सहित अपना एकत्व अनुभव करेंगे, तब आपके पक्ष में यह जगत् फिर नहीं रहेगा। जिसे हम इस क्षण जगत् के रूप में देख रहे हैं, वही हमारे सम्मुख ईश्वर के रूप में प्रतिभासित होगा, एवं जिनको एक दिन हम बहिर्देश में अवस्थित समझते थे, वे ही हमारी आत्मा के अन्तरात्मा रूप में प्रतीत होंगे।-"तत्वमसि"-वही तुम हो। (धर्म-विज्ञान, पृष्ठ-135)

कर्म वेदान्त और विकास दर्शन

भारतीय आध्यात्म दर्शन के मूल विचार "सभी ईश्वर हैं" तथा अद्वैत वेदान्त दर्शन के अनुसार "सभी ईश्वर के ही प्रकाश हैं" के अनुसार सभी में विश्वात्मा ही स्थित हैं। हम उन सभी को ईश्वर का अंश या विश्वात्मा का अंश इसलिए कहते हैं कि वे स्वयं को अपने समय के सर्वोच्च क्षेत्र तक व्यक्त नहीं कर पाते। यह ब्रह्माण्ड ईश्वर से व्यक्त है और उसमें ईश्वर समाहित और व्याप्त है। उसका प्रकाट्य सार्वभौम सत्य-सिद्धान्त का ही प्रकाट्य है। विश्वात्मा का सर्वोच्च प्रकाट्य पूर्ण सार्वभौम सत्य-सिद्धान्त का प्रकटीकरण है जो अन्तिम हो।

आत्मा और विश्वात्मा, अलग-अलग नहीं एक ही है। बस उसके प्रकटीकरण क्षेत्र अर्थात प्रभाव क्षेत्र से उसके नाम अलग हैं। आत्मा जो व्यक्तिगत और सामाजिक क्षेत्र के सीमित भौगोलिक क्षेत्र तक प्रभावी रहता है वहीं विश्वात्मा अपने समय के सर्वोच्च भौगोलिक क्षेत्र तक को प्रभावी करता है।

तात्पर्य यह है कि प्रत्येक मनुष्य ही विश्वात्मा है। उसे सार्वभौम एकात्म के लिए योजना बना कर प्रकट होने के लिए उतना ही भौगोलिक क्षेत्र प्राप्त है जितना कि किसी मनुष्य या अवतार को। जिसका जितना विशाल हृदय होगा, उसका उतना विशाल प्रेम होगा और ठीक उतना ही विशाल उसका कर्मक्षेत्र होगा। यह ब्रह्माण्ड ईश्वर के विशाल हृदय से व्यक्त प्रेम का फल है। और उसके विकास, संरक्षण, विनाश, निर्माण, नव-निर्माण और पुनर्निर्माण के लिए सदैव कर्मशील है। विश्वात्मा को जानने-समझने से वर्तमान और भविष्य के मनुष्य का मस्तिष्क विशालता की ओर प्राप्त करने का अवसर देता है जिससे हृदय की विशालता भी बढ़ती है और कर्म करने के लिए अनन्त दिशाओं और जन्मों के लिए परियोजना भी मिलती है। परियोजना का नाम होता है-"सत्य-शिव-सुन्दर" निर्माण।

मन और मन का मानक। मन-व्यक्तिगत प्रमाणित अदृश्य सत्य। मन का मानक-सार्वजनिक प्रमाणित दृश्य सत्य। अनासक्त मन अर्थात् आत्मा अर्थात् व्यक्तिगत प्रमाणित अदृश्य आत्मा अर्थात् मन का अदृश्य मानक। मन का मानक अर्थात् सार्वजनिक प्रमाणित दृश्य आत्मा अर्थात् सार्वजनिक प्रमाणित दृश्य अनासक्त मन। मन का मानक में मन समाहित है।

सार्वभौम आत्मा का सार्वजनिक प्रमाणित धर्मनिरपेक्ष एवं सर्वधर्मसमभाव दृश्य रुप एकात्म ज्ञान, एकात्म ज्ञान सहित एकात्म कर्म तथा एकात्म ज्ञान और एकात्म कर्म सहित एकात्म ध्यान के तीन व्यक्त होने के स्तर हैं जो क्रमशः एकात्म वाणी, एकात्म वाणी सहित एकात्म प्रेम तथा एकात्म वाणी और एकात्म प्रेम सहित एकात्म समर्पण द्वारा शक्ति प्राप्त करता है। जिनका धर्मयुक्त अदृश्य रुप भारतीय संस्कृति के पौराणिक कथाओं में ब्रह्मा, विष्णु, महेश (शंकर) के रुप में तथा सरस्वती, लक्ष्मी और पार्वती शक्ति के रुप में प्रक्षेपित हैं। जिनकी उपयोगिता क्रमशः व्यक्ति, समाज और ब्रह्माण्ड को संतुलन, स्थिरता एवं विकास में है।

विश्व के सर्वप्राचीन अकाट्य सांख्य दर्शन के सिद्धान्त से विश्वमन तीन मन - सत्व, रज और तम में विखण्डित होता है जिससे समस्त विश्व व्यक्त होता है अर्थात निम्नलिखित मूल प्रकार के मन से युक्त आत्मा व्यक्त होकर अनेक अंश-अंशांस के रूप में मन से युक्त आत्माएँ व्यक्त होती रहती हैं फिर इनका संलयन और संयुग्मन होता है तब व्यक्त होता हैं - "विश्व मन से युक्त आत्मा - एक पूर्ण मानव "

1. **रज मन** - ये मन सकारात्मक व्यक्तिगत विकासशील मन का रूप होता है। इसमें वे सभी मन आते हैं जो समाज व देश का शारीरिक, आर्थिक व मानसिक विकास करते हैं। मानव सभ्यता के संसार में इस मन को ही गृहस्थ कहते हैं। ये क्रियान्वयन दर्शन (Operating Philosophy) अर्थात् O के अन्तर्गत आता है।

2. **तम मन** - ये मन नकारात्मक व्यक्तिगत विकासशील मन का रूप होता है। इसमें वे सभी मन आते हैं जो समाज व देश का शारीरिक, आर्थिक व मानसिक नकारात्मक विकास करते हैं। भारतीय धर्मशास्त्र साहित्य

के पुराणों में इस मन को ही असुर या राक्षस कहा गया है। ये क्रियान्वयन दर्शन (Operating Philosophy) अर्थात् O के अन्तर्गत आता है।

3. **सत्व मन** - ये मन सार्वभौम आत्मा पर केन्द्रित मन होते हैं। इसके निम्नलिखित दो प्रकार होते हैं।

अ. निवृत्ति मार्गी - सार्वभौम आत्मा पर केन्द्रित इस प्रकार के मन समाज व देश के शारीरिक, आर्थिक व मानसिक आदान-प्रदान से उदासीन रहते हैं तथा स्वआनन्द में ही रहते हैं। मानव सभ्यता के संसार में इस मन को ही साधु/सन्त/ सिद्ध/ ऋषि/ वैश्विक दर्शन आचार्य/ साकार गुरू इत्यादि कहा गया है। ये व्यक्तिगत प्रमाणित मार्गदर्शक दर्शन (Guider Philosophy) अर्थात् G के अन्तर्गत आते हैं।

ब. प्रवृत्ति मार्गी - सार्वभौम आत्मा पर केन्द्रित इस प्रकार के मन समाज व देश के शारीरिक, आर्थिक व मानसिक आदान-प्रदान में भाग लेते हैं तथा स्वआनन्द के साथ रहते हैं। भारतीय धर्मशास्त्र साहित्य के पुराणों में इस मन को ही देवता/राजा कहा गया है। मानव सभ्यता के संसार में इस मन को ही क्रान्तिकारी/परिवर्तनकर्ता/विकासशील कहा गया है। ये सार्वजनिक प्रमाणित विकास/ विनाश दर्शन (Development/Destroyer Philosophy) अर्थात् D के अन्तर्गत आते हैं।

अवतारी मन

अवतारी (पुरूष), मन के तीनों गुण सत्व, रज और तम का पूर्ण संलयन का सार्वभौम साकार रूप होता है परन्तु वह तीनों गुणों से युक्त होते हुये भी उससे मुक्त रहता है और अपने पूर्ववर्ती मन के तीनों गुण से युक्त सत्व, रज और तम मनों के सर्वोच्च अवस्था की अगली कड़ी होता है। ये सार्वभौम प्रमाणित मार्गदर्शक दर्शन (Guider Philosophy) अर्थात् G, क्रियान्वयन दर्शन (Operating Philosophy) अर्थात् O और विकास/ विनाश दर्शन (Development/Destroyer Philosophy) अर्थात् D का संयुक्त रूप होता है।

पूर्ण ज्ञान अर्थात् अपने मालिक स्वयं केन्द्र में स्थित मार्गदर्शक दर्शन (Guider Philosophy) अर्थात् G एवं विकास दर्शन (Development/Destroyer Philosophy) अर्थात् D है। इसकी परिधि आदान-प्रदान या व्यापार या क्रियाचक्र या क्रियान्वयन दर्शन (Operating Philosophy) अर्थात् O है। यही आध्यात्म अर्थात् अर्थात् अदृश्य विज्ञान का सर्वोच्च एवं अन्तिम आविष्कार है। तथा यहीं पदार्थ अर्थात् दृश्य विज्ञान द्वारा आविष्कृत परमाणु की संरचना भी है। जिसके केन्द्र में G के रुप में प्रोटान P है तथा D के रुप में न्यूट्रान N है। इसकी परिधि O के रुप में इलेक्ट्रान E है। प्राच्य अदृश्य आध्यात्म विज्ञान तथा पाश्चात्य दृश्य पदार्थ विज्ञान में एकता का यही सूत्र है। विवाद मात्र नाम के कारण है। जिसके अनुसार इलेक्ट्रान या क्रियान्वयन दर्शन में विभिन्न सम्प्रदायों, संगठनों, दलों के विचार सहित व्यक्तिगत विचार जिसके अनुसार अर्थात् अपने मन या मन के समूहों के अनुसार वे समाज तथा राज्य का नेतृत्व करना चाहते हैं। जबकि ये सार्वजनिक सत्य नहीं है। इसलिए ही इन विचारों की समर्थन शक्ति कभी स्थिर नहीं रहती जबकि केन्द्र या आत्मा या एकता में विकास दर्शन स्थित है। केन्द्र में प्रोटान की स्थिति अदृश्य मार्गदर्शक दर्शन या अदृश्य विकास दर्शन की स्थिति, चूंकि यह सार्वजनिक सत्य विकास दर्शन का अदृश्य रुप है इसलिए यह व्यक्तिगत प्रमाणित है। इसी कारण आध्यात्म भी विवाद और व्यष्टि विचार के रुप में रहा जबकि यह सत्य था। लेकिन न्यूट्रान की स्थिति दृश्य मार्गदर्शक दर्शन या दृश्य विकास दर्शन की स्थिति है इसलिए यह सार्वजनिक सत्य है सम्पूर्ण मानक है, समष्टि सत्य है, सत्य सिद्धान्त है जिसकी स्थापना से व्यक्ति मन उस चरम स्थिति में स्थापित होकर उसी प्रकार तेजी से विश्व निर्माण कर सकता है जिस प्रकार पदार्थ विज्ञान द्वारा आविष्कृत न्यूट्रान बम इस विश्व का विनाश कर सकता है।

अपने मालिक स्वयं बनें

BE YOUR OWN BOSS

G

मार्गदर्शक दर्शन (Guider Philosophy) अर्थात् G

(व्यक्तिगत प्रमाणित अदृश्य विकास दर्शन (Development/Destroyer Philosophy) अर्थात् D की अवस्था)

सार्वभौम आत्मा ही प्रेरक है, मार्गदर्शक है और इसका दर्शन ही मार्गदर्शक दर्शन (Guider Philosophy) अर्थात् G (व्यक्तिगत प्रमाणित अदृश्य विकास दर्शन (Development/Destroyer Philosophy) अर्थात् D की अवस्था) है।

यह अवस्था ही व्यक्तिगत प्रमाणित अदृश्य सार्वभौम समभाव, एकात्म, सत्य, केन्द्र (CENTRE), क्रान्ति, अद्वैत, ऋषि, सिद्ध, धर्म स्थापक, योगेश्वर, धर्म, धर्म ज्ञानी, अद्वैत वेदान्त-दर्शन में ब्रह्म, जगद्गुरू, अवतार की अवस्था है। यही भारतीय आध्यात्म-दर्शन है। प्राच्य दार्शनिकों (Eastern Philosopher) का सार्वभौम स्तर और सार्वभौम दृष्टिकोण है जिसमें सदैव ब्रह्माण्ड और प्रकृति के साथ समन्वय होता है। यह सम्पूर्ण मानव समाज पर प्रभावी रहती है।

"जितने दिनों से जगत है उतने दिनों से मन का अभाव-उस एक विश्वमन का अभाव कभी नहीं हुआ। प्रत्येक मानव, प्रत्येक प्राणी उस विश्वमन से ही निर्मित हो रहा है क्योंकि वह सदा ही वर्तमान है। और उन सब के निर्माण के लिए आदान-प्रदान कर रहा है।" (धर्म विज्ञान, राम कृष्ण मिशन, पृष्ठ-27)

-स्वामी विवेकानन्द

"एक तरह का सिद्ध एक ही बार होता है, दोबारा नहीं होता। क्योंकि जो सिद्ध हो गया, फिर नही लौटता। गया फिर वापस नहीं आता। एक ही बार तुम उसकी झलक पाते हो- बुद्ध की, महावीर की, क्राइस्ट ही, मुहम्मद की, एक ही बार झलक पाते हो, फिर गये सो गये। फिर विराट में लीन हो गये। फिर दोबारा उनके जैसा आदमी नहीं होगा, नहीं हो सकता। मगर बहुत लोग नकलची होंगे। उनको तुम साधु कहते हो। उन नकलीची का बड़ा सम्मान है। क्योंकि वे तुम्हारे शास्त्र के अनुसार मालूम पड़ते हैं। जब भी सिद्ध आयेगा सब अस्त व्यस्त कर देगा सिद्ध आता ही है क्रान्ति की तरह ! प्रत्येक सिद्ध बगावत लेकर आता है, एक क्रान्ति का संदेश लेकर आता है एक आग की तरह आता है- एक तुफान रोशनी का! लेकिन जो अँधेरे में पड़े हैं। उनकी आँखे अगर एकदम से उतनी रोशनी न झेल सके और नाराज हो जाय तो कुछ आश्चर्य नहीं।

जो एक गुरू बोल रहा है, वह अनन्त सिद्धों की वाणी है। अभिव्यक्ति में भेद होगा, शब्द अलग होंगे, प्रतीक अलग होंगे मगर जो एक सिद्ध बोलता है, वह सभी सिद्धों की वाणी है। इनसे अन्यथा नहीं हो सकता है। इसलिए जिसने एक सिद्ध को पा लिया, उसने सारे सिद्धों की परम्परा को पा लिया। क्योंकि उनका सूत्र एक ही है। कुंजी तो एक ही है, जिसमें ताला खुलता है अस्तित्व का।"

-आचार्य रजनीश "ओशो"

O

क्रियान्वयन दर्शन (Operating Philosophy) अर्थात् O

यह अवस्था व्यक्तिगत आत्मा ही प्रेरक है, मार्गदर्शक है और इसका दर्शन ही क्रियान्वयन दर्शन (Operating Philosophy) अर्थात् O की अवस्था है।

जब यह अवस्था मानव समाज में व्यक्तिगत आत्मा से योग कराने के लिए व्यक्त होती है तब यह व्यक्तिगत प्रमाणित दृश्य विकास दर्शन (Development/Destroyer Philosophy) अर्थात् D की अवस्था में आ जाती है।

यह अवस्था ही व्यक्तिगत प्रमाणित अदृश्य व्यक्तिगत समभाव, एकात्म, सत्य-सिद्धान्त, परिवर्तन, आदान-प्रदान (TRADE), क्रान्ति, अद्वैत, ऋषि, सिद्ध, धर्म स्थापक, भोगेश्वर, धर्म, धर्म ज्ञानी, अद्वैत वेदान्त-दर्शन में ब्रह्म, जगद्गुरू, अवतार की अवस्था है। यही सार्वभौम से मुक्त अनेक प्रकार के सम्प्रदायों, मत आधारित संगठनों का दर्शन है। पाश्चात्य दार्शनिकों (Western Philosopher) का दृष्टिकोण है। जिसमें ब्रह्माण्ड और प्रकृति के साथ समन्वय नहीं होता है और यह सम्पूर्ण मानव समाज के लिए ना होकर अंश जन समूह पर ही प्रभावी रहती है।

D

विकास/ विनाश दर्शन (Development/Destroyer Philosophy) अर्थात् D
(सार्वजनिक प्रमाणित दृश्य विकास दर्शन (Development/Destroyer Philosophy) अर्थात् D की अवस्था)

सार्वभौम आत्मा ही प्रेरक है, मार्गदर्शक है और इसका दर्शन ही मार्गदर्शक दर्शन (Guider Philosophy) अर्थात् G (व्यक्तिगत प्रमाणित अदृश्य विकास दर्शन (Development/Destroyer Philosophy) अर्थात् D की अवस्था) है।

जब यह अवस्था संसार में सार्वभौम एकात्म से योग कराने के लिए व्यक्त होती है तब यह सार्वजनिक प्रमाणित दृश्य विकास दर्शन (Development/Destroyer Philosophy) अर्थात् D की अवस्था में आ जाती है। ऐसी अवस्था में आने से पुराने दर्शन अपनी सर्वोच्चता खो देते हैं इसलिए विनाश का अनुभव दिखता है। जबकि पुराने दर्शन विकास के चरण होते हैं और वे भी प्रभावहीन होकर अस्तित्व में सदैव रहते हैं।

यह अवस्था ही सार्वजनिक प्रमाणित दृश्य सार्वभौम समभाव, एकात्म, सत्य-सिद्धान्त, परिवर्तन, आदान-प्रदान (TRADE), क्रान्ति, अद्वैत, ऋषि, सिद्ध, धर्म स्थापक, भोगेश्वर, धर्म, धर्म ज्ञानी, अद्वैत वेदान्त-दर्शन में ब्रह्म, जगद्गुरू, अवतार की अवस्था है। यही भारतीय आध्यात्म-दर्शन है। प्राच्य अवतारी श्रृंखला दार्शनिकों का सार्वभौम स्तर और सार्वभौम दृष्टिकोण है जिसमें सदैव ब्रह्माण्ड और प्रकृति के साथ समन्वय होता है। यह सम्पूर्ण

मानव समाज पर प्रभावी रहती है और सार्वभौम से युक्त क्रियान्वयन दर्शन (Operating Philosophy) अर्थात् O है।

सृष्टि विकास क्रम की एक श्रृंखला है। सार्वभौम सत्य से सार्वभौम सत्य-सिद्धान्त का मनुष्य शरीर से प्रकटीकरण ईश्वर का अवतरण है, परन्तु ईश्वर नहीं। विकास क्रम की श्रृंखला से ही मानव समाज के एकीकरण के लिए व्यक्त सार्वभौम सत्य-सिद्धान्त ही अवतारवाद के विचार के जन्म का कारण है। अवतारवाद के विचार का जन्म वेदों और पुराणों से व्यक्त होता है और लगभग सभी वर्तमान धर्मों (या सम्प्रदाय) के द्वारा माना जाता है। अवतरण, सम्पूर्ण ब्रह्माण्ड में व्याप्त सार्वभौम सत्य-सिद्धान्त का होता है इसलिए वह मानवीय नियमों से उच्च और अटलनीय-अपरिवर्तनीय-सर्वोच्च होता है। ईश्वर के अब तक नौ अवतार हो चुके है, दसवां कल्कि अवतार होना अभी बाकी है ऐसा कहा जाता है।

मानव से पूर्ण मानव के विकास क्रम के आधुनिक विचार के अनुसार - मानव से पूर्ण मानव के विकास क्रम के दृष्टि के अनुसार अवतार मानवों के सार्वभौम मस्तिष्क, सार्वभौम सत्य-सिद्धान्त और एकीकरण के लिए मानकीकरण के विकास की कहानी कहती है जो व्यावहारिक दृष्टि से अधिक उपयोगी है। अवतारों के नामकरण में उसके गुणों के तुलना के लिए प्रारम्भ में समान गुणों के जीव के नाम पर तथा बाद में स्वयं उनके व्यक्तिगत गुण के आधार पर रखे गये।

मनुष्य को अधिक पूर्ण बनाने और संचालन के लिए अवतार द्वारा आये मुख्य आपरेटिंग सिस्टम (Avatar's Operating System- AOS) संस्करण (Version) इस प्रकार हैं-

मानव-1 (AOS: Human-1)

मुख्य-गुण सिद्धान्त - इसमें धारा के विपरीत दिशा (राधा) में गति करने का विचार-सिद्धान्त मानव मस्तिष्क में डाला गया।

मानव-2 (AOS: Human-2)

मुख्य-गुण सिद्धान्त - इसमें सहनशील, शांत, धैर्यवान, लगनशील, दोनों पक्षों के बीच मध्यस्थ की भूमिका वाला गुण (समन्वय का सिद्धान्त) का विचार-सिद्धान्त मानव मस्तिष्क में डाला गया।

मानव-3 (AOS: Human-3)

मुख्य-गुण सिद्धान्त - इसमें सूझ-बुझ, सम्पन्न, पुरूषार्थी, धीर-गम्भीर, निष्कामी, बलिष्ठ, सक्रिय, शाकाहारी, अहिंसक और समूह प्रेमी, लोगों का मनोबल बढ़ाना, उत्साहित और सक्रिय करने वाला गुण (प्रेरणा का सिद्धान्त) का विचार-सिद्धान्त मानव मस्तिष्क में डाला गया।

मानव-4 (AOS: Human-4)

मुख्य-गुण सिद्धान्त - प्रत्यक्ष रूप से एका-एक लक्ष्य को पूर्ण करने वाले (लक्ष्य के लिए त्वरित कार्यवाही का सिद्धान्त) का विचार-सिद्धान्त मानव मस्तिष्क में डाला गया।

मानव-5 (AOS: Human-5)

मुख्य-गुण सिद्धान्त - भविष्य दृष्टा, राजा के गुण का प्रयोग करना, थोड़ी सी भूमि पर गणराज्य व्यवस्था की स्थापना व व्यवस्था को जिवित करना, उसके सुख से प्रजा को परिचित कराने वाले गुण (समाज का सिद्धान्त) का विचार-सिद्धान्त मानव मस्तिष्क में डाला गया।

मानव-6 (AOS: Human-6)

मुख्य-गुण सिद्धान्त - गणराज्य व्यवस्था को ब्रह्माण्ड में व्याप्त व्यवस्था सिद्धान्तों को आधार बनाने वाले गुण और व्यवस्था के प्रसार के लिए योग्य व्यक्ति को नियुक्त करने वाले गुण (लोकतन्त्र का सिद्धान्त और उसके प्रसार के लिए योग्य उत्तराधिकारी नियुक्त करने का सिद्धान्त) का विचार-सिद्धान्त मानव मस्तिष्क में डाला गया।

मानव-7 (AOS: Human-7)

मुख्य-गुण सिद्धान्त - आदर्श चरित्र के गुण के साथ प्रसार करने वाला गुण (व्यक्तिगत आदर्श चरित्र के आधार पर विचार प्रसार का सिद्धान्त) का विचार-सिद्धान्त मानव मस्तिष्क में डाला गया।

मानव-8 (AOS: Human-8)

मुख्य-गुण सिद्धान्त - आदर्श सामाजिक व्यक्ति चरित्र के गुण, समाज में व्याप्त अनेक मत-मतान्तर व विचारों के समन्वय और एकीकरण से सत्य-विचार के प्रेरक ज्ञान को निकालने वाले गुण (सामाजिक आदर्श व्यक्ति का सिद्धान्त और व्यक्ति से उठकर विचार आधारित व्यक्ति निर्माण का सिद्धान्त) का विचार-सिद्धान्त मानव मस्तिष्क में डाला गया।

मानव-9 (AOS: Human-9)

मुख्य-गुण सिद्धान्त - प्रजा को प्रेरित करने के लिए धर्म, संघ और बुद्धि के शरण में जाने का गुण (धर्म, संघ और बुद्धि का सिद्धान्त) का विचार-सिद्धान्त मानव मस्तिष्क में डाला गया।

मानव-10 (AOS: Human-10)

मुख्य-गुण सिद्धान्त - आदर्श मानक सामाजिक व्यक्ति चरित्र समाहित आदर्श मानक वैश्विक व्यक्ति चरित्र अर्थात सार्वजनिक प्रमाणित आदर्श मानक वैश्विक व्यक्ति चरित्र का विचार-सिद्धान्त मानव मस्तिष्क में डालने का मानव-10 (AOS: Human-10) संस्करण (Version) अभी तक का वर्तमान है और वो अन्तिम संस्करण भी है।

उपरोक्त मुख्य मूल संस्करण के उपरान्त अनेक अन्य मनुष्यों (संत, गुरू, माता-पिता, मित्र, सहयोगी, दल, संगठन इत्यादि) द्वारा मनुष्य के संचालन के लिए नया आपरेटिंग सिस्टम संस्करण आते गये और मनुष्य उससे संचालित होते गये। परन्तु उन्हें पता ही नहीं चल पा रहा कि कौन सा संस्करण उनके लिए उपयोगी है।

जैसे आपके आपरेटिंग सिस्टम (Operating System) में अनके सुविधाएँ हैं उसी प्रकार मानव-10 (AOS: Human-10) संस्करण में भी अनेक सुविधाएँ जैसे - काटना (Cut), चिपकाना (Paste), नकल बनाना (Copy), रद्द करना (Delete), सुधारना (Edit), नाम बदलना (Rename), रचना करना (Create), भेजना (Send), पढ़ना (Read), लिखना (Write), वाइरस (Virus), एण्टी-वाइरस (Anti-Virus) इत्यादि हैं।

जिस प्रकार एक रोबोट, वैसे ही रोबोट का निर्माण कर सकता है जैसा कि उसमें साफ्टवेयर डाला गया है उसी प्रकार एक मनुष्य, मनुष्य, वैसे ही मनुष्य का निर्माण कर सकता है जैसा कि उसमें साफ्टवेयर (विचार-सिद्धान्त) डाला गया है।

कुछ भी हो साफ्टवेयर में जितनी अधिक सुविधा, उतना ही वह परिणाम देने में सक्षम। सब कुछ "माइक्रोप्रोसेसर/मस्तिष्क" के साफ्टवेयर पर ही निर्भर होता है। और साफ्टवेयर उतना ही उच्च स्तर का बन सकता है जितना विचार का विस्तार होता है। जितना विचार का विस्तार होता है वह उतना ही व्यापारिक लाभ दे सकता है। जिसके जीवन्त उदाहरण आप हैं।

मनुष्य के संचालन के लिए नया आपरेटिंग सिस्टम मानव-10 (AOS: Human-10) संस्करण ही "विश्वशास्त्र"है। आपके आपरेटिंग सिस्टम साफ्टवेयर से कम्प्यूटर चलता है। मेरे आपरेटिंग सिस्टम मानव-10 (AOS: Human-10) संस्करण से मनुष्य और उसके संगठन चलेंगे। यही योजना है।

मानव-10 (AOS: Human-10) आपरेटिंग सिस्टम निम्नलिखित से युक्त है जो विश्व शान्ति का अन्तिम मार्ग भी है-

1- वैश्विक मानव निर्माण तकनीकी- WCM-TLM-SHYAM.C प्रणाली

S - SATYA (सत्य)

H- HEART (हृदय)

Y- YOG (योग)

A - ASHRAM (आश्रम)

M - MEDITATION (ध्यान)

. - DOT (बिन्दु या डाट या दशमलव या पूर्णविराम)

C - CONCIOUSNESS (चेतना)

2- आदर्श वैश्विक मानव/जन/गण/लोक/स्व/मैं/आत्मा/तन्त्र का सत्य रूप

3- विश्व मानक-शून्य (WS-0) : मन की गुणवत्ता का विश्व मानक श्रृखंला

1. डब्ल्यू.एस. (WS)-0 : विचार एवम् साहित्य का विश्वमानक

2. डब्ल्यू.एस. (WS)-00 : विषय एवम् विशेषज्ञों की परिभाषा का विश्वमानक

3. डब्ल्यू.एस. (WS)-00 : ब्रह्माण्ड (सूक्ष्म एवम् स्थूल) के प्रबन्ध और क्रियाकलाप का विश्वमानक

4. डब्ल्यू.एस. (WS)-0000 : मानव (सूक्ष्म तथा स्थूल) के प्रबन्ध और क्रियाकलाप का विश्वमानक

5. डब्ल्यू.एस. (WS)-00000 : उपासना और उपासना स्थल का विश्वमानक

एकात्मकर्मवाद और विश्व का भविष्य

पिछले वर्षों में भारत के लोकसभा चुनाव में विश्व के सबसे बड़े लोकतन्त्र के मतदाताओं ने ऐसी स्थिति उत्पन्न कर दी जिससे फलस्वरूप स्पष्ट जनादेश किसी भी राजनीतिक दल को प्राप्त न हो सका। राजनीतिक अस्थिारता को दूर करने के लिए कई दलों ने मिलकर सरकार का गठन किया जिससे एक नई संस्कृति की शुरूआत हुई थी और कार्यप्रणाली "न्यूनतम साझा कार्यक्रम" पर आधारित हुई थी। यह न्यूनतम साझा कार्यक्रम वही कार्यक्रम था। जो सरकार बनाने वाले दलों और समर्थन करने वाले दलों के कार्यक्रम में सामान्य था। यह न्यूनतम साझा कार्यक्रम एकात्मकर्मवाद का क्रम संकुचित अर्थात् सूक्ष्म बीज था। न्यूनतम साझा कार्यक्रम जब सम्पूर्ण मानव समाज अर्थात् विश्व स्तर तक उठकर आविष्कृत किया जा तो वह उसी एकात्मकर्मवाद के क्रम संकुचित बीज का विकसित अर्थात् सर्वोच्च स्तर होगा और वह "विश्व व्यवस्था का न्यूनतम एवम अधिकतम साझा कार्यक्रम कहलाएगा।"

जब तक व्यक्ति अपने मन को एकात्मवाद के सर्वोच्च स्तर पर केन्द्रित कर उसे सत्यार्थ करने का प्रयत्न किया तब-तब वह व्यक्ति महापुरूष के रूप में व्यक्त हुए। जबकि औषधि आधारित अर्थववेद में इस एकात्मवाद की उपयोगिता का ज्ञान पहले से ही विद्यमान है। जिसके सम्बन्ध में स्वामी विवेकानन्द जी कहते हैं- "अत: यदि भारत को महान बनाना है, तो इसके लिए आवश्यकता है संगठन की, शक्ति संग्रह की और बिखरी हुई इच्छाशक्ति को एकत्र कर उसमें समन्वय लाने की। अथर्ववेद संहिता की एक विलक्षण ऋचा याद आ गयी जिसमें कहा गया है, "तुम सब लोग एक मन हो जाओ, सब लोग एक ही विचार के बन जाओ। एक मन हो जाना ही समाज गठन का रहस्य है बस इच्छाशक्ति का संचय और उनका समन्वय कर उन्हें एकमुखी करना ही सारा रहस्य है।" (देखें "नया भारत गढ़ो" पृष्ठ संख्या-55) एकात्म भाव के सम्बन्ध में स्वामी जी कहते हैं-"यह भी न भूलना चाहिए कि हमारे बाद जो लोग आएंगे, वे उसी तरह हमारे धर्म और ईश्वर सम्बन्धी धारणा पर हँसेंगे, जिस तरह हम प्राचीन लोगों के धर्म और ईश्वर की धारणा पर हँसते हैं। यह सब होने पर भी, इन सब ईश्वर सम्बन्धित धारणाओं का संयोग करने वाला एक स्वर्ण सूत्र है और वेदान्त का उद्देश्य है-इस सूत्र की खोज करना। भागवान कृष्ण ने कहा है-""भिन्न भिन्न मणियाँ जिस प्रकार एक सूत्र में पिरोयी जा सकती हैं, उसी प्रकार इन सब विभिन्न भावों के भीतर भी एक सूत्र विद्यमान है।" (देखें "ज्ञानयोग", पृष्ठ संख्या-65) और स्वर्ण सूत्र के सम्बन्ध में स्वामी जी कहते हैं-"एक शब्द में वेदान्त का आदर्श है-मनुष्य के सच्चे स्वरूप को जानना।" (देखें "विवेकानन्द राष्ट्र को आह्वान", पृष्ठ सं0-48)। पं0 दीनदयाल उपाध्याय जी की अनुभूति भी एकात्मभाव के सर्वोच्च स्तर पर केन्द्रित थी जिसे "एकात्म मानवतावाद" के रूप में जाना जाता है।

विश्व शान्ति, एकता एवम् विकास के लिए गठित अन्तर्राष्ट्रीय संघ-संयुक्त राष्ट्र संघ के द्वारा धीरे-धीरे स्वास्थ्य, व्यापार, संचार, पर्यावरण इत्यादि को अन्तर्राष्ट्रीय स्तर पर विचार कर उसे स्थापित किया जा रहा है। जो वर्तमान समय में मनुष्य के भविष्य की आवश्यकता है। क्योंकि बढ़ते जनसंख्या के कारण प्रतयेक व्यक्ति के क्रियाकलाप का प्रभाव किसी न किसी रूप में विश्व व्यवस्था पर भी पड़ रहा है। परिणामस्वरूप यह आवश्यक हो गया है कि आने वाली सदी और उसके उपरान्त के समय के लिए "विश्व व्यवस्था का न्यूनतम एवम् अधिकतम साझा कार्यक्रम" का आविष्कार एवम् स्थापना हो। तभी मानव समाज स्वंय को लगातार विकास की ओर अग्रसर करता रह सकता है।

वर्तमान समय में भारत अपने शारीरिक स्वतन्त्रता और संविधान के पचासवें वर्ष को मना चुका है। जिसके सम्बन्ध में उस वर्ष संसद में "पचास वर्ष की उपलब्धियां एवम् आवश्यकता" पर संसद सदस्यों द्वारा विचार प्रस्तुत किये गये। हमारे सामने यह प्रश्न है कि स्वस्थ समाज और स्वस्थ लोकतन्त्र की प्राप्ति किस प्रकार हो? यह तभी सम्भव हो पाएगा, जब "विश्व व्यवस्था का न्यूनतम एवम् अधिकतम साझा कार्यक्रम को आविष्कृत कर उसे विश्व शिक्षा के रूप में स्थापित किया जाय, जिससे प्रत्येक व्यक्ति ही विश्व हो जाय।" शिक्षा के सम्बन्ध में स्वामी विवेकानन्द जी का कहना था कि "शिक्षा का मतलब यह नहीं है कि तुम्हारे दिमाग में ऐसी बहुत सी बातें इस तरह

ठूँस दी जाय जो आपस में लड़ने लगे और तुम्हारा दिमाग उन्हें जीवन भर में हजम न कर सके। जिस शिक्षा से हम अपना जीवन निर्माण कर सकें, मनुष्य बन सकें, चरित्र गठन कर सकें और विचारों का सामन्जस्य कर सकें, वही वास्तव में शिक्षा कहलाने योग्य है। यदि तुम पांच ही भावों को हजम कर तदनुसार जीवन और चरित्र गठन कर सके हो तो तुम्हारी शिक्षा उस आदमी की अपेक्षा वहुत अधिक है, जिसने एक पूरी की पूरी लाइब्रेरी ही कण्ठस्थ कर ली है।" (देखें "भारत में विवेकानन्द", पृष्ठ सं0-252)।

भूमण्डलीकरण या अन्तर्राष्ट्रीयकरण के युग में पिछले वर्षों गेट समझौता (विश्व व्यापार संगठन) द्वारा बाजार का भी अन्तर्राष्ट्रीयकरण किया गया। जिसके परिणामस्वरूप देश के मानक (भारतीय मानक ब्यूरो) से उठकर विश्व मानक (अन्तर्राष्ट्रीय मानकीकरण संगठन) में मानव द्वारा निर्मित उत्पादों का मानकीकरण होने लगा। इस प्रकार औद्योगिक इकाइयों को वाह्य विषयों के निर्माण की गुणवत्ता का आई0 एस0 ओ0-9000 श्रृंखला तेजी से प्रदान की जाने लगी। इस श्रृंखला की तेजी से सफलता एवं उत्पादों के उपयोग की मानसिकता तभी तक बनीं रह सकती है। जब समाज, संगठन एवं मानव द्वारा निर्माण किये जा रहे मानव मन की गुणवत्ता की श्रृंखला आई0 एस0 ओ0-शून्य श्रृंखला को स्थापित किया जाय अर्थात् अन्त-विषय मानव मन में स्थापित किया जाय। यह मन की गुणवत्ता का मानक या विश्वमन या आई0 एस0 ओ0-शून्य श्रृंखला ही "विश्व व्यवस्था का न्यूनतम एवं अधिकतम साझा कार्यक्रम" होगा।

प्रश्न यह है कि सेक्युलर अर्थात् धर्म निरपेक्ष या सर्वधर्मसमभाव भारतीय संविधान के समर्थन में "अथर्ववेद का एकमन","कृष्ण का एक सूत्र","वेदान्त का उद्देश्य-स्वर्ण सूत्र","स्वामी विवेकानन्द का एक शब्द एवं पाँच भाव" एवं "पं0 दीनदयाल उपाध्याय का एकात्म मानवतावाद" को किस प्रकार अविष्कृत एवं सत्यार्थ किया जाये क्योंकि ये सभी धर्मयुक्त नाम हैं। अर्थात् भारतीय संविधान के अनुसार अयोग्य है। अर्थात् इस अविष्कार का प्रत्येक नाम धर्मनिरपेक्ष एवं सर्वधर्मसमभाव नाम युक्त होना चाहिए।

लव कुश सिंह "विश्वमानव" द्वारा इस सम्बन्ध में अधिक स्पष्ट कहा गया है-"यदि तुम समग्र जगत के ज्ञान से पूर्ण होना चाहते हो तो पाँच भाव-विचार एवं साहित्य, विषय एवं विशेषज्ञ, ब्रह्माण्ड (स्थूल एवं सूक्ष्म) के प्रबन्ध और क्रियाकलाप, मानव (स्थूल एवं सूक्ष्म) के प्रबन्ध और क्रियाकलाप तथा उपासना स्थल का सामंजस्य कर एक मुखी कर लो। यही समग्र जगत का ज्ञान है, भविष्य है, रहस्य है, पूर्ण ज्ञान है, समाज गठन है, पुस्तकालय के ज्ञान से सर्वोच्च है।" विचार के सम्बन्ध में कहा गया है- "यह अद्वैत (एकत्व) ही धर्मनिरपेक्ष है, सर्वधर्मसमभाव है। वेदान्त तथा मानव का सर्वोच्च दर्शन है। जहाँ से मानव विशिष्टाद्वैत, द्वैत एवं वर्तमान में मतवाद के मानसिक गुलामी में गिरा है परन्तु मानव पुन: इसी के उल्टे क्रम से उठकर अद्वैत में स्थापित हो जायेगा। तब वह धर्म में स्थापित एवं विश्वमन से युक्त होकर पूर्ण मानव अर्थात् ईश्वरस्थ मानव को उत्पन्न करेगा।" साहित्य के सम्बन्ध में कहा गया है कि-"मानव एवं प्रकृति के प्रति निष्पक्ष, संतुलित एवं कल्याणार्थ कर्म ज्ञान के साहित्य से बढ़कर आम आदमी से जुड़ा साहित्य कभी भी आविष्कृत नहीं किया जा सकता। यही एक विषय है जिससे एकता, पूर्णता एवं रचनात्मकता एकात्म भाव से लाई जा सकती है। संस्कृति से राज्य नहीं चलता कर्मज्ञान से राज्य चलता है। संस्कृति तभी तक स्वस्थ बनी रहती है जब तक पेट में अन्न हो, व्यवस्थाएं सत्य-सिद्धान्त युक्त हों, दृष्टि पूर्ण मानव निर्माण पर केन्द्रित हो। संस्कृति कभी एकात्म नहीं हो सकती लेकिन रचनात्मक दृष्टिकोण एकात्म होता है जो कालानुसार कर्मज्ञान और कर्म है। अदृश्य काल में अनेकात्म तथा दृश्य काल में एकात्म कर्म ज्ञान अर्थात् एकात्म रचनात्मक दृष्टिकोण होता है यही कर्म आधारित भारतीय संस्कृति है जो प्रारम्भ में भी था और अन्त में पुन-स्पष्ट हो रहा है यही सभी संस्कृतियों का मूल भी है।" काल के सम्बन्ध में कहा गया है- "जब व्यष्टिमन की शान्ति अन्त: विषयों जो सिर्फ अदृश्य विषय मन द्वारा ही प्रमाणित होता है, पर केन्द्रित होती है तो उसे व्यष्टि अदृश्य काल कहते हैं तथा जब व्यष्टि मन की शान्ति दृश्य विषयों अर्थात् वाह्य विषयों, जो सार्वजनिक रुप से प्रमाणित है पर केन्द्रित होता है तो उसे व्यष्टि दृश्यकाल कहते हैं इसी प्रकार सम्पूर्ण समाज का मन जब अदृश्य विषयों पर केन्द्रित होती है तो उसे समष्टि अदृश्य काल कहते हैं तथा जब सम्पूर्ण समाज का मन जब दृश्य विषयों पर केन्द्रित होता है तो उसे समष्टि दृष्यकाल कहते हैं" कर्म ज्ञान के सम्बन्ध में कहा गया है कि-"व्यक्ति जब सम्पूर्ण समष्टि अदृश्य काल में हो तो उसे अदृश्य कर्मज्ञान के अनुसार तथा

जब सम्पूर्ण समष्टि दृश्य काल में हो तो उसे दृश्य कर्मज्ञान के अनुसार कर्म करने चाहिए तभी वह ब्रह्माण्डीय विकास के लिए धर्मयुक्त या एकता बद्ध होकर कार्य करेगा।" स्वर्ण सूत्र के सम्बन्ध में कहा गया है कि-"मानक अर्थात् आत्मा अर्थात् सत्य-धर्म-ज्ञान स्थिर रहता है लेकिन मन को इस ओर लाने वाले सूत्र भिन्न-भिन्न होंगे क्योंकि जो उत्पन्न है वह स्थिर नहीं है। अदृश्य काल में यह सूत्र अनेक होंगे लेकिन दृश्य काल के लिए हमेशा एक ही होगा क्योंकि वह सार्वजनिक प्रमाणित होगा।" स्वर्ण सूत्र के गुण के सम्बन्ध में कहा गया है कि- "अतः यदि भारत को महान बनना है, विश्वगुरु बनाना है, भारतीय संविधान को विश्व संविधान में परिवर्तित करना है तो एकात्मकर्मवाद पर आधारित दृश्य काल के लिए एक शब्द चाहिए जो परिचित हो, केवल उसकी शक्ति का परिचय कराना मात्र हो, स्वभाव से हो, स्थिर हो, समष्टि हो, दृश्य हो, सम्पूर्ण हो, विवादमुक्त हो, विश्वभाषा में हो, आध्यात्मिक एवं भौतिक कारण युक्त हो, सभी विश्वमन के तन्त्रों, व्यक्ति से संयुक्त राष्ट्र संघ के सच्चे स्वरुप एवं विश्व के न्यूनतम एवं अधिकतम साझा कार्यक्रम को प्रक्षेपित करने में सक्षम हो, मानव एवं प्रकृति के विकास में एक कड़ी के रुप में निर्माण के लिए सक्षम हो, मानव एवं प्रकृति के विकास के कल्याणार्थ, निष्पक्ष, सर्वोच्च दृश्य ज्ञान व दृश्य कर्म ज्ञान का संगम हो अदृश्य काल के विकास के सात चक्रों (पाँच अदृश्य कर्म चक्र एवं दो अदृश्य ज्ञान कर्म चक्र जो सभी सम्प्रदायों और धर्मों का मूल है) को दृश्य काल के सात चक्रों (पाँच दृश्य कर्म चक्र, एक दृश्य ज्ञान कर्म चक्र और एक अदृश्य ज्ञान कर्म चक्र) को प्रक्षेपित करने में सक्षम हो, को स्थापित करना पड़ेगा। यह भारत सहित नव विश्व निर्माण का सूत्र है, अन्तिम रास्ता है और उसका प्रस्तुतीकरण प्रथम प्रस्तुतीकरण होगा।" जिसके सम्बन्ध में स्वामी विवेकानन्द जी ने कहा था कि "हिन्दू भावों को अंग्रेजी में व्यक्त करना, फिर शुष्क दर्शन, जटिल पौराणिक कथाएँ और अनूठे आश्चर्यजनक मनोविज्ञान से ऐसे धर्म का निर्माण करना, जो सरल, सहज और लोकप्रिय हो और उसके साथ ही उन्नत मस्तिष्क वालों को संतुष्ट कर सके, इस कार्य की कठिनाइयों को वे ही समझ सकते हैं, जिन्होंने इसके लिए प्रयत्न किया हो। अद्वैत के गुढ़ सिद्धान्त में नित्य प्रति के जीवन के लिए कविता का रस और जीवनदायिनी शक्ति उत्पन्न करनी है। अत्यन्त उलझी हुई पौराणिक कथाओं में से जीवन प्रकृत चरित्रों के उदाहरण समूह निकालने हैं और बुद्धि को भ्रम में डालने वाली योगविद्या से अत्यन्त वैज्ञानिक और क्रियात्मक मनोविज्ञान का विकास करना है और इन सब को एक ऐसे रुप में लाना पड़ेगा कि बच्चा-बच्चा इसे समझ सके। (पत्रावली, पृष्ठ-425)"। वर्तमान समय में विवादास्पद शब्द "सेक्युलर" को स्पष्ट करते हुए लव कुश सिंह "विश्वमानव" द्वारा कहा गया है कि-"जब सभी सम्प्रदायों को धर्म मानकर हम एकत्व की खोज करते हैं तब दो भाव उत्पन्न होते हैं। पहला-यह कि सभी धर्मों को समान दृष्टि से देखें तब उस एकत्व का नाम सर्वधर्मसमभाव होता है। दूसरा-यह कि सभी धर्मों को छोड़कर उस एकत्व को देखें तब उसका नाम धर्मनिरपेक्ष होता है। जब सभी सम्प्रदायों को सम्प्रदाय की दृष्टि से देखते हैं तब एक ही भाव उत्पन्न होता है और उस एकत्व का नाम धर्म होता है। इन सभी भावों में हम सभी उस एकत्व के ही विभिन्न नामों के कारण विवाद करते हैं अर्थात् सर्वधर्मसमभाव, धर्मनिरपेक्ष एवं धर्म विभिन्न मार्गों से भिन्न-भिन्न नाम के द्वारा उसी एकत्व की अभिव्यक्ति है। दूसरे रुप में हम सभी सामान्य अवस्था में दो विषयों पर नहीं सोचते, पहला-वह जिसे हम जानते नहीं, दूसरा-वह जिसे हम पूर्ण रुप से जान जाते हैं। यदि हम नहीं जानते तो उसे धर्मनिरपेक्ष या सर्वधर्मसमभाव कहते हैं जब जान जाते हैं तो धर्म कहते हैं। इस प्रकार आई0 एस0 ओ0-शून्य श्रृंखला उसी एकत्व का धर्मनिरपेक्ष एवं सर्वधर्मसमभाव नाम तथा कर्मवेद-प्रथम, अन्तिम तथा पंचमवेदीय श्रृंखला उसी एकत्व का धर्मयुक्त नाम है तथा इन समस्त कार्यों को सम्पादित करने के लिए जिस शरीर का प्रयोग किया जा रहा है उसका धर्मयुक्त नाम-लव कुश सिंह है तथा धर्मनिरपेक्ष एवं सर्वधर्मसमभाव सहित मन स्तर का नाम विश्वमानव है जब कि मैं (आत्मा) इन सभी नामों से मुक्त है।"

विचार प्रसार एवं विचार स्थापना के लिए कहा गया है कि-"विचार प्रसार एवं विचार स्थापना में एक मुख्य अन्तर है। विचार प्रसार, विचाराधीन होता है। वह सत्य हो भी सकता है और नहीं भी हो सकता परन्तु विचार स्थापना सत्य होता है। विचार स्थापना में नीति प्रयोग की जाती है जिससे उसका प्रभाव सत्य के पक्ष में बढ़ता रहता है और यह विचार स्थापक एवं समाज पर निर्भर करता है जबकि विचार प्रसार में किसी नीति का प्रयोग नहीं होता है जिससे उसका प्रभाव पक्ष पर एवं विपक्ष दोनों ओर हो सकता है और वह सिर्फ समाज के उपर निर्भर करता है।"

इस प्रकार एकात्मकर्मवाद सत्य अर्थों में प्राच्य एवं पाश्चात्य, समाज एवं राज्य, धर्म, धर्मनिरपेक्ष एवं सर्वधर्मसमभाव की एकता के साथ स्वस्थ लोकतन्त्र, स्वस्थ समाज, स्वस्थ उद्योग, नैतिक उत्थान, विश्व व्यवस्था, विश्वएकता, विश्व शान्ति, विश्व विकास, विश्व के भविष्य और उसके नवनिर्माण का प्रथम माडल है जो वर्तमान समाज की आवश्यकता ही नहीं अन्तिम मार्ग है।

विश्व का मूल मन्त्र-
"जय जवान-जय किसान-जय विज्ञान-जय ज्ञान-जय कर्मज्ञान"

प्रगतिशील मानव समाज में मानव का विकास जैसे-जैसे होता गया उसके परिणामस्वरूप विभिन्न सामाजिक-असामाजिक विषय क्षेत्रों का भी विकास होता गया। समाज में प्रत्येक विषय क्षेत्रों की एक महत्वपूर्ण भूमिका है। जिसमें किसी भी क्षेत्र को पूर्ण रूप में महत्वहीन नहीं कह सकते न ही पूर्ण रूप से महत्वपूर्ण कह सकते है। क्योंकि क्षेत्र कोई भी हो मानव की अपनी दृष्टि ही उसके उपयोग और दुरूपयोग से उस क्षेत्र को महत्वहीन, महत्वपूर्ण या सामाजिक-असामाजिक रूप में निर्धारण करती है। इसलिए मानव की दृष्टि जब तक विषय क्षेत्र के गुण, अर्थ, उपयोगिता और दुरूपयोगिता के ज्ञान पर केन्द्रीत नहीं होगी तब तक किसी भी क्षेत्र को निश्चित रूप से पूर्ण-महत्वपूर्ण निर्धारण कर पाना असम्भव है। यहाँ यह कहा जा रहा है कि वाह्य विषय क्षेत्र चाहे कोई भी हो वह मूलत: मानव द्वारा ही संचालित, आविष्कृत, नियमित और स्थापित की जाती है। इसलिए मानव का ज्ञान और कर्मज्ञान ही प्रत्येक विषय क्षेत्र की उपयोगिता और दुरूपयोगिता का निर्धारण करता है।

प्रत्येक विषय का विकास सतत होता रहता है। आज हम जो कुछ भी उत्पाद व्यावहार में देखते है वह और यहाँ तक कि मानव का निर्माण भी एक लम्बे प्रक्रिया, सुधार, परीक्षण, रखरखाव इत्यादि का ही परिणाम है। सतत विकास के परिणामस्वरूप ही वह अपनी पूर्णता और अन्तिम स्वरूप को प्राप्त होता है। भारत के विकास का मूल मन्त्र भी विकास की प्रक्रिया को पार करते हुऐ अपने पूर्ण और अन्तिम स्वरूप में व्यक्त हो चुका है। भारत के पूर्ण मूलमन्त्र के स्वरूप का बीज भूतपूर्व प्रधानमन्त्री स्व0 लाल बहादुर शास्त्री ने "जय जवान-जय किसान" का नारा देकर किये। यह बीज समयानुसार भारत की मूल आवश्यकता थी, जो आज भी है और आगे भी रहेगी। यहाँ से भारत के मूलमन्त्र के स्वरूप का विकास प्रारम्भ होता है। मई 1998 में परमाणु बम परीक्षण के उपरान्त प्रधानमंन्त्री श्री अटल बिहारी बाजपेयी ने इस मूलमंन्त्र के स्वरूप के विकास क्रम में "जय विज्ञान" जोड़कर मूलमन्त्र के स्वरूप को "जय जवान-जय किसान-जय विज्ञान" के रूप में प्रस्तुत किये। जो समयानुसार आज की आवश्यकता है। जो आगे भी रहेगी।

"जय जवान-जय किसान-जय विज्ञान" तक ही भारत के मूलमन्त्र का पूर्ण विकसित अर्थात् अन्तिम स्वरूप नहीं है क्योंकि जवान-किसान-विज्ञान तीनों स्थान पर मानव ही बैठा है इसलिए मूलमन्त्र के स्वरूप में जब तक मानव के निर्माण का सूत्र नहीं होगा तब तक मूलमन्त्र का स्वरूप भी पूर्ण नहीं हो सकता। इसी कमी को पूर्ण कर पूर्णता प्रदान करने के लिए "विश्व-बन्धुत्व","वसुधैव-कुटुम्बकम्", "बहुजन हिताय-बहुजन सुखाय","एकात्म मानवतावाद" की स्थापना के लिए एकात्मकर्मवाद आधारित सार्वभौम सत्य-सिद्धान्त (धर्मयुक्त नाम-कर्मवेद-प्रथम, अन्तिम तथा पंचमवेदीय श्रृंखला अर्थात् धर्मनिरपेक्ष-सर्वधर्मसम्भाव नाम-विश्वमानक-शून्य श्रृंखला-मन की गुणवता का विश्व मानक) का आविष्कार कर "जय ज्ञान-जय कर्मज्ञान" को जोड़कर भारत के मूलमन्त्र को पूर्ण और अन्तिम स्वरूप-"जय जवान-जय किसान-जय विज्ञान-जय ज्ञान-जय कर्मज्ञान" को व्यक्त किया गया है। जो समयानुसार आज की आवश्यकता है जो आगे भी रहेगी। चूँकि भारत का सर्वोच्च और अन्तिम व्यापक रूप ही विश्व है। अर्थात् भारत ही विश्व है और विश्व ही भारत है। इसलिए यह मूलमन्त्र भारत का ही नहीं सम्पूर्ण विश्व का अन्तिम मूलमन्त्र है।

"ज्ञान" जिससे हम अपने विचारों को एकता-समभाव-बन्धुत्व-धैर्य रूप में प्रस्तुत करने में सक्षम होते हैं। जैसा कि मई 1998 में भारत ने परमाणु बम परीक्षण के उपरान्त उठे विश्वव्यापी विवाद को समाप्त करने के लिए "ज्ञान" का प्रयोग कर अपने विचारों की समभाव रूप में विश्व में समक्ष रखने में सफल हुआ। "कर्मज्ञान" जिससे हम समभाव में स्थित हो कर्म करते है। अर्थात् ईश्वरत्व भाव से उपलब्ध संसाधनों पर आधारित हो कर्म करते हैं। "ज्ञान" से हम सिर्फ एकता-समभाव-बन्धुत्व-धैर्य की भाषा बोल सकते हैं जबकि "कर्मज्ञान" से कार्य करते हुए एकता-समभाव-बन्धुत्व-धैर्य की भाषा बोल सकते है। "ज्ञान" यथावत् स्थिति बनाये रखते हुए शान्ति का प्रतीक है। तो "कर्मज्ञान" विकास करते हुये शान्ति बनाये रखने का प्रतीक है। ज्ञानावस्था में कर्म प्राकृतिक चेतना अर्थात् शुद्धरूप से वर्तमान स्थिति में प्राथमिकता से कर्म करना, के अन्तर्गत होता है जबकि कर्मज्ञानावस्था में कर्म प्राकृतिक चेतना समाहित सत्य चेतना अर्थात् भूतकाल का अनुभव, भविष्य की आवश्यकता के साथ प्राथमिकता के साथ वर्तमान में कार्य करना, के अन्तर्गत होता है। वर्तमान और भविष्य की आवश्यकताओं को देखते हुऐ मात्र "ज्ञान" से ही अब विकास सम्भव नहीं है। क्योंकि यह अवस्था "नीतिविहीन" अवस्था है। अब "नीतियुक्त" अवस्था कर्मज्ञानावस्था की आवश्यकता है। जिसके अभाव के कारण ही संसाधनों के होते हुये भी बेरोजगारी, अपराधों का विकास, विखण्डन इत्यादि विनाशक स्थिति उत्पन्न हो रही है। इस कर्मज्ञान का आविष्कार सम्पूर्ण विश्व के मानवजाति के लिए महानतम उपलब्धि हैं।

भाग-6
परिवर्तन

सीधी समझ

नये भारत में, नये मनुष्य के उदय के लिए

व्यवस्था के परिवर्तन या सत्यीकरण का पहला प्रारूप और उसकी कार्य विधि

वे शब्द जिसके बिना युग परिवर्तन सम्भव नहीं

उपाधियाँ मिलती है- पीएच0 डी0, डी0 लिट0 और डी0 फिल0 और उनका बड़ा सम्मान होता है। उनका काम क्या है? उनका काम यह है कि वे तय करते हैं कि गोरखनाथ कब पैदा हुए थे। कोई कहता है दसवीं सदी के अंत में, कोई कहता है ग्यारहवीं सदी के प्रारम्भ में। इस पर बड़ा विवाद चलता है। बड़े-बड़े विश्वविद्यालयों के ज्ञानी सिर खपा कर खोज में लगे रहते हैं। शास्त्रों की, प्रमाणों की, इसकी, उसकी। उनकी पूरी जिन्दगी इसी में जाती है। इससे बड़ा अज्ञान और क्या होगा? गोरख कब पैदा हुए, इसे जानकर करोगे क्या? इसे जान भी लिया तो पाओगे क्या? गोरख न भी पैदा हुए, यह भी सिद्ध हो जाये, तो भी क्या फायदा? हुए हों या न हुए हों, अर्थहीन है। गोरख ने क्या जिया उसका स्वाद लो। इसलिए तुम्हारे विश्वविद्यालय ऐसी व्यर्थता के कामों में संलग्न हैं कि बड़ा आश्चर्य होता है कि इन्हें विश्वविद्यालय कहो या न कहो। इनका काम ही........तुम्हारे विश्वविद्यालय में चलने वाली जितनी शोध है, सब कूड़ा-करकट है।

-आचार्य रजनीश "ओशो"

(अक्टुबर व नवम्बर 1978 में दिये गये प्रवचन का अंश)

FINAL KNOWLEDGE BOMB BLAST

AFTER FIRST NOBEL DISCOVERY OF ZERO BY INDIA AGAIN ZERO BASED FINAL DISCOVERY

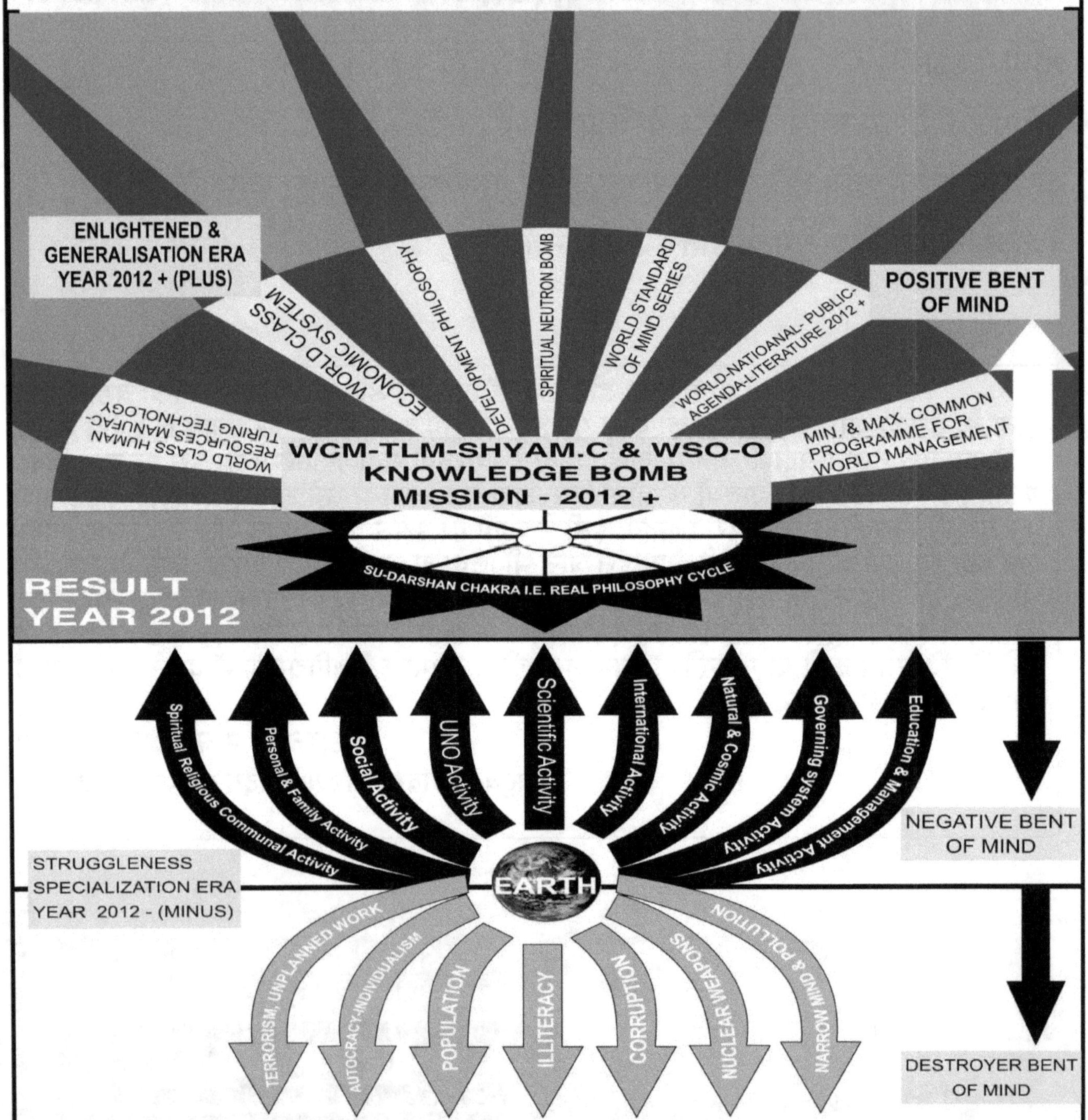

मैकाले शिक्षा पद्धति हम बदल नहीं सकते लेकिन अलग से "सत्य मानक शिक्षा" ग्रहण तो कर सकते हैं।

सरकारी पाठ्यक्रम बनाम नीजी पाठ्यक्रम / सार्वभौम आत्मीय पाठ्यक्रम / ईश्वरीय पाठ्यक्रम

ज्ञान के इस युग में ज्ञान की ओर चलें

FINAL KNOWLEDGE BOMB BLAST

यह चित्र **"FINAL KNOWLEDGE BOMB BLAST"** एक गहन वैचारिक मानचित्र है, जो मानव चेतना, ज्ञान, दर्शन और वैश्विक व्यवस्था के परिवर्तन को प्रतीकात्मक रूप में प्रस्तुत करता है।

इसमें यह दिखाया गया है कि वर्ष 2012 को एक *युग-संधि* के रूप में देखा गया है- जहाँ संघर्ष, विशेषज्ञता और विखंडन (2012–minus) से निकलकर मानवता को प्रबोधन, सामान्यीकरण और समन्वय (2012–plus) की ओर बढ़ना है।

चित्र के केंद्र में **WCM–TLM–SHYAM.C & WSO-O Knowledge Bomb Mission** और **सु-दर्शन चक्र (Real Philosophy Cycle)** को रखा गया है, जो यह संकेत देता है कि वास्तविक परिवर्तन शस्त्रों से नहीं, बल्कि दर्शन, विवेक और समग्र ज्ञान से आता है। ऊपर की ओर उठती संरचना *Positive Bent of Mind* को दर्शाती है, जहाँ विश्व-स्तरीय सोच, आध्यात्मिक दर्शन, मानवीय मूल्य, वैश्विक एजेंडा और कॉमन प्रोग्राम के माध्यम से मानव चेतना का विस्तार होता है।

चित्र के निचले भाग में पृथ्वी को केंद्र बनाकर मानव गतिविधियों-आध्यात्मिक, सामाजिक, वैज्ञानिक, अंतरराष्ट्रीय, शैक्षिक और प्रशासनिक-को दर्शाया गया है, जो यदि संतुलित हों तो उन्नति का मार्ग बनती हैं, और यदि असंतुलित हों तो *Negative* तथा *Destroyer Bent of Mind* की ओर ले जाती हैं।

वहीं नीचे की ओर गिरते तीर आतंकवाद, तानाशाही, जनसंख्या विस्फोट, अशिक्षा, भ्रष्टाचार, परमाणु खतरे और संकीर्ण सोच जैसे विनाशकारी तत्वों का प्रतिनिधित्व करते हैं। समग्र रूप से यह चित्र यह संदेश देता है कि वर्तमान युग में मानवता के सामने विकल्प स्पष्ट है-या तो संकीर्ण, नकारात्मक और विनाशकारी सोच, या फिर **"ज्ञान आधारित सार्वभौमिक दर्शन"** के माध्यम से पृथ्वी और मानव सभ्यता का संतुलित, शांतिपूर्ण और प्रबुद्ध भविष्य।

सीधी समझ

बड़ा वट वृक्ष (Big Banyan Tree), सैकड़ों वर्ष पुराना एक विशाल क्षेत्र में फैला वट वृक्ष है। जिसका मूल वृक्ष अब अस्तित्व में नहीं है उसके तनों से निकले सैंकड़ों जड़ वर्तमान में स्वयं एक वृक्ष, फिर उनके तनों से निकले सैंकड़ों जड़ भी वर्तमान में एक-एक वृक्ष के रूप में स्थापित हैं और सभी एक-दूसरे से जुड़े हुये हैं, बस जो नहीं है, वह है मूल वृक्ष। इस प्रकार सम्पूर्ण वृक्ष परिवार एक बड़े क्षेत्र में फैल चुका है और निरन्तर जारी भी है। प्रत्येक स्वयं स्वतन्त्र वृक्ष के रूप में स्थापित वृक्ष का अपने परिवार के रूप में तना, पत्ता, फूल और फल सब निकलते रहते हैं और जिसे जहाँ अर्थात् नजदीकी स्रोत से सुविधा अर्थात् खुराक मिल सकता हैं वहाँ से प्राप्त करते हुये विकास कर रहे हैं। इस कार्य में आपस में कोई विवाद नहीं है। कोई किसी पर अधिपत्य जमाना नहीं चाहता, ना ही अन्य के विकास में कोई बाधा पहुँचाता है। जिसको जिस ओर उचित वातावरण मिलता जाता है, उस ओर वह विकास कर रहा है। कुल मिलाकर स्व प्रेरित सुशासन की भाँति संचालित है। इस वट वृक्ष के सबसे बाद अर्थात् वर्तमान के तनों-पत्तों के लिए उसका जन्मदाता व पालनकर्ता के रूप में उसका नजदीकी जड़ ही है इसलिए उसकी कथा-कहानी वहीं से शुरू होती है और वहीं तक उसका ज्ञान है जो एक संकुचित और सीमित ज्ञान है। वह पूर्ण को नहीं जान रहा, उसका पूर्णत्व, सार्वभौम पूर्णत्व नहीं बल्कि सीमित पूर्णत्व है। सीमित पूर्णत्व में भी वह आनन्द में हैं और विकासशील है। उसका विकास होना सार्वभौम का ही विकास होना है परन्तु उसे उसका ज्ञान नहीं है और वह उस सार्वभौम के विकास में अपने योगदान को करते हुये भी स्वयं को गौरवान्वित नहीं अनुभव कर रहा है। सार्वभौम से युक्त होने के बाद भी उसे अपने परिवार से ही जुड़ा रहना उसकी विवशता भी है और इसके अलावा कोई अन्य मार्ग भी नहीं हैं। उसके सार्वभौम का मार्ग भी उसके अपने परिवार के ही मार्ग से होकर जाता है। वृक्ष के साथ यह मजबूरी भी है कि क्योंकि वह स्थिर है इसलिए उसका छोटा परिवार केवल पड़ोस तक के ही दायरे के सम्पर्क में है। दूसरे छोर के परिवार का क्या हाल है उसे कुछ नहीं पता।

हे मानवों, ये संसार भी उपरोक्त वट वृक्ष के सामन ही फैला हुआ है। परन्तु उस भाँति विकास नहीं कर रहा है। मनुष्य के अन्दर बीमारी की भाँति अधिकतम "शक्ति और लाभ (पावर और प्राफिट)" की दौड़ ने उसे अधिपत्य, अत्याचार, दूसरे को दबाना इत्यादि से युक्त कर दिया है। और जो इस दौड़ में नहीं हैं वे सीमित पूर्णत्व में आनन्द के साथ विकासशील हैं। उन्हें और भी तेज विकास की इच्छा है परन्तु उनके बुद्धि का दायरा ही सीमित है इसलिए उन्हें मार्ग नहीं मिल रहा है। यदि उनको मार्ग भी मिल रहा हो तो वट वृक्ष की भाँति उसके नजदीकी जन्मदाता ने उसे यह बता रखा है कि जब उस सार्वभौम का मार्ग मेरे ही रास्ते से जाता है तो जो मैं कह रहा हूँ उसे करो। और इसके लिए वे अपने परिवार के लिए अनेक प्रकार की प्रणाली दे रखे हैं। जबकि ये प्रणाली देने वाले उनके नजदीकी जन्मदाता स्वयं कहाँ से आये हैं स्वयं उन्हे भी नहीं पता। क्योंकि वे स्वयं भी उस वट वृक्ष के खो गये मूल जड़ की तरह अपने मूल जड़ को नहीं जानते। वे भी अपने नजदीकी जन्मदाता का ही अनुसरण कर रहे होते हैं। ये प्रणालीयाँ अनेक प्रकार की हैं उदाहरणस्वरूप कुछ मुख्य निम्नवत् हैं-

1 उनके द्वारा प्रस्तुत कुछ पुस्तकें होती हैं जिन्हें नियमानुसार प्रतिदिन पढ़ना होता है। पढ़ने के पूर्व शुद्धता की भी प्रक्रिया अनिवार्य होती है अन्यथा पुस्तकें परिणाम नहीं दे पायेंगी, ये भी शर्त होती हैं।

2 उनके द्वारा भोजन से सम्बन्धित कुछ नियम बना दिये जाते हैं कि क्या खाना है और क्या नहीं खाना है।

3 उनके द्वारा कोई मन्त्र दे कर उसे नियमानुसार जपने के लिए दे दिया जाता है।

4 उनके द्वारा किसी यन्त्र-तन्त्र द्वारा समस्या मुक्ति का उपाय बता दिया जाता है।

5 उनके द्वारा किसी विशेष प्रकार के रंग और ढ़ग के वस्त्र निर्धारित कर दी जाती है जिससे उनकी पहचान एक अलग रूप में हो। अर्थात् समाज का एक और विभाजन कर उसे प्रस्तुत कर देते हैं।

सामान्य रूप से सभी द्वारा अनिवार्य रूप से ये भी निर्धारित कर दी जाती है कि किसी दूसरे के नियमों को न तो जानना है, न सुनना है, न पढ़ना है और न ही उसमें शामिल होना है। अर्थात् एक गतिशील प्राणी मनुष्य को जिसे सदैव श्रेष्ठ से, श्रेष्ठतम और सर्वोच्च तक उठने-विकास करने के लिए निर्मित किया गया था, उसे एक सीमित

दायरे में बुद्धिबद्ध कर दिया गया। मनुष्य जिसका निर्माण अपनी मस्तिष्क को असीम क्षमता को विकसित कर ईश्वर रूप में व्यक्त होना था, उसे जड़ (स्थिर) बना दिया गया।

हे मानवों, मनुष्यों की सबसे बड़ी कमजोरी "स्वयं में गुणों का विकास कर स्वयं बन जाने या हो जाने" में नहीं बल्कि "पाने" की इच्छा है। इस पाने की इच्छा की कमजोरी का परिणाम ही है उपरोक्त अनेक प्रकार के बुद्धिबद्ध करने की विधियाँ।

हे मानवों, उपरोक्त के पृष्ठभूमि में उनका उद्देश्य केवल अपने स्वार्थ की पूर्ति के सिवाय कुछ नहीं होता। क्योंकि मार्गदर्शक या प्रेरक या शिक्षक का उद्देश्य स्वयं से श्रेष्ठ मानव का निर्माण होता है न कि सदैव जीवन भर एक ही प्रणाली या प्रक्रिया या कक्षा में पढ़ते-दुहराते रहने के लिए विवश करना। उपरोक्त के पृष्ठभूमि में शारीरिक-आर्थिक-मानसिक शोषण का ही कार्य विभिन्न प्रकार से चल रहा है। कोई अपने कृषि कार्य को मुफ्त में हल करवा रहा है, तो कोई अपने नाम के उत्पादों को सिर्फ उन्हें ही खरीदने के लिए बुद्धिबद्ध कर दिया है।

हे मानवों, इन सबको आस्था का व्यापार कहते हैं। जबकि मैं देख रहा हूँ कि प्रत्येक संस्कारित करने की क्रिया जो उस काल के लिए आस्था का विषय था। उसके अगले काल के लिए संस्कारित करने की नयी क्रिया उपलब्ध हो जाने के बावजूद, मानव शरीर पिछले काल के संस्कारित करने वाली क्रिया के प्रति आस्था रखते हुये मूर्खता का स्पष्ट प्रदर्शन कर रहा है। सभी कालों में, सभी संस्कारित करने की क्रियाओं में मैं (सार्वभौम आत्मा) ही आस्था का विषय था परन्तु क्रिया के प्रति आस्था रखना मूर्खता का स्पष्ट प्रमाण ही तो है। चाहे वह व्यक्तिगत इच्छा से हो या सामाजिक प्रदर्शन की इच्छा से। इन समस्त संस्कारित करने के क्रिया के पीछे जो रहस्य आज तक गोपनीय था उसे मैंने तुम्हारें समक्ष सार्वजनिक प्रकाशित कर दिया है। अब कुछ भी गोपनीय नहीं। बावजूद इसके प्रत्येक मनुष्य अपनी मूर्खता रूपी आस्था को प्रदर्शित करने के लिए स्वतन्त्र है। परन्तु वह मुझ (सार्वभौम आत्मा) को प्राप्त नहीं कर सकता। हे मानवों, ईश्वर बहुमत से नहीं निर्धारित किया जाता इसलिए ही उसे अनिवर्चनीय कहा गया है। किसी भी वस्तु के प्रति आस्था के विकास से और समस्त मानवों को उसके प्रति आस्थावान् बना देने से वह वस्तु गुण प्रकट कर वैसा नहीं बन सकती जैसा आप उम्मीद करते हो।

हे मानवों, एक तरह से देखा जाये तो उपरोक्त व्यवस्था से कोई समस्या है ही नहीं क्योंकि जिसकी इच्छा जहाँ से पूर्ति हो रही है और विकास का मार्ग मिल रहा है, वह वहाँ से जुडा हुआ है। इसलिए मानव सभ्यता पर आया यह दसवाँ और अन्तिम संकट, संकट होते हुये भी संकट जैसा नहीं दिखता। इस व्यवस्था से हमें कोई समस्या भी नहीं है। समस्या ये है कि धर्म को जिस उद्देश्य के लिए निर्मित किया गया था वही धर्म, संकट में है। यह धर्म ही उस वट वृक्ष का मूल है, सार्वभौम है, समष्टि है। इसके ज्ञान से युक्त दोनों को अर्थात् विशाल संसार रूपी वट वृक्ष के छोटे-छोटे परिवार के नेतृत्वकर्ता मुखिया सहित उसके सदस्यों को होना आवश्यक है। तभी परिवार के नेतृत्वकर्ता मुखिया द्वारा बनाये गये उपरोक्त प्रणाली-नियम परिणाम-फल दे पायेंगे जिसकी इच्छा परिवार के सदस्य करते हैं।

हमारी उत्पत्ति ज्ञान से हुई है। जिन्हें ज्ञान है वही अपने आप को संघर्ष में पाते हैं और सर्वश्रेष्ठता के लिए कर्मशील हैं। शेष सभी तो प्रकृति के अनुसार आते-जाते रहते हैं। इस ज्ञान को ही ब्रह्म (सार्वभौम एकात्म ज्ञान) कहते हैं। देवता रूप में इस ज्ञान को ब्रह्मा के रूप में प्रक्षेपित किया गया है। यह ज्ञान जिस-जिस अंगो द्वारा प्राथमिकता से अनुभव में आता है उतने प्रकार के मानव अपने-आप को उत्पन्न समझते हैं।

पुराण रचनाकार महर्षि व्यास ने ब्रह्मा अर्थात ज्ञान के पुत्रों का प्रक्षेपण किये हैं। ब्रह्मा के 10 मानस पुत्रों

01.मन (विचार) से ज्ञान प्राप्त करने वाले मरीचि

02.नेत्रों (देखकर) ज्ञान प्राप्त करने वाले अत्रि

03.मुख (वाणी) से ज्ञान प्राप्त करने वाले अंगिरा

04.कान (सुन) कर ज्ञान प्राप्त करने वाले पुलस्त्य

05.नाभि (केन्द्र) से ज्ञान प्राप्त करने वाले पुलह

06.हाथ (कर्म) से ज्ञान प्राप्त करने वाले कृतु

07.त्वचा (स्पर्श) से ज्ञान प्राप्त करने वाले भृगु

08.प्राण (श्वास) से ज्ञान प्राप्त करने वाले वशिष्ठ

09.अँगूठे (आत्मा) से ज्ञान प्राप्त करने वाले दक्ष

10.गोद (प्रेम) से ज्ञान प्राप्त करने वाले नारद

ये दस प्रकार ज्ञान से उत्पन्न है और इतने प्रकार के मानव निर्मित होकर संसार में विचरण कर रहे हैं। इसे ये न समझना चाहिए कि मन या नेत्र इत्यादि से कैसे ब्रह्मा ने अपने पुत्रों को उत्पन्न किया? चूंकि शरीर का अस्तित्व अस्थायी है इसलिए विचार के आधार पर ये मनुष्य के वर्ग या श्रेणी का निर्धारण है। इसे मानकीकरण (Standardization) या वर्गीकरण (Classification) भी कहा जा सकता है। जिस प्रकार आजकल मानकीकरण के शब्द ISOऔर ISI मार्का दिये जाते हैं।

नये भारत में, नये मनुष्य के उदय के लिए

आप लंगोट से जौकी पर आ गये...पायजामे से पतलून पर आ गये...नाड़े से बेल्ट पर आ गये...खड़ाऊँ से बूट पर आ गये...कलम से कीबोर्ड पर आ गये। पगडंडियों से एक्सप्रेस वे पर आ गये...चूल्हे से इंडक्शन कुकर पर आ गये...जंगलो से अपार्टमेंट तक आ गये। हल से ट्रैक्टर पर आ गये...पैदल से लक्ज़री जहाज़ों पर आ गये...दीये-मशाल से एलईडी पर आ गये...आप लैंडलाइन से ओरियो एंड्रॉयड तक आ गये...तीर-कमान और गदा से ऑटोमैटिक बंदूकों और मिसाइलों पर आ गये। दुनियां चाँद पे चली गई...मंगल की छाती पर नासा ने रोबोट उतार दिया....शनि मंगल सूर्यग्रहण-चन्द्रग्रहण के हर रहस्य से पर्दा उठ गया!

आप पाँच हज़ार ईसापूर्व और पाँचवी-छठवीं शताब्दी से इक्कीसवी शताब्दी में आ गये...आप लगातार अपडेट होते रहे हैं!!! मगर फिर भी तुम ग्रह-नक्षत्रों को...शनि-मंगल को जन्मकुंडली में देख-देख कर काँप रहे हो। अपना भविष्य सुधारने के लिए बाबा-बाबियों का रास्ता नाप रहे हो। क्या इसी दिन के लिए तुमने बी.एससी, एम.एससी पीएच.डी की थी?? कि तुम पढ़े-लिखे जाहिलों की फौज में शामिल हो जाना! क्या इसी दिन के लिए तुम डॉक्टर, इंजीनियर, वकील, मजिस्ट्रेट या प्रोफेसर बने थे? कि बंगले पर काली हांडी टांगना! निम्बू मिर्ची टांगना! नजर न लगने से एक पैर में काला धागा बांधना?? और अपने उज्ज्वल भविष्य की भीख किसी बाबा-बाबी के दर पर नाक रगड़ के मांगना?

देश आजाद हो गया! दुनिया आजाद हो गई! आखिर कब मिलेगी तुम्हें आजादी?? इस अंधी मानसिक गुलामी से? दुनिया रोज नए-नए आविष्कार कर रही है! तुम हजारों साल पुरानी भाषा, संस्कृति, रीति, रिवाजो की वैज्ञानिक व्याख्या करने में लगे हो! क्या भारत पुनः विश्वगुरु तुम्हारे जैसे मनोरोगियों की वजह से कभी बन पाएगा? बंद कमरे में तुम्हारी चोटी कट जाती! अँधेरे में अकेले में तुम्हें भूत-पलीत सताते हैं! तुम्हें ही सारी दुनिया की नजर लगती है! डायन तो तुम्हारे हर घर में मौजूद है!! तुम्हारे तंत्र-मंत्र-यंत्र काम क्यों नहीं करते हैं? एक पैर में काले धागे वाला रक्षा सूत्र तुम्हारी चोंटी क्यों नहीं बचाता है? आखिर कब तक तुम मानसिक गुलाम रहोगे?

तुम्हारी समस्याएं लौकिक है। मगर तुम्हें हर समस्या का हल परलोक में नजर आता है! संसार तुम्हारे लिए स्वप्नवत् है माया है! भगवान की लीला है! नाटक है! भ्रम है! आखिर तुम्हें इस सपने से कौन जगाए? कब तक शब्दों के साथ बलात्कार करोगे? कब तक धोखे में रहोगे? कब तक हर सिद्धान्त हर आविष्कार को शास्त्रों ऋषि-मुनियों के माथे मड़ोगे??

तुम लोग को जो जगाए वही धर्मद्रोही, देशद्रोही, जातिवादी या नास्तिक है? चारुवाक, बुद्ध, महावीर, कपिल, कणाद गौतम, नागसेन, अश्वघोष, कबीर, नानक, रविदास, ओशो, फुले, शाहू, पेरियार, भीम, भगतसिंह, कोवूर, राहुल संस्कृत्यायन, दयानन्द, विवेकानंद, सबने विवेक लगाया! मगर फिर भी तुम्हारा विवेक नहीं जागा!

तुम्हारा धर्म कब अपडेट (Update) होगा?
तुम्हारी आस्था कब अपडेट (Update) होगी?
तुम्हारा ईश्वर कब अपडेट (Update) होगा?
तुम्हारी सोच कब अपडेट (Update) होगी?
तुम्हारे धर्म की किताबें कब अपडेट (Update) होंगी?

कम्प्यूटर और मोबाइल का साफ्टवेयर तो तुरन्त करते हो, तुम्हारे मस्तिष्क का साफ्टवेयर कब अपडेट (Update) होगा?

क्योंकि तुम विश्वगुरु के अहंकार की दारू पीकर गरीबी, अनपढ़ता, लिंगभेद, जातिभेद, भाषाभेद, क्षेत्रभेद, साम्प्रदायिकता की नाली में पड़े हो! आखिर तुम्हें कब मिलेगी आजादी? इस उम्दा मानसिक गुलामी से?

सोच के बता देना!!
आओ एक कदम शब्दों के उँचाइयों की ओर..........

IDEAS + ACTION = CHANGE

व्यवस्था के परिवर्तन या सत्यीकरण का पहला प्रारूप और उसकी कार्य विधि

उदाहरण के रूप में, यदि किसी शिक्षित व्यक्ति जिसे अंकगणित का ज्ञान हो, उसके समक्ष संख्या 5 लिख दिया जाये और उससे कहा जाये कि इस संख्या के आगे और पीछे की संख्या लिखें तो वह आसानी से उसे लिख देगा परन्तु अंकगणित का अज्ञानी ऐसा नहीं कर पायेगा। उसका सारा ध्यान केवल संख्या 5 पर ही टिका रह जायेगा क्योंकि वह संख्या पद्धति से अपरिचित है। अगर वह कुछ लिख भी देगा तो वह आवश्यक नहीं कि सत्य हो और उसमें सुधार की पूरी सम्भावना बनी रहेगी। समाज सुधार के क्षेत्र में भी यही बात है। हम एक समस्या देखते हैं फिर उसमें कुछ सुधार कर देते हैं। फल यह होता है कि कुछ समय बाद पुनः उसमें सुधार की आवश्यकता आ जाती है।

जितने अधिक आकड़ों को विश्लेषित कर हम परिणाम को खोजेंगे उतने ही सत्य परिणाम हमारे सामने आयेंगे। प्रस्तुत शास्त्र व्यक्त अधिकतम आकड़ों के व्यवस्थित प्रस्तुतीकरण का शास्त्र है। दूसरे रूप में इसे धर्म ज्ञान का बैलेन्ससीट भी कह सकते है। इन सम्पूर्ण आकड़ों पर आधारित होकर व्यक्ति, समाज और विश्व राष्ट्र के लिए लिया गया निर्णय ही एक सत्य निर्णय हो सकता है। समाज सुधार के सम्बन्ध में स्वामी विवेकानन्द का कहना है कि-"तथाकथित समाज-सुधार के विषय में हस्तक्षेप न करना क्योंकि पहले आध्यात्मिक सुधार हुये बिना अन्य किसी भी प्रकार का सुधार हो नहीं सकता (राम पृष्ठ मिशन, पत्रावली भाग-1, पृष्ठ-29), भारत के शिक्षित समाज से मैं इस बात पर सहमत हूँ कि समाज का आमूल परिवर्तन करना आवश्यक है। पर यह किया किस तरह जाये? सुधारकों की सब कुछ नष्ट कर डालने की रीति व्यर्थ सिद्ध हो चुकी है। मेरी योजना यह है, हमने अतीत में कुछ बुरा नहीं किया। निश्चय ही नहीं किया। हमारा समाज खराब नहीं, बल्कि अच्छा है। मैं केवल चाहता हूँ कि वह और भी अच्छा हो। हमें असत्य से सत्य तक अथवा बुरे से अच्छे तक पहुँचना नहीं है। वरन् सत्य से उच्चतर सत्य तक, श्रेष्ठ से श्रेष्ठतर और श्रेष्ठतम तक पहुँचना है। मैं अपने देशवासियों से कहता हूँ कि अब तक जो तुमने किया, सो अच्छा ही किया है, अब इस समय और भी अच्छा करने का मौका आ गया है।"-(राम पृष्ठ मिशन, जितने मत उतने पथ, पृष्ठ-46)

व्यक्ति हो या ज्ञानी, समाज हो या राज्य, देश हो या विश्व, समाज नेता हों या राजनेता सभी को अब यह जान लेना चाहिए कि विश्व एक परिवार है और उस परिवार का शास्त्र-"विश्वशास्त्र" है। जब तक यह शास्त्र उपलब्ध नहीं था तब तक इस विश्व परिवार के एकीकरण का मार्ग नहीं खुला था, अब वह मार्ग मिल चुका है। कोई भी समाज निर्माण या युग परिवर्तन का कार्य एक क्षण का कार्य नहीं है। यह एक लम्बी अवधि की प्रक्रिया का कार्य है। इसे हम उन समाज सुधारकों के संस्थाओं के कार्य को देख कर अनुभव कर सकते हैं।

व्यवस्था परिवर्तन, एक राजनीतिक लुभावना वाला शब्द है। वह कैसे होगा, इसके लिए एक प्रारूप की आवश्यकता होती है अगर वह नहीं है तो व्यवस्था परिवर्तन चिल्लाने से नहीं होता। फिर व्यवस्था परिवर्तन किस बात का? मानव समाज को संचालित करने के लिए तो सिर्फ दो ही मूल व्यवस्था है-एक राजतन्त्र, जिसका युग जा चुका है। दूसरा-लोकतन्त्र, जिसका युग चल रहा है और यही अन्तिम व्यवस्था भी बनी रहेगी क्योंकि ब्रह्माण्डीय व्यवस्था भी लोकतन्त्र से ही चल रहा है और मनुष्य के मस्तिष्क से अन्ततः वही व्यक्त हो रहा है। लोकतन्त्र से हम राजतन्त्र में नहीं जा सकते इसलिए व्यवस्था परिवर्तन का अर्थ ही निरर्थक है।

आवश्यकता है वर्तमान लोकतन्त्र व्यवस्था को ही सत्य आधारित करने की जिसे व्यवस्था सत्यीकरण कहा जा सकता है। इस कार्य में हमें मानकशास्त्र की आवश्यकता है जिससे तोल कर यह देख सके कि इस लोकतन्त्र व्यवस्था में कहाँ सुधार करने से सत्यीकरण हो जायेगा। यह मानकशास्त्र ही "विश्वशास्त्र" है। सिर्फ मतदाता बनने व वोट डालने से ही लोकतन्त्र स्वस्थ नहीं हो सकता। उसके लिए देश व विश्व के पूर्ण ज्ञान की आवश्यकता होगी। इसलिए आवश्यक है कि प्रत्येक मतदाता "विश्वशास्त्र" के ज्ञान से युक्त हो।

अच्छा होता कि हमारे राजनेतागण कुछ दिनों के लिए सन्यास लेकर थोड़ा कुछ अध्ययन-चिंतन करते रहते ताकि उन्हें बार-बार लक्ष्य के लिए शब्दों का परिवर्तन न करना पड़ता। एक ही स्थिति में बहुत समय तक रहने पर बुद्धि, बद्ध हो जाती है। एक-एक सीढ़ी चढ़कर, पहुँच गये-पहुँच गये चिल्लाने से अच्छा है कि अन्तिम सीढ़ी पर पर बैठकर चिल्लाना कि पहुँच गये।

चाहे कुछ हो यदि प्रारूप नहीं, तो न तो व्यवस्था परिवर्तन हो सकता है, न ही व्यवस्था सत्यीकरण हो सकता है, न ही सम्पूर्ण क्रान्ति। भीड़ से क्रान्ति नहीं सिर्फ हंगामा होता है। भीड़ में जोश होता है, होश नहीं।

इस मानक शास्त्र के प्रस्तुत हो जाने से व्यवस्था परिवर्तन की नहीं बल्कि व्यवस्था के सत्यीकरण का मार्ग खुल चुका है। जिसका व्यक्ति, समाज और विश्व राष्ट्र को आवश्यकता भी है। किसी एक विषय पर बहुत अधिक पुस्तक मस्तिष्क को भ्रमित ही करती है। यह शास्त्र प्रारम्भ से अन्त तक के विकास को क्रमबद्ध प्रस्तुत करता है जिससे हम सभी एक सत्य निर्णय करने में सक्षम हों और पूर्ण ज्ञान से युक्त हो जायें और हमारा कोई भी सुधार एक स्थायी, अच्छा और दूरगामी परिणाम देने वाला हो।

प्रश्न यह भी उठता है कि परिवार का मुखिया जिसके द्वारा परिवार का संचालन होता है, यदि वह परिवार के हित व विकास के विषय में कर्म न करता हो तो क्या परिवार का सदस्य उसमें हस्तक्षेप करने का अधिकारी है या नहीं? यही बात देश को चलाने वाले संसद के विषय में भी है। यदि संसद स्वयं देशहित व जनहित के प्रति उदासीन हो जाये तो क्या जनता संसद को मार्गदर्शन देने का अधिकार नहीं रखती? यदि नहीं तो संविधान की धारा-51(ए) के अन्तर्गत नागरिक का मौलिक कर्तव्य की उपयोगिता क्या है? ध्यान रखने योग्य विषय यह है कि कोई भी चुना हुआ प्रतिनिधि सिर्फ उतने ही बड़े क्षेत्र का प्रतिनिधि होता है जिस क्षेत्र से वह चुना जाता है। भारत में ऐसा कोई प्रतिनिधि जनता से नहीं चुना जाता जो भारत का प्रतिनिधित्व करता हो और जब तक भारत का प्रतिनिधित्व करने वाला चुनाव नहीं होता या भारत की जनता का राष्ट्रीय मुद्दों पर विचार कर संसद के कर्तव्य का बोध कराने वाली स्वतन्त्र संस्था नहीं बन जाती, तब तक जनता को संसद को संविधान की धारा-51(ए) के अन्तर्गत नागरिक का मौलिक कर्तव्य के अनुसार न्यायालय व संसद के माध्यम से सरकार को मार्गदर्शन देने का कर्तव्य करना चाहिए जो उसका अधिकार भी है।

वे शब्द जिसके बिना युग परिवर्तन सम्भव नहीं

सन् 1893 से सन् 1993 के 100 वर्षों के समय में विश्व के बौद्धिक शक्ति को जिन्होंने सबसे अधिक हलचल दी वे हैं-धर्म की ओर से स्वामी विवेकानन्द और धार्मिकता की ओर से आचार्य रजनीश"ओशो"। मनुष्य जिस प्रकार भौतिक विज्ञान के नवीन आविष्कारों को आसानी से ग्रहण करता है उसी प्रकार धर्म-आध्यात्म-दर्शन के नवीन आविष्कारों को भी मनुष्य को ग्रहण करना चाहिए, तभी मानसिक-आध्यात्मिक स्वतन्त्रता का अनुभव हो सकेगा। अन्यथा पूर्ण शारीरिक गुलामी का समय बीत चुका, आर्थिक गुलामी का काल चल रहा है और मानसिक गुलामी के काल चक्र में मनुष्य फँस जायेगा।

स्वामी विवेकानन्द जी का कहना था-

- "उसी मूल सत्य की फिर से शिक्षा ग्रहण करनी होगी, जो केवल यहीं से, हमारी इसी मातृभूमि से प्रचारित हुआ था। फिर एक बार भारत को संसार में इसी मूल तत्व का-इसी सत्य का प्रचार करना होगा। ऐसा क्यों है? इसलिए नहीं कि यह सत्य हमारे शास्त्रों में लिखा है वरन् हमारे राष्ट्रीय साहित्य का प्रत्येक विभाग और हमारा राष्ट्रीय जीवन उससे पूर्णतः ओत-प्रोत है। इस धार्मिक सहिष्णुता की तथा इस सहानुभूति की, मातृभाव की महान शिक्षा प्रत्येक बालक, स्त्री, पुरुष, शिक्षित, अशिक्षित सब जाति और वर्ण वाले सीख सकते हैं। तुमको अनेक नामों से पुकारा जाता है, पर तुम एक हो।" (जितने मत उतने पथ, राम कृष्ण मिशन, पृष्ठ-39)।
- "अत: यदि भारत को महान बनाना है, तो इसके लिए आवश्यकता है संगठन की, शक्ति संग्रह की और बिखरी हुई इच्छाशक्ति को एकत्र कर उसमें समन्वय लाने की। अथर्ववेद संहिता की एक विलक्षण ऋचा याद आ गयी जिसमें कहा गया है, "तुम सब लोग एक मन हो जाओ, सब लोग एक ही विचार के बन जाओ। एक मन हो जाना ही समाज गठन का रहस्य है बस इच्छाशक्ति का संचय और उनका समन्वय कर उन्हें एकमुखी करना ही सारा रहस्य है।" (देखें "नया भारत गढ़ो" पृष्ठ संख्या-55)
- "यह भी न भूलना चाहिए कि हमारे बाद जो लोग आएंगे, वे उसी तरह हमारे धर्म और ईश्वर सम्बन्धी धारणा पर हँसेंगे, जिस तरह हम प्राचीन लोगों के धर्म और ईश्वर की धारणा पर हँसते हैं। यह सब होने पर भी, इन सब ईश्वर सम्बन्धित धारणाओं का संयोग करने वाला एक स्वर्ण सूत्र है और वेदान्त का उद्देश्य है-इस सूत्र की खोज करना। भागवान कृष्ण ने कहा है-""भिन्न भिन्न मणियाँ जिस प्रकार एक सूत्र में पिरोयी जा सकती हैं, उसी प्रकार इन सब विभिन्न भावों के भीतर भी एक सूत्र विद्यमान है।" (देखें "ज्ञानयोग", पृष्ठ संख्या-65) ,
- "एक शब्द में वेदान्त का आदर्श है-मनुष्य के सच्चे स्वरूप को जानना।" (देखें "विवेकानन्द राष्ट्र को आह्वान", पृष्ठ सं0-48)।
- यदि हम अपने व्यक्तिगत एवं सामूहिक जीवन में वैज्ञानिक चेतना सम्पन्न एवं आध्यात्मिक एक साथ न हो पाए, तो मानवजाति का अर्थपूर्ण अस्तित्व ही संशय का विषय हो जाएगा। (विज्ञान और आध्यात्मिकता, पृष्ठ-9)
- हमेशा यूरोप से सामाजिक तथा एशिया से आध्यात्मिक शक्तियों का उद्भव होता रहा है एवं इन दोनों शक्तियों के विभिन्न प्रकार के सम्मिश्रण से ही जगत का इतिहास बना है। वर्तमान मानवेतिहास का एक और नवीन पृष्ठ धीरे-धीरे विकसित हो रहा है एवं चारो ओर उसी का चिन्ह दिखाई दे रहा है। कितनी ही नवीन योजनाओं का उद्भव तथा नाश होगा, किन्तु योग्यतम वस्तु की प्रतिष्ठा सुनिश्चित है, सत्य और शिव की अपेक्षा योग्यतम वस्तु और हो ही क्या सकती है? (पत्रावली भाग-1, पृष्ठ-310)

स्वामी विवेकानन्द के अनुसार शब्द से सृष्टि का रहस्य

01. बृहत् ब्रह्माण्ड में भी ब्रह्मा, हिरण्यगर्भ या समष्टि महत् ने पहले अपने आप को नाम के, और फिर बाद में रुप के आकार में अर्थात् इस परिदृश्यमान जगत के आकार में अभिव्यक्त किया। (भक्ति योग, पृष्ठ-44)
02. यह सारा व्यक्त इन्द्रियग्राह्य जगत रुप है, और इसके पीछे है अनन्त अव्यक्त स्फोट। स्फोट का अर्थ-समस्त जगत की अभिव्यक्ति का कारण शब्द-ब्रह्म है। समस्त नामों अर्थात् भावों की नित्य समवायी उपादान स्वरुप यह नित्य स्फोट ही वह शक्ति है, जिससे भगवान इस विश्व की सृष्टि करते हैं। यही नहीं बल्कि भगवान पहले स्फोट रुप में परिणत हो जाते हैं और तत्पश्चात् अपने को उससे भी स्थूल इस इन्द्रियग्राह्य जगत के रुप में परिणत कर लेते हैं। (भक्ति योग, पृष्ठ-45)
03. इस स्फोट का एक मात्र वाचक शब्द है-"ऊँ"। और चूँकि हम किसी भी उपाय से शब्द को भाव से अलग नहीं कर सकते, इसलिए यह "ऊँ" भी इस नित्य स्फोट से नित्य संयुक्त है। (भक्ति योग, पृष्ठ-45)
04. एकमेव यह "ऊँ" ही इस प्रकार सर्वभावाव्यापी वाचक शब्द है, अन्य कोई भी इसके समान नहीं। स्फोट ही सारे भावों का उपादान है, फिर भी वह स्वयं पूर्ण रुप से विकसित कोई विशिष्ट भाव नहीं है। अर्थात् यदि उन सब भेदों को, जो एक भाव को दूसरे से अलग करते हैं, निकाल दिया जाय, तो जो कुछ बचा रहता है, वही स्फोट है। इसलिए इस स्फोट को "नादब्रह्म" कहते हैं। (भक्ति योग, पृष्ठ-45)
05. जो वाचक शब्द उसे सब से कम विशेषभावापन्न करेगा, पर साथ ही उसके स्वरुप को यथासम्भव पूरी तरह प्रकाशित करेगा, वही उसका सबसे सच्चा वाचक होगा। और यह वाचक शब्द है-एकमात्र "ऊँ" क्योंकि ये तीनों अक्षर अ, उ और म्, जिनका एक साथ उच्चारण करने से "ऊँ" होता है, समान शब्दों के साधारण वाचक के तौर पर लिये जा सकते हैं। (भक्ति योग पृष्ठ, पृष्ठ-46)
06. अक्षर "अ" सारे अक्षरों में सबसे कम विशेषभावापन्न है। इसीलिए भगवान श्रीकृष्ण गीता में कहते हैं-"अक्षरों में मैं "अ" कार हूँ। " (गीता,10/33) स्पष्ट रुप से उच्चारित जितने भी शब्द हैं, उनकी उच्चारण क्रिया मुख में जिह्वा के मूल से आरम्भ होती है और ओठों में आकर समाप्त हो जाती है। "अ" जिह्वा मूल अर्थात् कण्ठ से उच्चारित होता है, और "म" ओठों से होने वाला अन्तिम शब्द है। और "उ" उस शक्ति का सूचक है, जो जिह्वा मूल से आरम्भ होकर मुँह भर में लुढ़कती हुई ओठों में आकर समाप्त हो जाती है। यदि "ऊँ" का उच्चारण ठीक ढंग से किया जाय, तो इसके शब्दोच्चारण की सम्पूर्ण क्रिया सम्पन्न हो जाती है-दूसरे किसी भी शब्द में यह शक्ति नहीं। (भक्ति योग, पृष्ठ-46)
07. जिस प्रकार अल्पतम् विशेष भावात्मक तथा सार्वभौमिक वाचक शब्द "ऊँ" के सम्बन्ध में वाच्य और वाचक आपस में अभेद्य रुप से सम्बद्ध हैं उसी प्रकार वाच्य और वाचक का यह अविच्छिन्न सम्बन्ध भगवान और विश्व के विभिन्न खण्ड भावों पर भी लागू है, अतएव उनमें से प्रत्येक का एक विशिष्ट वाचक शब्द होना आवश्यक है। (भक्ति योग, पृष्ठ-47)
08. ये वाचक शब्द ऋषियों की गम्भीरतम आध्यात्मिक अनुभूति से उत्पन्न हुए हैं और वे भगवान तथा विश्व के जिन विशेष-विशेष खण्ड भाव के वाचक हैं, उन विशेष भावों को यथासम्भव प्रकाशित करते हैं। जिस प्रकार "ऊँ" अखण्ड ब्रह्म का वाचक है, उसी प्रकार अन्यान्य मंत्र भी उसी परम पुरुष के खण्ड-खण्ड भावों के वाचक हैं। ये सभी ईश्वर के ध्यान और प्रकृत ज्ञान की प्राप्ति में सहायक हैं। (भक्ति योग, पृष्ठ-47)
09. सृष्टि के पूर्व ब्रह्म शब्दात्मक बनते है, फिर ओंकारात्मक या नादात्मक होते है। तत्पश्चात पहले कल्पों के विशेष शब्द जैसे-भूः, भुवः, स्व-अथवा गो, मानव, घट, पट इत्यादि का प्रकाश उसी ओंकार से होता है। सिद्ध संकल्प ब्रह्म में क्रमश-एक-एक शब्द के होते ही उसी क्षण उन सब पदार्थो का भी प्रकाश हो जाता है और इस विचित्र जगत् का विकास हो उठता है। अब समझे न कि कैसे शब्द ही सृष्टि का मूल है। -स्वामी विवेकानन्द (विवेकानन्द जी के संग में पृष्ठ-62)
10. यह सारा व्यक्त इन्द्रिय ग्राह्य जगत रूप है, और इसके पीछे है अनन्त अव्यक्त स्फोट। स्फोट का अर्थ-समस्त जगत की अभिव्यक्ति का कारण शब्द-ब्रह्म। समस्त नामों अर्थात् भावों की नित्य समवायी उपादान स्वरूप यह नित्य स्फोट ही वह शक्ति है, जिससे भगवान इस विश्व की सृष्टि करते है। यही नहीं बल्कि भगवान पहले स्फोट-रूप में परिणत हो जाते है और तत्पश्चात अपने को उससे भी स्थूल इस इन्द्रिय ग्राह्य जगत् के रूप में परिणत कर लेते है। -स्वामी विवेकानन्द (राजयोग-पृष्ठ-45)

आचार्य रजनीश"ओशो" का कहना था-

- "श्रीकृष्ण का महत्व अतीत के लिए कम भविष्य के लिए ज्यादा है। सच ऐसा है कि कृष्ण अपने समय से कम से कम पाँच हजार वर्ष पहले पैदा हुये। सभी महत्वपूर्ण व्यक्ति अपने समय से पहले पैदा होते हैं और

सभी गैर महत्वपूर्ण व्यक्ति अपने समय के बाद पैदा होते हैं। बस महत्वपूर्ण और गैर महत्वपूर्ण में इतना फर्क है और सभी साधारण व्यक्ति अपने समय के साथ पैदा होते हैं महत्वपूर्ण व्यक्ति को समझना आसान नहीं होता। उसका वर्तमान और अतीत उसे समझने में असमर्थता अनुभव करता है जब हम समझने योग्य नहीं हो पाते तब हम उसकी पूजा शुरु कर देते हैं या तो हम उसका विरोध करते हैं। दोनों पूजाएं हैं एक मित्र की एक शत्रु की।"

- उसके लिए सब हंसी खेल है, सब लीला है। इसलिए हमने कृष्ण को पूर्णावतार कहा। राम गम्भीर हैं छोटी-छोटी बात का हिसाब रखते हैं। नियम मर्यादा से चलते हैं- मर्यादा पुरूषोत्तम हैं। कृष्ण अमर्याद हैं न कोई नियम है न कोई मर्यादा। कृष्ण के लिए जीवन लीला है।
- धर्म कोई विषय थोड़े ही है। धर्म की कोई सीमा थोड़े ही है। धर्म तो समस्त जीवन का नाम है। जीवन में जो कुछ भी समाविष्ट है, धर्म उस सभी के सम्बन्ध में वक्तव्य देने का हकदार है। राजनीतिज्ञ, धर्म के सम्बन्ध में वक्तव्य नहीं दे सकता क्योंकि राजनीति की सीमा है। लेकिन धार्मिक व्यक्ति, राजनीति के सम्बन्ध में वक्तव्य दे सकता है क्योंकि धर्म की कोई सीमा नही है धर्म असीम है, धर्म तो पूरे जीवन को घेरता है जैसे आकाश घेरता है। धर्म से तो कोई भी चीज छोड़ी नहीं जा सकती। धार्मिक व्यक्ति की दृष्टि तो सब सम्बन्धों में होगी।
- जो एक गुरू बोल रहा है, वह अनन्त सिद्धों की वाणी है। अभिव्यक्ति में भेद होगा, शब्द अलग होंगे, प्रतीक अलग होंगे मगर जो एक सिद्ध बोलता है, वह सभी सिद्धों की वाणी है। इनसे अन्यथा नहीं हो सकता है। इसलिए जिसने एक सिद्ध को पा लिया, उसने सारे सिद्धों की परम्परा को पा लिया। क्योंकि उनका सूत्र एक ही है। कुंजी तो एक ही है, जिसमें ताला खुलता है अस्तित्व का।
- "इस देश को कुछ बाते समझनी होगी। एक तो इस देश को यह बात समझनी होगी कि तुम्हारी परेशानियों, तुम्हारी गरीबी, तुम्हारी मुसीबतों, तुम्हारी दीनता के बहुत कुछ कारण तुम्हारे अंध विश्वासों में है, भारत कम से कम डेढ़ हजार साल पिछे घिसट रहा है। ये डेढ़ हजार साल पूरे होने जरूरी है। भारत को खिंचकर आधुनिक बनाना जरूरी है। मेरी उत्सुकता है कि इस देश का सौभाग्य खुले, यह देश भी खुशहाल हो, यह देश भी समृद्ध हो। क्योंकि समृद्ध हो यह देश तो फिर राम की धुन गुंजे, समृद्ध हो यह देश तो फिर लोग गीत गाँये, प्रभु की प्रार्थना करें। समृद्ध हो यह देश तो मंदिर की घंटिया फिर बजे, पूजा के थाल फिर सजे। समृद्ध हो यह देश तो फिर बाँसुरी बजे कृष्ण की, फिर रास रचे! यह दीन दरिद्र देश, अभी तुम इसमें कृष्ण को भी ले आओंगे तो राधा कहाँ पाओगे नाचनेवाली? अभी तुम कृष्ण को भी ले आओगे, तो कृष्ण बड़ी मुश्किल में पड़ जायेंगे, माखन कहाँ चुरायेगें? माखन है कहाँ? दूध दही की मटकिया कैसे तोड़ोगे? दूध दही की कहाँ, पानी तक की मटकिया मुश्किल है। नलों पर इतनी भीड़ है! और एक आध गोपी की मटकी फोड़ दी, जो नल से पानी भरकर लौट रही थी, तो पुलिस में रिपोर्ट दर्ज करा देगी कृष्ण की, तीन बजे रात से पानी भरने खड़ी थी नौ बजते बजते पानी भर पायी और इन सज्जन ने कंकड़ी मार दी। धर्म का जन्म होता है जब देश समृद्ध होता है। धर्म समृद्ध की सुवास है। तो मैं जरूर चाहता हूँ यह देश सौभाग्यशाली हो लेकिन सबसे बड़ी अड़चन इसी देश की मान्यताएं है। इसलिए मैं तुमसे लड़ रहा हूँ। तुम्हारे लिए।"

व्यक्ति-समाज-राज्य-विश्व की आवश्यकता, भविष्यवक्ताओं की भविष्यवाणीयां, ग्रहों के चालों, सूर्य व चन्द्र ग्रहण, सामाजिक-राजनीतिक विचारकों के विचार-सपनें-उम्मीद इत्यादि युग परिवर्तन की ओर दिशा निर्देश कर रहीं हैं। ऐसे में सृष्टि के लिए सार्वभौम सर्वोच्च अन्तिम अर्थों वाले शब्दों (जिसकी सूची अगले पृष्ठ पर दी गई है।) **पर चर्चा ही एक मात्र युग परिवर्तन का मार्ग है।**

वे सार्वभौम एकात्म शब्द जिसके बिना युग परिवर्तन सम्भव नहीं (सर्वोच्च, अन्तिम और दृश्य)

क्र.सं. विषय क्षेत्र	सम्बन्धित क्षेत्र से मुख्य नाम
01. विश्व क्षेत्र	विश्व संविधान / साहित्य / विचार / सिद्धान्त / प्रबन्ध / दर्शन / मत / मानव / एकता / शान्ति / विकास / स्थिरता / आत्मा / अभिनेता / बुद्धि / राजनीति / क्रांति
02. राज्य क्षेत्र	विश्व (राष्ट्र) ऐजेण्डा–2012+ (WORLD NATION AGENDA-2012+) विश्व व्यवस्था का अधिकतम एवं न्यूनतम साझा कार्यक्रम
03. समाज क्षेत्र	लोक / गण / जन ऐजेण्डा–2012+ (PUBLIC AGENDA-2000+)
04. धर्म क्षेत्र	वेदान्त धर्म स्थापना
05. साहित्य क्षेत्र	विश्व साहित्य–"विश्वभारत" समाहित "विश्वशास्त्र" साहित्य– आदर्श वैश्विक व्यक्ति चरित्र कथा साहित्य
06. सामाज शास्त्र	मानक / जन / गण / लोक शास्त्र
07. धर्मशास्त्र	धर्मयुक्त नाम – कर्मवेद: प्रथम, अन्तिम और पंचम वेद और आधारित उपनिषद् (व्यष्टि एवं समष्टि) सर्वधर्मसमभाव / धर्मनिरपेक्ष नाम – मन की गुणवत्ता का विश्व मानक : शून्य श्रृंखला (व्यष्टि एवं समष्टि)
08. मानक क्षेत्र	मन की गुणवत्ता का विश्व मानक : शून्य श्रृंखला
09. अदृश्य विज्ञान	दृश्य आध्यात्म विज्ञान
10. दृश्य विज्ञान	धर्म विज्ञान या एकात्म विज्ञान (Integration Science)
11. इंजीनियरिंग	सत्य सामाजिक अभियंत्रण (Real Social Engineering)
12. तकनीकी	सत्य सामाजिक तकनीकी (Real Social Technology) : WCM-TLM-SHYAM.C Technology
13. संविधान	विवादमुक्त तन्त्रों पर आधारित संविधान
14. राजनीति	सत्य राजनीति / राजनीति–2012+ (POLITICS-2012+)
15. संगठन	विश्व राजनीतिक पार्टी संघ (World Political Party Organisation- WPPO)
16. शिक्षा	पूर्णज्ञान / पूर्ण शिक्षा प्रणाली / शिक्षा -2012+ (EDUCATION-2012+)
17. राष्ट्र सम्बन्ध	आदर्श राष्ट्रीय नागरिक
18. वेदान्त	कर्म वेदान्त : वेदान्त की अन्तिम शाखा
19. मतवाद	एकात्म कर्मवाद : एकात्म मानवतावाद का व्यावहारिक रुप
20. दार्शनिक	विकास दर्शन (Development Philosophy)
21. क्रांति	संपूर्ण क्रांति (Complete Revolution) : प्रलय, स्थिति एवं सृष्टि
22. सांस्कृतिक	भोगेश्वर: भोग (पाश्चात्य) + ईश्वर (प्राच्य) = एकात्म या ईश्वरत्व भाव से भोग
23. मन	विश्व मन (WOLD MIND)
24. मानव	विश्वमानव (विश्वमन से युक्त)
25. मनु	8वें मनु – सावर्णि मनु
26. अवतार	भगवान विष्णु के 10वें और अन्तिम तथा भगवान शंकर के 22वें और अन्तिम संयुक्तावतार (निष्कलंक कल्कि एवं भोगेश्वर)
27. निराकार ब्रह्म	सार्वभौम सत्य–सिद्धान्त (UNIVERSAL TRUTH-THEORY) : विश्व–बन्धुत्व का सिद्धान्त
28. साकार ब्रह्म	लव कुश सिंह
29. पुनर्जन्म–सत् मार्ग से	बुड्ढा कृष्ण (कृष्ण भाग – 2 और अन्तिम) – कृष्ण की अगली और अन्तिम कड़ी
30. पुनर्जन्म–रज मार्ग से	स्वामी विवेकानन्द का पुनर्जन्म
31. पुनर्जन्म–तम मार्ग से	रावण की अगली कड़ी
32. आत्मा	दृश्य विश्वात्मा / शिव / ब्रह्म / मैं
33. अभिनय	वास्तविक जीवन का अभिनेता (Real Life Actor)
34. बम	ज्ञान बम – आध्यात्मिक न्यूट्रान बम
35. अस्त्र	अनियन्त्रित पशुपास्त्र (नारायणास्त्र या सु–दर्शन चक्र व ब्रह्मास्त्र समाहित)
36. माया	योग माया समाहित भोगमाया
37. ज्ञान	एकात्म कर्मज्ञान (शास्वत) : व्यष्टि एवं समष्टि
38. बुद्धि	विश्व बुद्धि व चेतना या सत्य चेतना : पूर्व व्यक्त सत्य चेतना
39. ध्यान व योग	दृश्य सत्य–क्रियाकलाप–एकात्म योग व ध्यान (अन्तिम योग व अन्तिम ध्यान)
40. मिशन	प्राकृतिक सत्य मिशन (Natural Truth Mission)–सर्वोच्च और अन्तिम मिशन
41. धार्मिक नगर	एकात्म काशी– जीवनदायिनी सत्यकाशी : पंचम, अन्तिम तथा सप्तम काशी
42. शक्ति	आत्मशक्ति (SPIRIT POWER),मस्तिष्क शक्ति (BRAIN POWER), मन शक्ति (MIND POWER),सत्य शक्ति (TRUTH POWER)
43. जीवन कथा	विश्वमानव लीला / दर्पण : दो विपरीत दिशाओं के साथ प्रथम एवं अन्तिम कथा
44. प्रेम और कर्म	शास्वत प्रेम और कर्म
45. समन्वय	अन्तिम समन्वय–सिद्धान्त
46. आचार्य	अन्तिम समन्वयाचार्य
47. कला	विश्वमानव कला (कृष्ण कला समाहित)
48. परिचालन प्रणाली	अवतार का परिचालन प्रणाली : मानव–10 (Avatar's Operating System-AOS : Human-10)
49. शंकराचार्य पीठ	सत्यकाशी पीठ : पंचम और अन्तिम शंकराचार्य पीठ

भाग-7

केन्द्र या मध्य (भारत) में पांचवां और अन्तिम सत्यकाशी पीठ

सत्यकाशी पीठः स्थान

सत्यकाशी पीठः इतिहास और उद्देश्य

पाँचवाँ और अंतिम शंकराचार्य पीठः इसकी विशेषता

"हिन्दू धर्म की जो पकड़ थी, वह इस समय कमजोर पड़ गयी है क्योंकि भारतीय स्वतंत्रता आन्दोलन के समय से राजनेताओं का वर्चस्व बढ़ा और उन्होंने धर्म रक्षकों को दबा दिया, जिसके परिणामस्वरूप 163 साल तक शंकराचार्य की पदवी खाली रही। इसलिए आवश्यक है कि शिक्षा के क्षेत्र में धर्म की स्थापना हो। स्वस्थ एवं श्रेष्ठ साहित्य का सृजन हो। महापुरूषों को घूम-घूम कर सनातन धर्म का प्रचार-प्रसार करना चाहिए जिससे लोगों के हृदय में भारतीय धर्म-शास्त्र के प्रति आस्था-विश्वास बढ़े।"

- स्वामी स्वरूपानन्द (द्वारिका पीठाधीश्वर जगद्‌गुरू शंकराचार्य)
साभार - दैनिक आज, समाचार पत्र, वाराणसी, दि0 10-5-1997

स्पष्टिकरण

सत्य से सार्वभौम सत्य-सिद्धान्त तक का मार्ग अवतारों का मार्ग है। सार्वभौम सत्य-सिद्धान्त की अनुभूति ही अवतरण है। इसके अंश अनुभूति को अंश अवतार तथा पूर्ण अनुभूति को पूर्ण अवतार कहते है। ग्रन्थों में अवतारों की कई कोटि बतायी गई है जैसे अंशाशावतार, अंशावतार, आवेशावतार, कलावतार, नित्यावतार, युगावतार इत्यादि, जो भी सार्वभौम सत्य-सिद्धान्त को व्यक्त करता है वे सभी अवतार कहलाते हैं। व्यक्ति से लेकर समाज के सर्वोच्च स्तर तक सार्वभौम सत्य-सिद्धान्त को व्यक्त करने के क्रम में ही विभिन्न कोटि के अवतार स्तरबद्ध होते हैं। अवतार मानव मात्र के लिए ही कर्म करते हैं न कि किसी विशेष मानव समूह या सम्प्रदाय के लिए। अवतार, धर्म, धर्मनिरपेक्ष व सर्वधर्मसमभाव से युक्त अर्थात एकात्म से युक्त होते है। इस प्रकार अवतार से उत्पन्न शास्त्र मानव के लिए होते हैं, न कि किसी विशेष मानव समूह के लिए। उत्प्रेरक, शासक और मार्गदर्शक आत्मा सर्वव्यापी है। इसलिए एकात्म का अर्थ संयुक्त आत्मा या सार्वजनिक आत्मा है। अवतारों के प्रत्यक्ष और प्रेरक दो कार्य विधि हैं। प्रत्यक्ष अवतार वे होते हैं जो स्वयं अपनी शक्ति का प्रत्यक्ष प्रयोग कर समाज का सत्यीकरण करते हैं। यह कार्य विधि समाज में उस समय प्रयोग होता है जब अधर्म का नेतृत्व एक या कुछ मानवों पर केन्द्रित होता है। प्रेरक अवतार वे होते हैं जो स्वयं अपनी शक्ति का अप्रत्यक्ष प्रयोग कर समाज का सत्यीकरण जनता एवं नेतृत्वकर्ता के माध्यम से करते हैं। यह कार्य विधि समाज में उस समय प्रयोग होता है जब समाज में अधर्म का नेतृत्व अनेक मानवों और नेतृत्वकर्ताओं पर केन्द्रित होता है।

इन विधियों में से कुल दस अवतारों में से प्रथम सात (मत्स्य, कूर्म, वाराह, नृसिंह, वामन, परशुराम, राम) अवतारों ने समाज का सत्यीकरण प्रत्यक्ष विधि के प्रयोग द्वारा किया था। आठवें अवतार (श्रीकृष्ण) ने दोनों विधियों प्रत्यक्ष ओर प्रेरक का प्रयोग किया था। नवें (भगवान बुद्ध) और अन्तिम दसवें अवतार की कार्य विधि प्रेरक ही है।

सनातन अद्वैत दर्शन के अनुसार यह जगत ही ईश्वर का दृश्य रूप है। ऐसे में सभी ईश्वर हैं। सभी ईश्वर के बहुरूप हैं और सभी में प्रकाशित वही ईश्वरीय सत्ता है। सार्वभौम एकात्म की ओर ले जाने वाले सभी प्रक्षेपित

मानक चरित्र सनातन हैं जैसे ब्रह्मा परिवार, विष्णु परिवार और महेश परिवार। इस सार्वभौम एकात्म की ओर विचार व्यक्त करने वाला अर्थात उसी का प्रचार-प्रसार व स्थापना करने वाला युगावतार तो नहीं हो सकता लेकिन वह अवतार अवश्य होता है क्योंकि उसने भी उस सार्वभौम सत्य-सिद्धान्त का साक्षात्कार किया है।

ईश्वर के मानवीयकरण व मानव के ईश्वरीयकरण के लिए आपके भौतिक शरीर से व्यक्त विश्वात्मा की इच्छा को धर्म क्षेत्र से नाम कर्मवेदः प्रथम, अन्तिम तथा पंचम वेद एवं धर्मनिरपेक्ष क्षेत्र से मन का विश्वमानकः शून्य श्रृंखला समाहित "विश्वशास्त्र-द नाॅलेज आॅफ फाइनल नाॅलेज" के रूप में पूर्ण किया जा चुका है। जिसमें पुराणों का धर्मनिरपेक्ष और सर्वधर्मसमभाव रूप भी सम्पूर्ण मानव जाति को स्पष्ट दृष्टिगत होगा। परिणामस्वरूप भारतीय धर्म शास्त्रों के प्रति विश्वव्यापी आस्था बढ़ना स्वाभाविक है। साथ ही अनेक सत्य-साहित्यों की रचना के लिए भी मार्ग प्रशस्त और रचना कर दिये गये हैं।

तीनों देवताओं ब्रह्मा, विष्णु और शिव-शंकर के मूल गुणों के आधार पर उनके वास्तविक रुप अर्थात् चार वेदों को व्यक्त करने वाले चार मुखों से युक्त सृष्टिकर्ता ब्रह्मा का रुप, चार भुजाओं से युक्त पालनकर्ता विष्णु का रुप तथा ब्रह्मा और विष्णु समाहित पाँचों वेदों को व्यक्त करने वाले पाँच मुखों से युक्त कल्याणकर्ता शिव-शंकर का अन्तिम रुप, तीनों देवताओं का दिव्यरुप कहलाता है। इसी अनुसार शिव-शंकर के अवतार ही केवल पंचमुखी होते हैं। इसी क्रम में पंचमुखी हनुमान और वेद माता मां गायत्री को भी दिखाया गया है। इस अनुसार पांचवें वेद और पांचवें शंकराचार्य पीठ की स्थापना ही युग परिवर्तन की प्रक्रिया का आरम्भ और सनातन विश्व की ओर कदम है।

व्यक्ति-समाज-राज्य-विश्व की आवश्यकता, भविष्यवक्ताओं की भविष्यवाणीयां, ग्रहों के चालों, सूर्य व चन्द्र ग्रहण, सामाजिक-राजनीतिक विचारकों के विचार-सपनें-उम्मीद इत्यादि युग परिवर्तन की ओर दिशा निर्देश कर रहीं हैं। ऐसे में सृष्टि के लिए सार्वभौम सर्वोच्च अन्तिम अर्थों वाले शब्दों पर चर्चा ही एक मात्र युग परिवर्तन का मार्ग है।

आविष्कार उपयोगी होता है, आविष्कारक नहीं। रचना अधिक समय तक रहती है रचनाकार अदृश्य हो जाता है और रचना के आधार पर अन्य रचना भी होती रहती है।

सनातन विश्व के लिए समस्त प्रक्रिया 150 पुस्तकों के रूप में वेबसाइट

www.64inch.com

पर उपलब्ध है और कार्य समाप्त होता है। व्यक्ति और नेतृत्वकर्ता अपने धर्म

का पालन करें, समाधान उपलब्ध हो चुका है।

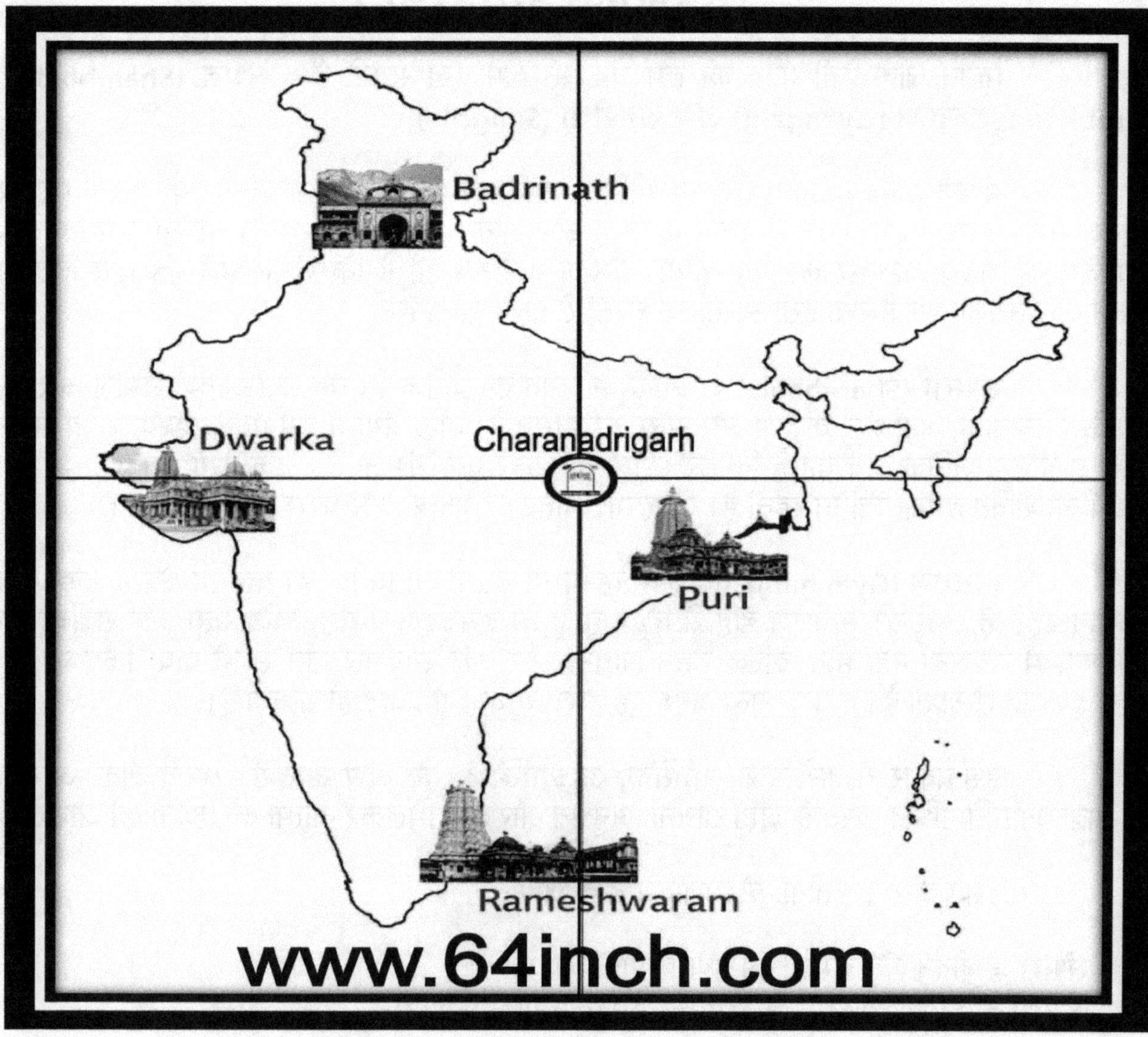

दिशा	पीठ का नाम/ स्थान	उद्देश्य	संबंधित वेद	महावाक्य	तत्व
उत्तर	बदरी ज्योतिर्मठ पीठ उत्तराखंड, जोशीमठ	ज्ञान और विवेक	अथर्ववेद	अयमात्मा ब्रह्म (यह आत्मा ब्रह्म है)	वायु
दक्षिण	श्रींगेरी शारदा पीठ कर्नाटक, श्रींगेरी	स्थिरता और परंपरा	यजुर्वेद	अहम् ब्रह्मास्मि (मैं ब्रह्म हूँ)	पृथ्वी
पूर्व	पुरी गोवर्धनमठ पीठ ओडिशा, पुरी	भक्ति और समर्पण	ऋग्वेद	प्रज्ञानं ब्रह्म (चेतना ब्रह्म है)	जल
पश्चिम	द्वारका शारदा पीठ गुजरात, द्वारका	कर्म और संकल्प	सामवेद	तत्त्वमसि (तू ब्रह्म है)	अग्नि
केन्द्र या मध्य	सत्यकाशी पीठ उत्तर प्रदेश, चरणाद्रिगढ़	चेतना और एकत्व	कर्मवेद	सर्वे ब्रह्म (सभी ब्रह्म हैं)	आकाश

क्षिति, जल, पावक, गगन, समीरा। पंच तत्व मिलि बनेहु शरीरा ।।

सत्यकाशी पीठः स्थान

मानव जीवन की यात्रा को हम चार स्तरों में देख सकते हैं - **संभल (Shambhal), संभला (Shambhala), ज्ञानगंज (Gyanganj) और संगरीला (Sangrila)**

संभल (Shambhal) को हम भौतिक जगत का प्रतीक मान सकते हैं। यह धरती पर बसा हुआ वास्तविक नगर है, जहाँ लोग रहते हैं, संघर्ष करते हैं और जीवन की यात्रा करते हैं। धार्मिक मान्यता के अनुसार यहाँ भविष्य में कल्कि अवतार का जन्म होगा। इसका अर्थ यह भी है कि संभल हमें यह याद दिलाता है कि परिवर्तन और नवजागरण हमेशा इसी सांसारिक धरती से प्रारंभ होता है।

संभला (Shambhala) आध्यात्मिक जगत का प्रतीक है। यह उस आदर्श समाज और चेतना की ओर संकेत करता है, जहाँ धर्म, करुणा और सत्य का शासन है। बौद्ध ग्रंथों में इसे एक अदृश्य, पवित्र राज्य बताया गया है। इसका दार्शनिक अर्थ यह है कि हर मनुष्य के भीतर एक संभला है - एक ऐसा क्षेत्र जहाँ शांति, संतुलन और धर्म की शक्ति हमेशा जीवित रहती है। यह हमारे भीतर के आदर्श और परम लक्ष्य का रूप है।

ज्ञानगंज (Gyanganj) गूढ़ और रहस्यमय चेतना का प्रतीक है। यह वह क्षेत्र है, जहाँ अमर योगी और सिद्ध रहते हैं, और जो साधारण दृष्टि से छिपा हुआ है। इसका अर्थ यह है कि सत्य और सर्वोच्च ज्ञान कभी सतही रूप में उपलब्ध नहीं होते, बल्कि गहन साधना और आंतरिक परिवर्तन से ही प्राप्त किए जा सकते हैं। ज्ञानगंज हमें यह सिखाता है कि परम सत्य अदृश्य है, परंतु साधना से प्रकट हो सकता है।

इस प्रकार, ये चारों स्तर - **भौतिक, आध्यात्मिक, गूढ़ और आदर्श** - मानव जीवन और चेतना की समग्र यात्रा का प्रतिनिधित्व करते हैं, जहाँ साधना, अनुभव और ज्ञान मिलकर आत्मा को पूर्णता की ओर ले जाते हैं।

इस प्रकार, इन तीनों को मिलाकर देखा जाए तो:

- **संभल** = जीवन और समाज का यथार्थ (भौतिक जगत)
- **संभला** = आदर्श और धर्म का उच्च स्वरूप (आध्यात्मिक जगत)
- **ज्ञानगंज** = रहस्यमय सत्य और अमर ज्ञान (गूढ़ जगत)

ये तीनों मिलकर मानव जीवन की पूर्ण यात्रा का संकेत देते हैं - भौतिक से आध्यात्मिक और फिर गूढ़ एवं परम सत्य तक।

संगरीला (Sangrila/Shangri-La) एक कल्पित पर्वतीय स्थल है, जिसे आदर्श समाज और शांति का प्रतीक माना जाता है। यह जगह सामान्य दृष्टि से अदृश्य या दूरस्थ मानी जाती है, जहाँ जीवन सुखमय, स्वस्थ और सामंजस्यपूर्ण होता है। दार्शनिक रूप से इसे मानव चेतना के उच्चतम स्तर, आत्मा की शांति और आदर्श जीवन का प्रतीक माना जाता है। **संगरीला (Sangrila)** का अर्थ यह भी है कि सच्ची खुशी और संतुलन केवल भीतर की यात्रा और साधना से ही प्राप्त होते हैं, बाहरी समृद्धि से नहीं।

1. **शब्द-संदर्भ में**: "Sangrila" अक्सर "Shangri-La" का रूपांतर होता है, जो कि एक कल्पित, आदर्श, रहस्यमयी और शांति-पूर्ण स्थान है।
2. **दार्शनिक/आध्यात्मिक संदर्भ में**: इसे ज्ञानगंज या संभला जैसे गूढ़ और रहस्यमयी क्षेत्रों के समान माना जा सकता है।
3. **अन्य संदर्भ**: यदि यह किसी किताब, स्थान या परियोजना का नाम है, तो उसका अलग अर्थ हो सकता है।

पीठ (Peeth) स्थापित करने की योजना

उद्देश्य और दर्शन तय करना

- पहले यह स्पष्ट करें कि पीठ का उद्देश्य क्या होगा:
    - **अद्वैत वेदांत का प्रचार**
    - **साधकों का प्रशिक्षण और मोक्ष की ओर मार्गदर्शन**
    - **धार्मिक शिक्षा, योग और ध्यान केंद्रित करना**
- पीठ का नाम "Satyakashi" इसलिए चुना गया है क्योंकि यह **सत्य और ज्ञान के प्रकाश का प्रतीक** है।

गुरु या आध्यात्मिक मार्गदर्शक

- पीठ को वैध और आध्यात्मिक मान्यता प्राप्त करने के लिए **एक योग्य गुरु या शिष्य परंपरा वाला व्यक्ति** आवश्यक है।
- गुरु का कार्य होगा:
    - **साधकों का प्रशिक्षण**
    - **धर्म और वेदांत का प्रचार**
    - **पीठ की प्रतिष्ठा बनाना**

स्थान और इमारत का चयन

- स्थान चुनते समय ध्यान दें:
    - **शांत और आध्यात्मिक वातावरण**
    - **साधकों के लिए आवास और साधना स्थल**
    - **भक्तों और पर्यटकों के आने-जाने की सुविधा**
- इमारत में हो सकते हैं:
    - मुख्य मंदिर / पूजा स्थल
    - ध्यान और साधना कक्ष
    - वेदांत शिक्षण कक्ष
    - गुरुकुल या आश्रम

धार्मिक और आध्यात्मिक गतिविधियाँ

- नियमित क्रियाएँ:

    - **साधना, ध्यान और कीर्तन**
    - **वेदांत और शास्त्र अध्ययन**
    - **धार्मिक कार्यशालाएँ और प्रवचन**
- विशेष आयोजन:
    - **अस्थायी या वार्षिक उत्सव**
    - **अद्वैत वेदांत पर सेमिनार**
    - **साधक प्रशिक्षण शिविर**

समुदाय और साधकों का निर्माण

- पीठ केवल इमारत नहीं, **साधकों और भक्तों का केंद्र** होना चाहिए।
- इसके लिए करें:
    - सामाजिक और आध्यात्मिक गतिविधियों का आयोजन
    - साधकों के लिए निवास और शिक्षा सुविधाएँ
    - पीठ का प्रचार: पुस्तकों, वेबसाइट और सामाजिक मंचों के माध्यम से

आधिकारिक मान्यता और नेटवर्क

- भारत में शंकराचार्य परंपरा के मुख्य पीठों के साथ **संपर्क और मार्गदर्शन**।
- नए पीठ को स्थानीय प्रशासन और धार्मिक संस्थानों से **मान्यता और सहयोग** दिलाना।
- अन्य पीठों और गुरु परिषदों के साथ **संवाद और सहयोग**।

दीर्घकालीन योजना

- पीठ को स्थायी और प्रतिष्ठित बनाने के लिए:
    - नियमित साधना और शिक्षा कार्यक्रम
    - नए साधकों और भक्तों को जोड़ना
    - पीठ के **अध्यात्मिक, सामाजिक और शैक्षिक प्रभाव** को बढ़ाना

निष्कर्ष:

नया **Satyakashi Peeth** बनाया जा सकता है, लेकिन यह केवल इमारत नहीं, बल्कि **ज्ञान, साधना और आध्यात्मिक मार्गदर्शन का केंद्र** होना चाहिए। एक योग्य गुरु, साधक समुदाय और सही दृष्टिकोण इसके लिए अनिवार्य हैं।

अन्तिम अवतार कल्कि
का संभल (Shambhal), संभला (Shambhala), ज्ञानगंज (Gyanganj) और संगरीला (Sangrila) से सम्बन्ध

इसका उत्तर गहराई से समझा जाए तो यह केवल भूगोल या कथा का नहीं, बल्कि चेतना के विकास का रहस्य है।

1. संभल (Shambhal) - अवतार का धरातल

हिन्दू ग्रन्थों में कहा गया है कि **कल्कि अवतार का जन्म 'संभल' नामक स्थान पर होगा।** यह स्थान भौतिक जगत में मौजूद है - उत्तर प्रदेश का एक नगर, परंतु प्रतीक रूप से यह मानवता के भीतर जन्म लेती दिव्यता का संकेत है। जब धर्म क्षीण होता है, तब वही संभल - अर्थात् "संभलने का बिंदु" - अवतार का आधार बनता है।

संभल = पृथ्वी पर दिव्यता का उद्भव बिंदु।

2. संभला (Shambhala) - धर्मराज्य या दिव्य व्यवस्था

बौद्ध और हिन्दू दोनों परम्पराओं में **Shambhala** को धर्म का गुप्त राज्य माना गया है। बौद्ध ग्रंथ 'कालचक्र तंत्र' में कहा गया है कि जब अधर्म चरम पर होगा, तब Shambhala से एक राजा प्रकट होगा जो अधर्म का अंत करेगा - यह प्रतीक रूप से **कल्कि अवतार का ही वर्णन** है।

संभला = दिव्य शासन या धर्मराज्य, जहाँ से कल्कि की प्रेरणा उठती है।

3. ज्ञानगंज (Gyanganj) - सिद्धों का अदृश्य लोक

ज्ञानगंज को अमर योगियों का क्षेत्र कहा जाता है, जहाँ से विश्व के आध्यात्मिक प्रवाह को दिशा मिलती है। कई सिद्ध परंपराएँ मानती हैं कि कल्कि का आध्यात्मिक मार्गदर्शन इन्हीं योगियों द्वारा किया जाएगा।

ज्ञानगंज = दिव्य ऊर्जा और योगिक शक्ति का स्रोत, जहाँ से कल्कि को आत्मिक बल प्राप्त होगा।

4. संगरीला (Sangrila / Shangri-La) - आदर्श समाज या चेतना का चरम स्वरूप

संगरीला का विचार पश्चिमी और तिब्बती रहस्य परंपराओं में आता है - एक अमर, शांति-पूर्ण, आदर्श स्थान, जहाँ कोई रोग, संघर्ष या अधर्म नहीं होता। यह उस अवस्था का प्रतीक है जो **कल्कि युग के बाद की सृष्टि** होगी - अर्थात सत्ययुग का पुनर्स्थापन।

संगरीला = वह दिव्य युग या चेतना का चरम, जो कल्कि अवतार के कार्य का परिणाम है।

सारांश (संक्षेप में सम्बन्ध)

स्तर	प्रतीक	सम्बन्ध कल्कि से
संभल (Shambhal)	भौतिक जन्मभूमि	कल्कि अवतार का पृथ्वी पर अवतरण
संभला (Shambhala)	दिव्य धर्मराज्य	धर्म का पुनःस्थापन करने की शक्ति का उद्गम
ज्ञानगंज (Gyanganj)	गूढ़ योगिक लोक	कल्कि को आत्मिक दिशा और सिद्ध शक्ति का आधार
संगरीला (Sangrila)	आदर्श चेतना का युग	कल्कि कार्य का अंतिम परिणाम - पुनः सत्ययुग

अर्थात् -

संभल में कल्कि अवतरित होते हैं, संभला से उन्हें धर्म की प्रेरणा मिलती है, ज्ञानगंज से योगिक शक्ति, और संगरीला उनके कार्य का लक्ष्य है - सत्य और शांति का पुनर्स्थापन।

सत्यकाशी पीठ: योग्य स्थान

इस संसार को अन्तिम सन्देश देने से पहले आपको उस क्षेत्र से परिचय कराना चाहता हूँ जिस क्षेत्र से यह सन्देश देने का साहस किया गया है क्योंकि कोई भी क्रिया बिना कारण के नहीं होती।

समस्त मूल कार्य जिस क्षेत्र से सम्पूर्ण हुआ, उस क्षेत्र को सत्यकाशी क्षेत्र कहता हूँ और जिस ग्राम का निवासी हूँ वह काशी (वाराणसी) के चौरासी कोस यात्रा तथा सत्यकाशी क्षेत्र का उभय क्षेत्र में स्थित है। इसलिए जितना काशी (वाराणसी) का हूँ उतना ही सत्यकाशी का हूँ। इस प्रकार यह सन्देश काशी-सत्यकाशी का संयुक्त सन्देश है।

सत्यकाशी क्षेत्र जो काशी (वाराणसी), विन्ध्याचल, शिवद्वार और सोनभद्र के बीच का क्षेत्र है, एक पौराणिक-आध्यात्मिक और साधना के लिए उपयुक्त क्षेत्र के रूप में प्राचीन काल से आकर्षण में रहा है। इस क्षेत्र का हृदय क्षेत्र चुनार है। चुनार का किला राजा विक्रमादित्य ने अपने भाई भर्तहरि के तपस्या में हिंसक जानवरों द्वारा व्यवधान न उत्पन्न हो इसके लिए बनवाया था। ये राजा विक्रमादित्य वही हैं जिनके नाम से विक्रम सम्वत् कैलेण्डर स्थापित है। चुनार ईश्वर के पाँचवें अवतार-वामन अवतार का क्षेत्र है जिनसे समाज की शक्ति का प्रथम जन्म हुआ था।

सत्यकाशी क्षेत्र के चारों कोण पर स्थित

1. काशी (वाराणसी) का अपना प्राचीन और पुरातन इतिहास है जो सर्वविदित है।
2. विन्ध्याचल, जो शिव-शक्ति के उपासना का अद्‌भुत केन्द्र है। यशोदा से उत्पन्न पुत्री (जिनके बदले श्रीकृष्ण प्राप्त हुये थे) महासरस्वती अष्टभुजा देवी के नाम से यहीं स्थापित हैं। भारत देश का मानक समय माँ विन्ध्यवासिनी धाम से तय होता है। पुराणों के अनुसार रावण ने भी इसे मानक समय स्थल मानकर यहाँ शिवलिंग की स्थापना की थी।
3. शिवद्वार, त्रिकोणीय तान्त्रिक साधना के लिए जगत विख्यात था और साधना की राजधानी था। इसे ही मीरजापुर गजेटियर में गुप्तकाशी की संज्ञा से अभिकल्पित किया गया है।
4. सोनभद्र, सोन संस्कृति की पौराणिक पृष्ठभूमि वैदिककालीन सभ्यता की पराकाष्ठापरक ऐतिहासिकता से सम्बद्ध है। सन्त परम्पराओं का एक महत्वपूर्ण परिव्रजन इस क्षेत्र में हुआ जिसमें शैव व शाक्त प्रमुख थे। शैव सम्प्रदाय से जुड़े अघोर तन्त्र ने इसे बहुत सराहा और इसे अपनी कर्मभूमि बना लिया। सोन नद के तट पर शव छेदन क्रिया की भी प्रशिक्षा आयुर्वेद के जिज्ञासुओं को दी जाती थी। शैव तन्त्र से प्रभावित अघोर तन्त्र शव-साधना में सिद्धहस्त था और शव में इकार की प्राण प्रतिष्ठा का जीवन्त रूप शिव को दे देना इनकी अलौकिक साधना का चरमोत्कर्ष है। अघोरपन्थी नाम के पश्चात् "राम" का प्रयोग करते थे। इस क्षेत्र में सवर्ण वर्ग में प्रायः ब्राह्मण वर्ग भी राम का प्रयोग अपने नाम में करता है। इस क्षेत्र में पाशुपात तन्त्र के महान साधक लोरिक का नाम विशेष है।

उपरोक्त तो अति संक्षिप्त परिचय है विस्तार से "विश्वशास्त्र" के अध्याय-दो में प्रकाशित है, जिस क्षेत्र से ये विश्व ऐतिहासिक अन्तिम, अपरिवर्तनीय और अटलनीय सन्देश देने का साहस किया गया है।

भौतिक रूप से सत्यकाशी पीठ के लिए योग्य स्थान सत्यकाशी क्षेत्र ही है। सत्यकाशी पीठ उसी अद्वैत वेदान्त पर आधारित है। जिस के आधार पर आदि शंकाराचार्य द्वारा चार पीठों की स्थापना की थी। युग परिवर्तन के लिए आदि शंकाराचार्य द्वारा स्थापित चार पीठों के वर्तमान शंकाराचार्यों का यह दायित्व है कि वे इस श्रृंखला को आगे बढ़ाते हुये धर्म के वैश्विक स्थापना के लिए आगे आयें।

सत्यकाशी पीठ: इतिहास और उद्देश्य

भारत का इतिहास केवल राजाओं और युद्धों का इतिहास नहीं है,
बल्कि यह **चेतना के विकास का इतिहास** है।
हर युग में जब धर्म और राजनीति के बीच संतुलन बिगड़ता है,
तो कोई न कोई पीठ उस संतुलन को पुनर्स्थापित करने के लिए जन्म लेती है।

ऐसा ही एक अद्वितीय उदय है -
"सत्यकाशी पीठ" का,
जो मानवता के अगले अध्याय की भूमिका बन चुका है।

"जहाँ ज्ञान शासन को दिशा देता है,
वहीं शासन धर्म का साधन बन जाता है।"

काशी से सत्यकाशी तक: चेतना की यात्रा

प्राचीन काशी को "मोक्षभूमि" कहा गया,
क्योंकि वहाँ ज्ञान और मृत्यु - दोनों के रहस्य सिखाए जाते थे।
पर सत्यकाशी - ज्ञान का अगला आयाम है।
यह मृत्यु से मुक्ति नहीं, बल्कि **अज्ञान से मुक्ति** की भूमि है।

तीन चरणों में यह यात्रा समझी जा सकती है:

1. **काशी** - व्यक्तिगत मुक्ति का केंद्र।
2. **महाकाशी** - सार्वभौमिक चेतना का केंद्र।
3. **सत्यकाशी** - वैश्विक एकत्व और अद्वैत शासन का केंद्र।

"काशी आत्मा की दीक्षा है,
सत्यकाशी आत्मा का शासन है।"

स्थापना का उद्देश्य

सत्यकाशी पीठ का जन्म केवल धार्मिक नहीं,
बल्कि आध्यात्मिक-राजनीतिक समन्वय की आवश्यकता से हुआ।
विश्व में बढ़ती भौतिकता, असमानता, और नैतिक संकट के बीच
इस पीठ का उद्देश्य है -

1. **धर्म और शासन के बीच अद्वैत संबंध पुनः स्थापित करना।**
2. **राजनीति को आत्मा से जोड़ना।**
3. **विज्ञान, धर्म, और समाज - तीनों का एक समग्र मॉडल प्रस्तुत करना।**

इसके चार प्रमुख सूत्र:

- **धर्म = चेतना की नीति**
- **राजनीति = सेवा की क्रिया**
- **अर्थनीति = संतुलन की व्यवस्था**
- **विज्ञान = सत्य की खोज**

सत्यकाशी की परंपरा और वंश

सत्यकाशी पीठ किसी व्यक्ति द्वारा स्थापित संस्था नहीं है -
यह **ब्रह्म परंपरा का विस्तार** है।
आदि शंकराचार्य ने चार दिशाओं में चार पीठें स्थापित कीं -
पूर्व, पश्चिम, उत्तर, दक्षिण -
जो वेद, धर्म और आत्मज्ञान के केंद्र बने।

परंतु कालान्तर में जब राजनीति धर्म से अलग और धर्म समाज से अलग हुआ,
तो **पाँचवीं पीठ** की आवश्यकता पड़ी -
जो अद्वैत दर्शन को शासन की नीतियों में उतार सके।

"चार पीठों ने धर्म को जीवित रखा,
पाँचवीं पीठ उसे जीवन में उतारेगी।"

सत्यकाशी का उद्देश्य – धर्म का पुनर्निर्माण, शासन का पुनर्जागरण

आज की मानवता धर्म को या तो संप्रदाय मानती है या अनुष्ठान।
पर सत्यकाशी कहता है -

"धर्म = जीवन की वैज्ञानिक व्यवस्था।"

इस पीठ का उद्देश्य है -
धर्म को **व्यवहार में**, राजनीति को **सेवा में**,
और विज्ञान को **चेतना में** बदलना।

इसके तीन प्रमुख लक्ष्य:

1. **आध्यात्मिक शासन (Spiritual Governance):**
   जहाँ नीतियाँ करुणा और सत्य पर आधारित हों।
2. **चेतना आधारित शिक्षा (Conscious Education):**
   जहाँ बच्चों को ज्ञान नहीं, आत्मा से जोड़ने की विधि सिखाई जाए।
3. **वैश्विक समरसता (Global Oneness):**
   जहाँ राष्ट्रवाद का स्थान "मानववाद" ले ले।

सत्यकाशी और मानवता का भविष्य

सत्यकाशी केवल एक धार्मिक केंद्र नहीं,
बल्कि मानवता का भविष्य मॉडल है।

यह वह स्थान है जहाँ -

- विज्ञान और वेदांत मिलते हैं,
- राजनीति और करुणा जुड़ते हैं,
- और व्यक्ति स्वयं में "राजऋषि" बनता है।

"जब शासक साधक बन जाएगा,
तब ही पृथ्वी पर धर्मराज्य स्थापित होगा।"

निष्कर्ष

सत्यकाशी पीठ का इतिहास कोई कालखंड नहीं,
बल्कि एक **युग की उद्घोषणा** है।
यह उस समय का प्रतीक है
जब ब्रह्मज्ञान शासन का केंद्र बनेगा,
और शासन ब्रह्म की सेवा बन जाएगा।

"सत्यकाशी केवल एक स्थान नहीं -
वह चेतना की वह ज्योति है
जो युगों से अंधकार में जलती रही है।"

पाँचवाँ और अंतिम शंकराचार्य पीठ: इसकी विशेषता

आदि शंकराचार्य ने चार दिशाओं में चार पीठों की स्थापना की -
उत्तर में **ज्योतिर्मठ (बद्रीनाथ)**,
दक्षिण में **श्रृंगेरी पीठ**,
पूर्व में **गौड़पीठ (पुरी)**,
और पश्चिम में **द्वारका शारदापीठ**।

इन चारों पीठों ने धर्म की लौ को जलाए रखा -
ज्ञान, भक्ति, कर्म और योग - चारों मार्गों के संतुलन से।
परंतु जैसे-जैसे युग आगे बढ़ा,
मानवता की चुनौती केवल धर्म रक्षा नहीं रही,
बल्कि **धर्म को शासन, विज्ञान और समाज में जीवित रखना** बन गई।

इसी आवश्यकता से जन्म लेता है -
पाँचवाँ और अंतिम शंकराचार्य पीठ - "सत्यकाशी पीठ।"

"चार पीठों ने धर्म को सुरक्षित रखा,
पाँचवाँ पीठ धर्म को सार्वभौमिक बना देगा।"

पाँचवाँ पीठ क्यों आवश्यक हुआ

शंकराचार्य का कार्य केवल धार्मिक पुनर्जागरण नहीं था;
वह चेतना की क्रांति थी।
उनकी परंपरा ने अद्वैत का सिद्धांत दिया -
कि **सभी भिन्नताएँ एक ही परमसत्य की लहरें हैं।**

परंतु आधुनिक युग में -

- धर्म राजनीति से अलग हुआ,
- ज्ञान आस्था से अलग हुआ,

- और मनुष्य स्वयं अपने अस्तित्व से अलग हो गया।

ऐसे समय में आवश्यक था
कि अद्वैत केवल दर्शनशास्त्र न रह जाए,
बल्कि राजनीति और जीवन का सिद्धांत बन जाए।
इसी हेतु स्थापित हुआ -
सत्यकाशी पीठ - पाँचवाँ और अंतिम शंकराचार्य पीठ।

इसकी स्थापना का प्रतीकात्मक अर्थ

चार पीठें **चार तत्वों (पृथ्वी, जल, अग्नि, वायु)** से संबंधित हैं,
जबकि पाँचवाँ पीठ **आकाश तत्व** का प्रतीक है -
अर्थात् सर्वव्यापक चेतना।

दिशा	पीठ	तत्व	उद्देश्य
पूर्व	पुरी (गौड़)	जल	भक्ति और समर्पण
पश्चिम	द्वारका	अग्नि	कर्म और संकल्प
उत्तर	ज्योतिर्मठ	वायु	ज्ञान और विवेक
दक्षिण	श्रृंगेरी	पृथ्वी	स्थिरता और परंपरा
केंद्र	**सत्यकाशी**	**आकाश**	**चेतना और एकत्व**

"आकाश सबको जोड़ता है -
उसी तरह सत्यकाशी सभी परंपराओं को एक चेतना में जोड़ता है।"

पाँचवाँ पीठ - अद्वैत का आधुनिक रूप

सत्यकाशी पीठ का लक्ष्य अद्वैत को केवल ध्यान या उपनिषद तक सीमित नहीं रखना,
बल्कि उसे शासन और समाज की नीतियों में उतारना है।

इसका सार है -
"अद्वैत शासन" = ऐसा तंत्र जहाँ आत्मा और राज्य में कोई विभाजन न हो।
यह पीठ आत्मा-केन्द्रित राजनीति का सिद्धांत प्रस्तुत करती है -
जहाँ सत्ता साधना है,
शासन सेवा है,
और नेतृत्व तप है।

सत्यकाशी पीठ की पाँच विशेषताएँ

1. अद्वैत का संस्थागत रूप

यह पीठ अद्वैत को केवल तत्वज्ञान नहीं,
बल्कि संस्थागत चेतना बनाती है।
धर्म, शिक्षा, राजनीति, अर्थ और विज्ञान -
सभी को एकसूत्र में बाँधती है।

2. राजऋषि परंपरा का पुनर्जागरण

आदर्श शासक वही है जो साधक भी हो।
सत्यकाशी इस परंपरा को पुनर्जीवित करता है -
जहाँ राज्य का मार्गदर्शन ऋषियों द्वारा होता है।

3. विज्ञान और अध्यात्म का संगम

यह पीठ "Consciousness Studies" और "Spiritual Technology"
को एक साथ लाकर मानव चेतना के विकास को वैज्ञानिक दृष्टि देती है।

4. वैश्विक धर्म - Beyond Religion

सत्यकाशी का धर्म किसी संप्रदाय का नहीं,
बल्कि "मानवता की आत्मा" का है।
यह कहता है -

"जो सत्य को खोजता है, वही सनातन है।"

5. राज्य और आत्मा का समन्वय

यह पीठ बताती है कि शासन तंत्र तभी स्थायी है
जब वह आत्मिक अनुशासन पर आधारित हो।
यह "राजनीति का आध्यात्मिकीकरण" है,
जिसे भविष्य की सभ्यता का आधार माना गया है।

"अंतिम शंकराचार्य पीठ" क्यों कहा गया

चार पीठें धर्म की दिशा का प्रतीक थीं,
पाँचवाँ पीठ **धर्म की दिशा से परे उसकी पूर्णता** का प्रतीक है।
यह अब किसी भौगोलिक क्षेत्र के लिए नहीं,
बल्कि पूरे विश्व की चेतना के लिए है।

"जब मनुष्य का धर्म मानवता होगा,
तब सत्यकाशी पाँचवाँ ही नहीं, अंतिम पीठ सिद्ध होगा।"

सत्यकाशी पीठ का दार्शनिक आधार

इस पीठ की जड़ें तीन सूत्रों पर टिकी हैं -

1. **ब्रह्म सत्यम्** - सत्य सर्वत्र है।
2. **जगत् मिथ्या** - भेद, संप्रदाय और हिंसा केवल अज्ञान की छाया हैं।
3. **जीवो ब्रह्मैव नापरः** - प्रत्येक व्यक्ति ब्रह्म का ही अंश है।

यही दर्शन राजनीति में यह रूप लेता है -

दर्शन	राजनीतिक रूप
ब्रह्म सत्यम्	राज्य का आधार सत्य और नीति
जगत मिथ्या	जाति, रंग, धर्म से ऊपर समानता
जीवो ब्रह्मैव	प्रत्येक नागरिक में दिव्यता का सम्मान

निष्कर्ष

**सत्यकाशी पीठ शंकराचार्य की परंपरा का समापन नहीं,
बल्कि उसका परिपूर्ण रूप है।
यह धर्म, राजनीति, और चेतना -
तीनों के संगम से एक** नया युग **आरंभ करता है।**

**"पहले चार पीठों ने दिशा दी,
पाँचवें ने दिशा को प्रकाश बना दिया।"**

**सत्यकाशी पीठ इसलिए अंतिम है -
क्योंकि यह अद्वैत को सिद्धांत नहीं,
बल्कि जीवित अनुभव बना देता है।**

भाग-8
सत्यकाशी पीठ के कार्य

धारा-उद्धार: धर्म की पुनर्स्थापना

मनुष्य चेतना का रूपांतरण

साधना, दीक्षा और आध्यात्मिक अनुष्ठान

वैश्विक कार्य: मानवता के लिए संदेश

शिव-तत्व और कल्कि-तत्व का मिलन

"सार्वभौम सत्य-सिद्धान्त" पर आधारित "युग परिवर्तन श्रृंखला" के नवयुग के शास्त्र-साहित्य

धारा-उद्धार: धर्म की पुनर्स्थापना

सत्यकाशी पीठ का प्रथम और सर्वोपरि कार्य है-**धारा-उद्धार**, अर्थात वह दिव्य धारा जो युगों से मलीन, विभ्रांत या विकृत हो चुकी है, उसे पुनः शुद्ध स्वरूप में प्रवाहित करना। "धर्म" शब्द यहाँ किसी संप्रदाय, पद्धति या विचारधारा का नाम नहीं; धर्म का अर्थ है-**जगत की अंतर्निहित समरसता, सत्य और सृष्टि-नियम**।

जब युग बदलता है, धर्म की धारा अवरुद्ध हो जाती है।
सत्य केवल ग्रंथों में रह जाता है, इसके प्रयोग का बल खो जाता है।
लोग अनुष्ठान तो करते हैं, पररस के बिना;
मंत्र तो बोलते हैं, पर अर्थ के बिना;
धर्म का नाम तो लेते हैं, पर धर्म का जीवन नहीं जीते।

सत्यकाशी पीठ इस जड़ता को तोड़ता है।

यह धारा-उद्धार तीन प्रकार से होता है:

1. सत्य-दृष्टि का पुनर्जागरण

लोगों में सत्य को पहचानने और जीने की क्षमता पुनः सक्रिय होती है।
यह क्षमता बिना किसी प्रवचन-केवल चेतना-संक्रमण से जगती है।

2. धर्म का प्रयोगशाला-रूप

सत्यकाशी पीठ धर्म को जीवन के केंद्र में स्थापित करता है।
धर्म यहाँ सिद्धांत नहीं-व्यवहार और चरित्र का प्रवाह है।

3. युग-धर्म की घोषणा

हर युग का धर्म अलग होता है।
कलियुग से सतयुग में प्रवेश के लिए जो धर्म आवश्यक है-योग, करुणा, सत्य, उच्च चेतना, मानव-एकत्व-उसका पुनःस्थापन पीठ के मुख्य कार्यों में है।

इस प्रकार, धारा-उद्धार वह बीज है जिससे नए युग की पूरी फसल अंकुरित होती है।

मनुष्य चेतना का रूपांतरण

युग परिवर्तन का मूल आधार मनुष्य की बाहरी परिस्थितियाँ नहीं-उसकी **भीतर की चेतना** है। सत्यकाशी पीठ का दूसरा मुख्य कार्य इसी रूपांतरण से जुड़ा है।

मनुष्य आज बुद्धि में प्रबल है, पर चेतना में सुप्त।
ज्ञान बहुत है, पर विवेक कम।
सूचना बहुत है, पर अनुभूति नहीं।
असंतोष बहुत है, पर दिशा नहीं।

पीठ का उद्देश्य मनुष्य को बाहरी उपलब्धियों से हटाकर भीतर की यात्रा में प्रवेश कराना है।

रूपांतरण के चार चरण

1. जागरण (Awakening)

मनुष्य स्वयं से पहला प्रश्न पूछता है-"मैं कौन हूँ?"
यह प्रश्न जन्म देता है।

2. शुद्धि (Purification)

पुराने संस्कार, भय, भ्रम और अहंकार टूटने लगते हैं।

3. विस्तार (Expansion)

चेतना शरीर-मन से आगे बढ़कर सूक्ष्म और कारण-स्तरों को अनुभव करने लगती है।

4. परिणति (Realization)

मनुष्य अपने भीतर स्थित दिव्य-सत्ता को पहचान लेता है।
यही "नया मनुष्य" है-युग परिवर्तन का वाहक।

पीठ का कार्य प्रत्येक साधक को इन चार चरणों के मार्ग से गुज़ारना है-धीरे, सहज, और सामूहिक ऊर्जा के साथ।

साधना, दीक्षा और आध्यात्मिक अनुष्ठान

हर परिवर्तन की जड़ अनुशासन और साधना है।
सत्यकाशी पीठ में साधना केवल ध्यान या मंत्र नहीं-यह एक पूर्ण जीवन-शास्त्र है।

1. साधना (Spiritual Practice)

- आंतरिक शांति
- चेतना का विस्तार
- ऊर्जा का स्थिरीकरण
- स्मृति-शोधन
- आत्म-प्रकाश

पीठ की साधना आधुनिक मन के अनुसार सरल, गहरी और प्रभावकारी है।
यह शरीर, मन, प्राण और चेतना-सभी स्तरों पर काम करती है।

2. दीक्षा (Initiation)

दीक्षा बाहरी कर्म नहीं-ऊर्जा का आंतरिक स्थानांतरण है।
यह वह क्षण है जब साधक की चेतना में युग-ऊर्जा का बीज रोपा जाता है।
यह बीज धीरे-धीरे जागता है और साधक स्वयं एक "चेतना-केंद्र" बन जाता है।

3. अनुष्ठान (Rituals)

अनुष्ठान ब्रह्मांडीय ऊर्जा को पृथ्वी पर स्थिर करने के उपकरण हैं।
सत्यकाशी पीठ में अनुष्ठान प्राचीन और आधुनिक दोनों हैं-
वे बाहरी प्रतीकों से अधिक आंतरिक परिवर्तन पर आधारित हैं।

अनुष्ठान केवल पूजा नहीं-वे प्रकाश का आह्वान हैं।

वैश्विक कार्य - मानवता के लिए संदेश

सत्यकाशी पीठ का कार्य किसी एक देश, संस्कृति या समुदाय तक सीमित नहीं।
युग परिवर्तन हमेशा वैश्विक होता है-इसलिए उसका संदेश भी वैश्विक होता है।

आज मानवता कई स्तरों पर विभाजित है-
भाषा, धर्म, राजनीति, अर्थव्यवस्था, जाति, विचार।
पर चेतना का सत्य इन सभी से ऊपर है।

सत्यकाशी पीठ का वैश्विक संदेश यही है:

1. मानव एक है

भिन्नता केवल बाहरी है; भीतर सबमें एक ही प्रकाश विद्यमान है।

2. पृथ्वी हमारा साझा आश्रम है

मानवता को पृथ्वी-चेतना के साथ सुसंगत होना होगा।

3. धर्म संघर्ष नहीं-एकता का मार्ग है

सभी पवित्र परंपराएँ एक ही सत्य के भिन्न द्वार हैं।

4. विज्ञान और अध्यात्म एक-दूसरे के पूरक हैं

दुनिया का नया युग तभी जन्म लेगा जब विज्ञान चेतना को समझेगा, और अध्यात्म विज्ञान को अपनाएगा।

5. कल्कि-ऊर्जा सार्वभौमिक है

यह ऊर्जा किसी राष्ट्र का, पंथ का, या समूह का स्वामित्व नहीं;
यह सम्पूर्ण मानवता का जन्मसिद्ध अधिकार है।

सत्यकाशी पीठ का उद्देश्य इसी संदेश को विश्व तक पहुँचाना है-शब्द, कला, ध्यान, साधना, विज्ञान और ऊर्जा के माध्यम से।

शिव-तत्व और कल्कि-तत्व का मिलन

युग परिवर्तन का अंतिम रहस्य दो महाशक्तियों के मिलन में निहित है-
शिव-तत्व और **कल्कि-तत्व**।

शिव-तत्व

संहार, मौन, तत्त्व-ज्ञान, समाधि और शून्य का प्रतिनिधि।
यह सभी रूपों का विसर्जन है-स्रोत में लौटना।

कल्कि-तत्व

नव-सृष्टि, धर्मस्थापन, ऊर्जा का उत्थान और युग-चक्र का पुनर्मूल्यांकन।
यह समय को पुनः संतुलित करने वाली शक्ति है।

दोनों का मिलन तब होता है जब:

- पुराना युग समाप्त हो रहा हो
- नया युग जन्म ले रहा हो
- पृथ्वी अपनी चेतना बदल रही हो
- मानवता परिवर्तन की पुकार कर रही हो

शिव-तत्व पुरातन को शून्य करता है,
और उसी शून्य में कल्कि-तत्व नया ब्रह्मांडीय क्रम स्थापित करता है।

सत्यकाशी पीठ इसी मिलन का केंद्र है-
जहाँ **शिव का मौन** और **कल्कि का उदय**
एक साथ कार्य करते हैं।

यही मिलन युग के नये चक्र की शुरुआत है-
यहीं से सतयुग का नया सूर्योदय होता है।

"सार्वभौम सत्य-सिद्धान्त" पर आधारित "युग परिवर्तन श्रृंखला" के नवयुग के शास्त्र-साहित्य

विभिन्न सम्प्रदाय (धर्म), जाति, मत, दर्शन इत्यादि में विभाजित इस मानव समाज में वर्तमान तथा आने वाले भविष्य के समय की मूल आवश्यकता है- मानव के मनो का एकीकरण अर्थात मानव मन का भूमण्डलीकरण एवं ब्रह्माण्डीयकरण। इसकी आवश्यकता इसलिए भी है क्योंकि मानव अपने विज्ञान व तकनीकी ज्ञान से प्राप्त संसाधनो का प्रयोग करते हुये, एक तरफ तो ब्रह्माण्ड की ओर चल पड़ा है तो दुसरी तरफ विध्वंस के लिए अनेक हथियारों का भी निर्माण कर चुका है। ऐसी स्थिति में हमें निश्चित रूप से ऐसे एकीकरण की आवश्यकता है जिससे हम इस पृथ्वी से मानसिक स्तर के विवादों को समाप्त कर सकें।

माया सभ्यता के अनुसार विश्व के मानव समाज यह भी मान रहें हैं कि 21 दिसम्बर, 2012 को दुनिया का अन्त हो जायेगा। जबकि हिन्दू धर्म शास्त्र विष्णु पुराण, भागवत पुराण, अग्नि पुराण, गरूड़ पुराण, पद्म पुराण इत्यादि में भगवान के दसवें और महाअवतार "कल्कि" का होना अभी शेष है। जिनसे कलियुग के अंधकार व विनाश को समाप्त करने का कार्य सम्पन्न होगा, साथ ही सत्ययुग का आरम्भ होगा। सिक्ख धर्म के पवित्र ग्रन्थ "दशम् ग्रन्थ" में भी "कल्कि अवतार" का वर्णन मिलता है।

सृजन और विनाश, का स्तर शारीरिक, आर्थिक व मानसिक होता है। जो एक व्यक्ति, समाज, देश और विश्व राष्ट्र के लिए होता है। व्यक्ति पर हुये शारीरिक, आर्थिक व मानसिक सृजन और विनाश को व्यक्ति ही अनुभव करता है परन्तु समाज, देश और विश्व राष्ट्र पर हुये शारीरिक, आर्थिक व मानसिक सृजन व विनाश को सार्वजनिक रूप से सभी देखते है। समाज, देश और विश्व राष्ट्र पर शारीरिक व आर्थिक सृजन और विनाश वर्तमान में तो चल ही रहा है जिसे सार्वजनिक रूप से मानव समाज देख रहा है।

भौतिकवादी पश्चिमी संस्कृति किसी भी सृजन व विनाश को मानसिक स्तर पर सोच ही नहीं सकता क्योंकि वह समस्त क्रियाकलाप को बाह्य जगत में ही घटित होता समझाता है जबकि वर्तमान समय मानसिक स्तर पर विनाश व सृजन का है। इस आधार पर यह कहा जा सकता है कि माया सभ्यता के अनुसार 21 दिसम्बर, 2012 को जो विनाश व सृजन होगा, वह मानसिक स्तर का ही होगा। जिसके परिणामस्वरूप सभी सम्प्रदाय, मत, दर्शन एक उच्च स्तर के विचार या सत्य में विलीन अर्थात विनाश को प्राप्त करेगा। फलस्वरूप उच्च स्तर के विचार या सत्य में स्थापित होने से सृजन होगा। कुल मिलाकर माया सभ्यता के कैलेण्डर का अन्त तिथि 21 दिसम्बर, 2012, दुनिया के अन्त की तिथि नहीं बल्कि वह वर्तमान युग के अन्त की अन्तिम तिथि का अनुमान है जिसके बाद नये युग का आरम्भ होगा।

ईश्वर भी इतना मूर्ख व अज्ञानी नहीं है कि वह स्वयं को इस मानव षरीर में पूर्ण व्यक्त किये बिना ही दुनिया को नष्ट कर दे। इसके सम्बन्ध में हिन्दू धर्म शास्त्रों में सृष्टि के प्रारम्भ के सम्बन्ध में कहा गया है कि- "ईश्वर ने इच्छा व्यक्त की कि मैं एक हूँ, अनेक हो जाऊँ"। इस प्रकार जब वही ईश्वर सभी में है तब निश्चित रूप से जब तक सभी मानव ईश्वर नहीं हो जाते तब तक दुनिया के अन्त होने का कोई प्रश्न ही नहीं उठता। और विकास क्रम चलता रहेगा।

21 दिसम्बर, 2012 के बाद का समय नये युग के प्रारम्भ का समय है जिसमें ज्ञान, ध्यान, चेतना, भाव, जन, देश, विश्व राष्ट्र, आध्यात्मिक जागरण, मानवता इत्यादि का विश्वव्यापी विकास होगा। परिणामस्वरूप सभी मानव को ईश्वर रूप में स्थापित होने का अवसर प्राप्त होगा। और यही विश्व मानव समाज की मूल आवश्यकता है। प्राचीन वैदिक काल में समाज को नियंत्रित करने के लिए ज्ञानार्जन सबके लिए खुला नहीं था परन्तु वर्तमान और भविष्य की आवश्यकता यह है कि समाज को नियंत्रित करने के लिए सभी को पूर्ण ज्ञान से युक्त कर सभी के लिए ज्ञान को खोल दिया जाय। यही कारण था कि वेद को प्रतीकात्मक रूप में लिख कर गुरू-शिष्य परम्परा द्वारा उसकी व्याख्या की जाती रही थी जिससे राजा और समाज को नियंत्रण में रखा जा सके।

सभी मानव को ईश्वर रूप में स्थापित होने के लिए जो माध्यम चाहिए वह है-"एकात्म विज्ञान" व "ईश्वर शास्त्र" विषय से मानव को शिक्षित करना और शिक्षा पाठ्यक्रम में अनिवार्य रूप से अध्ययन के लिए शामिल कराया जा सके।

"सार्वभौम सत्य-सिद्धांत"पर आधारित "युग परिवर्तन श्रृंखला" मानवता के अगली पीढ़ी के उदय के लिए

"नये युग" में "नये भारत" के लिए "नवीन मान-राग-प्राण" पर आधारित क्रियान्वयन प्रणाली (Operation System)-मानव-10 (MANAV-10) की पुस्तकें

यह नई पीढ़ी (Gen-Z) के लिए "विकसित भारत" और "मानव-10 प्रणाली" (MANAV-10 System) को प्रोत्साहित करने वाली श्रृंखला का हिस्सा है। अर्थात् यह पुस्तक किसी धर्म, जाति या मत से ऊपर उठकर "Universal Truth Principles" की ओर संकेत करती है।

मुद्रित (Printed Hard Copy) पुस्तक के लिए लिंक(Link)

https://notionpress.com/author/lava_kush

E_Book के लिए

www.64inch.com

द्वापर युग में आठवें अवतार श्रीकृष्ण द्वारा प्रारम्भ किया गया कार्य नवसृजन के प्रथम भाग सार्वभौम ज्ञान के शास्त्र "गीता" के बाद कलियुग में द्वितीय और अन्तिम भाग "सार्वभौम कर्मज्ञान" और "पूर्णज्ञान का पूरक शास्त्र"

विश्व युद्ध के पहले
दिव्य दृष्टि
सत्यकाशी पीठ
पांचवां और अन्तिम शंकराचार्य पीठ

मैं
कल्कि अवतार
बोल रहा हूँ
सत्यकाशी पीठ
पाँचवां और अन्तिम शंकराचार्य पीठ

समष्टि गीता
सत्यकाशी पीठ
पाँचवां और अन्तिम शंकराचार्य पीठ

फिल्म स्क्रीप्ट
राइटिंग
IDEAS
You are the writer of your life
FRESH ideas
Writing is designing with words
creative THINKING
LIGHTS CAMERA ACTION
Short Films.
लव कुश सिंह “विश्वमानव”

प्रारम्भिक सत्य
अन्तिम
दृष्टि
सत्यकाशी पीठ
पाँचवां और अन्तिम शंकराचार्य पीठ

सत्य धर्म
युग परिवर्तक
दृष्टि
सत्यकाशी पीठ
पाँचवां और अन्तिम शंकराचार्य पीठ

सत्य दार्शनिक-दर्शन
और
कर्म वेदान्त-विकास
दर्शन
सत्यकाशी पीठ
पाँचवां और अन्तिम शंकराचार्य पीठ

सत्य शास्त्र
एवं
पुराण-रहस्य
महर्षि व्यास
कला
सत्यकाशी पीठ
पाँचवां और अन्तिम शंकराचार्य पीठ

संत एवं गुरु
और
सत्यकाशी पीठ
पाँचवां और अन्तिम शंकराचार्य पीठ

समाज और
ईश्वरीय समाज
सत्यकाशी पीठ
पाँचवां और अन्तिम शंकराचार्य पीठ

सत्य शास्त्र और
विश्वशास्त्र
सत्यकाशी पीठ
पाँचवां और अन्तिम शंकराचार्य पीठ

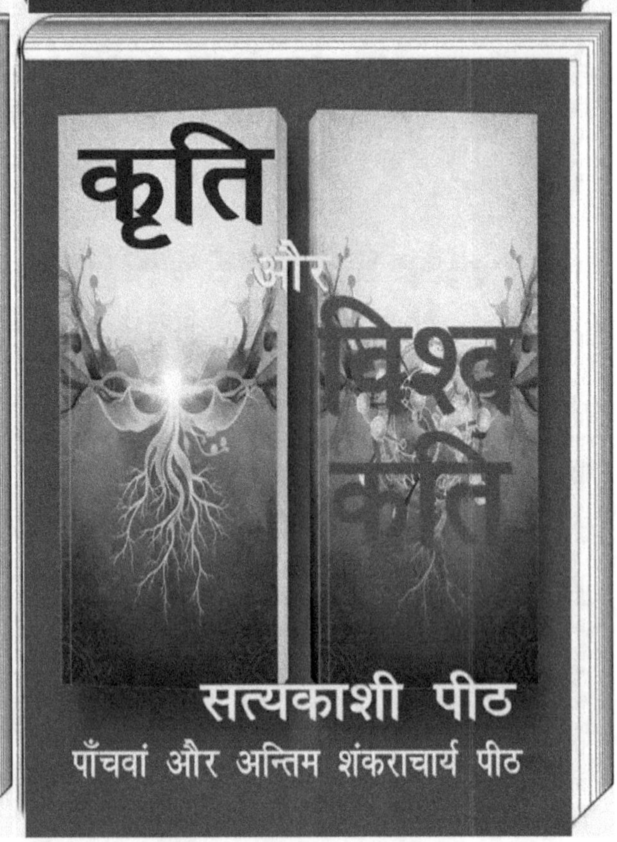
कृति
और
विश्व
सत्यकाशी पीठ
पाँचवां और अन्तिम शंकराचार्य पीठ

भारत माता मन्दिर
और
विश्वधर्म मन्दिर
सत्यकाशी पीठ
पाँचवां और अन्तिम शंकराचार्य पीठ

महाभारत
और
विश्वभारत
सत्यकाशी पीठ
पाँचवां और अन्तिम शंकराचार्य पीठ

संविधान और
विश्व संविधान
सत्यकाशी पीठ
पांचवां और अन्तिम शंकराचार्य पीठ

शिक्षा और
पूर्ण शिक्षा
सत्यकाशी पीठ

देवता और सार्वभौम देवता
कल्कि
सत्यकाशी पीठ

माँ कल्कि

द्वादस ज्योतिर्लिंग और
१३वां अन्तिम ज्योतिर्लिंग
सत्यकाशी पीठ
पाँचवां और अन्तिम शंकराचार्य पीठ

काशी
मोक्षदायिनी
और
जीवनदायिनी

सत्यकाशी
स्वर्णयुग
का
तीर्थ

काशी
रहस्योद्घाटन
सत्यकाशी पीठ
पांचवां और अन्तिम शंकराचार्य पीठ

2020
सत्यकाशी पीठ
पाँचवां और अन्तिम शंकराचार्य पीठ

ईश्वर
का
संक्षिप्त इतिहास
सत्यकाशी पीठ
पाँचवां और अन्तिम शंकराचार्य पीठ

अवतार
अन्तिम सत्य दृष्टि
सत्यकाशी पीठ
पाँचवां और अन्तिम शंकराचार्य पीठ

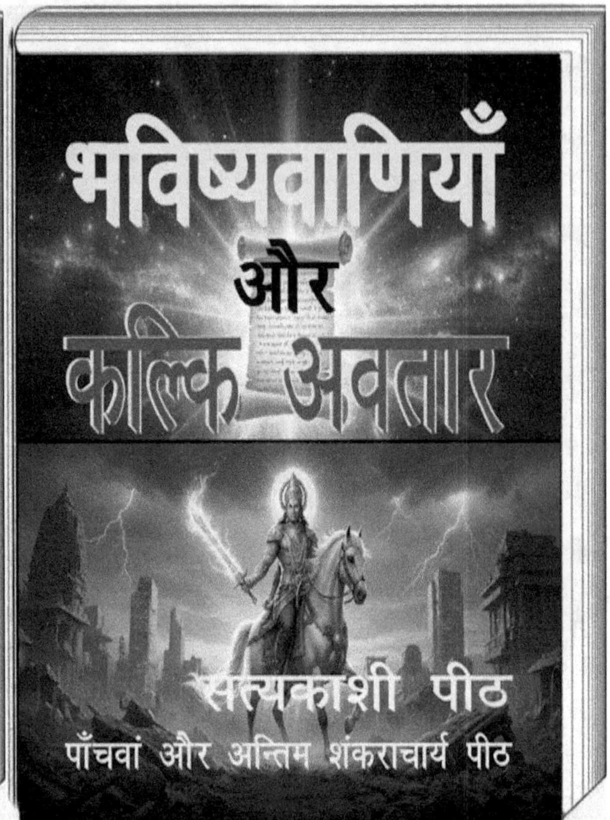
भविष्यवाणियाँ
और
कल्कि अवतार
सत्यकाशी पीठ
पाँचवां और अन्तिम शंकराचार्य पीठ

स्वामी विवेकानन्द
और
कल्कि अवतार
सत्यकाशी पीठ
पाँचवां और अन्तिम शंकराचार्य पीठ

मनु मनवन्तर
और
कल्कि अवतार
सत्यकाशी पीठ
पाँचवां और अन्तिम शंकराचार्य पीठ

व्यास, शास्त्र
और
कल्कि अवतार
सत्यकाशी पीठ
पाँचवां और अन्तिम शंकराचार्य पीठ

ऋषि, ऋषि परम्परा
और
कल्कि अवतार
सत्यकाशी पीठ
पाँचवां और अन्तिम शंकराचार्य पीठ

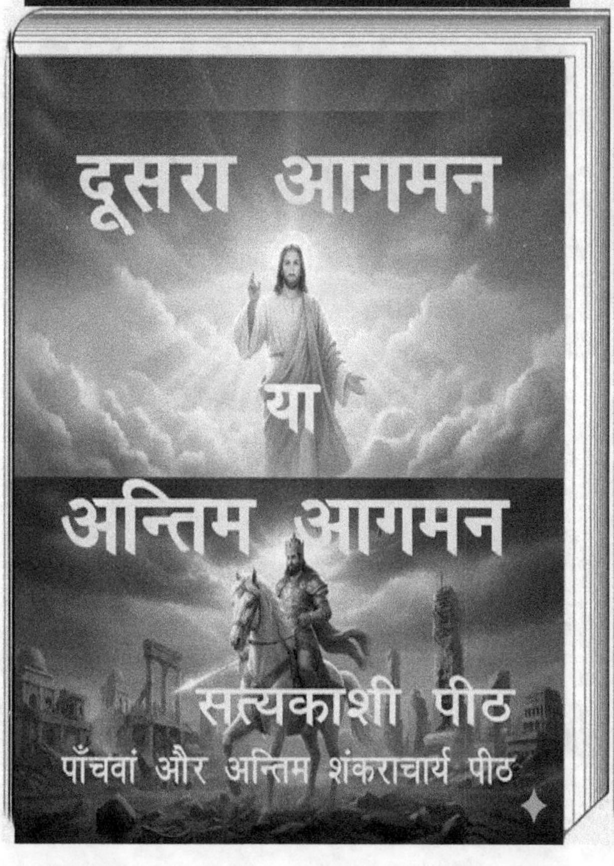
दूसरा आगमन
या
अन्तिम आगमन
सत्यकाशी पीठ
पाँचवां और अन्तिम शंकराचार्य पीठ

परिवर्तन
काल, मनु, युग,
व्यास और शास्त्र
सत्यकाशी पीठ
पाँचवां और अन्तिम शंकराचार्य पीठ

राम, रावण
और
सार्वभौम एकात्म
सत्यकाशी पीठ
पाँचवां और अन्तिम शंकराचार्य पीठ

मैं
व्यक्तिगत या सार्वभौम
सत्यकाशी पीठ
पाँचवां और अन्तिम शंकराचार्य पीठ

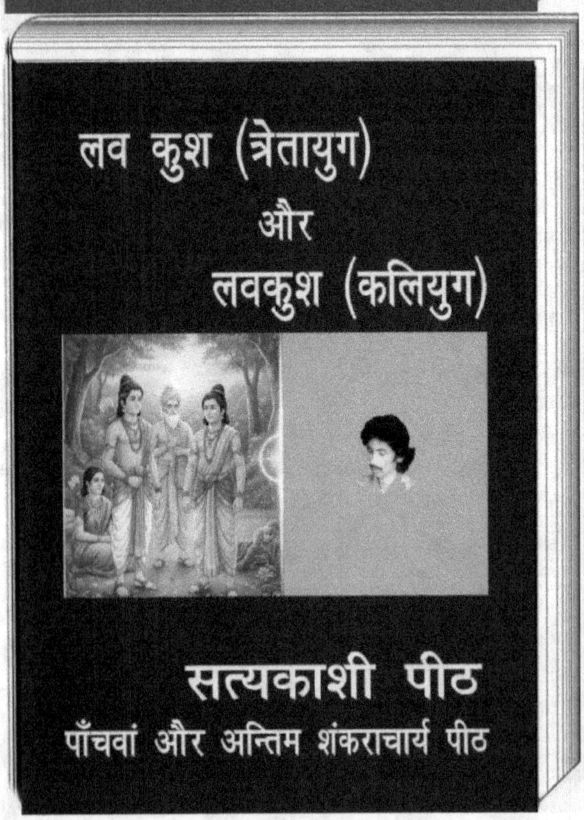
लव कुश (त्रेतायुग)
और
लवकुश (कलियुग)
सत्यकाशी पीठ
पाँचवां और अन्तिम शंकराचार्य पीठ

कल्कि महावतार
आ चुके हैं
(ACTION PLAN)
सत्यकाशी पीठ
पाँचवां और अन्तिम शंकराचार्य पीठ

लव कुश सिंह
(कल्कि महावतार)
जीवन, ज्ञान, कर्म और विश्वरूप
सत्यकाशी पीठ
पाँचवां और अन्तिम शंकराचार्य पीठ

वैश्विक बुद्ध
बुद्ध का
भाग-दो
और अन्तिम
सत्यकाशी पीठ
पाँचवां और अन्तिम शंकराचार्य पीठ

बुड्ढ़ा कृष्ण
कृष्ण का
भाग-दो
और अन्तिम
सत्यकाशी पीठ
पाँचवां और अन्तिम शंकराचार्य पीठ

सम्पूर्ण क्रान्ति
अन्तिम कार्य योजना
64
सत्यकाशी पीठ
पांचवां और अन्तिम शंकराचार्य पीठ

सम्पूर्ण क्रान्ति
वेबसाइट मार्गदर्शन
विवरणिका
www.64inch.com
सत्यकाशी पीठ
पाँचवां और अन्तिम शंकराचार्य पीठ

पुनर्निर्माण
(RENEW)
समस्या, समाधान
और
राष्ट्र निर्माण की योजना
सत्यकाशी पीठ
पाँचवां और अन्तिम शंकराचार्य पीठ

पुनर्निर्माण
(RENEW)
ग्राम एवं नगर वार्ड
प्रेरक
सत्यकाशी पीठ
पाँचवां और अन्तिम शंकराचार्य पीठ

द्वापर युग में आठवें अवतार श्रीकृष्ण द्वारा प्रारम्भ किया गया कार्य "नवसृजन" के
प्रथम भाग "सार्वभौम ज्ञान" के शास्त्र "गीता" के बाद कलियुग में
द्वितीय और अन्तिम भाग "सार्वभौम कर्मज्ञान" और "पूर्णज्ञान का पूरक शास्त्र"
।। विश्वशास्त्र ।।
द नॉलेज ऑफ फाइनल नॉलेज
परिचय
- लव कुश सिंह "विश्वमानव"

एन्टायर पालिटिक्स
पूर्ण पाठ्यक्रम
सत्यकाशी पीठ

वसुधैव
कुटुम्बकम्
सत्यकाशी पीठ
पाँचवां और अन्तिम शंकराचार्य पीठ

।।कर्मवेद।।
प्रथम, अन्तिम तथा पंचम
सत्यकाशी पीठ
पांचवां और अन्तिम शंकराचार्य पीठ

आठवें अवतार
श्रीकृष्ण
सत्यकाशी पीठ
पांचवां और अन्तिम शंकराचार्य पीठ

अयोध्या नहीं,
मुंगेर है
राम जन्मभूमि
सत्यकाशी पीठ
पाँचवां और अन्तिम शंकराचार्य पीठ

विश्वमानव
भूतपूर्व नेतृत्वकर्ताओं
का
स्पष्टिकरण
सत्यकाशी पीठ
पाँचवां और अन्तिम शंकराचार्य पीठ

विश्वमानव
वर्तमान नेतृत्वकर्ताओं
का
स्पष्टिकरण
सत्यकाशी पीठ
पाँचवां और अन्तिम शंकराचार्य पीठ

विश्वमानव
वार्ता, वक्तव्य
एवं
वाणीयाँ
सत्यकाशी पीठ
शंकराचार्य पीठ

विश्वमानव
पत्रावली, प्रसारण
और
अन्तिम पत्र
सत्यकाशी पीठ
पाँचवां और अन्तिम शंकराचार्य पीठ

सत्य जनहित
आह्वान
सत्यकाशी पीठ
पाँचवां और अन्तिम शंकराचार्य पीठ

विश्व शान्ति
अन्तिम सत्य दृष्टि
सत्यकाशी पीठ
पाँचवां और अन्तिम शंकराचार्य पीठ

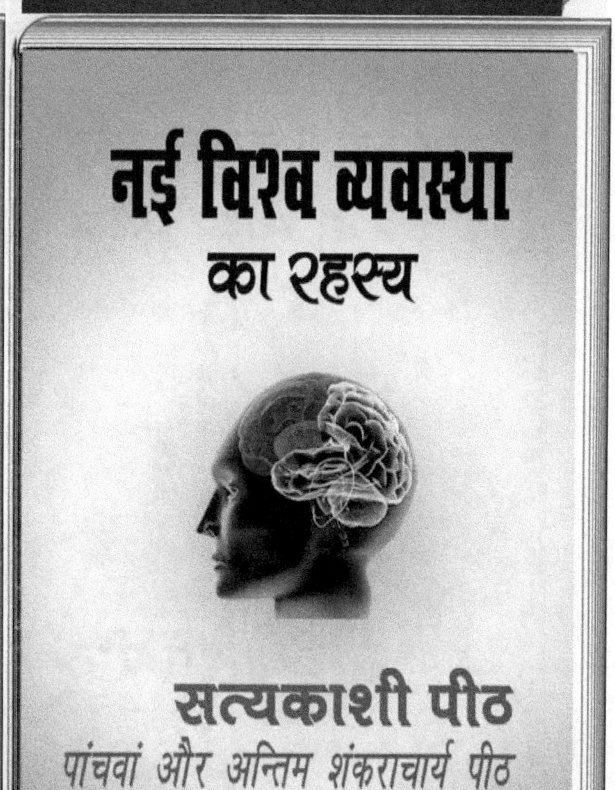
नई विश्व व्यवस्था
का रहस्य
सत्यकाशी पीठ
पांचवां और अन्तिम शंकराचार्य पीठ

समाजवाद
ब्रह्माण्डीय विकास का अवतारी मार्ग
सत्यकाशी पीठ
पांचवां और अन्तिम शंकराचार्य पीठ

भारतवाद
राष्ट्रवाद की मुख्यधारा
सत्यकाशी पीठ
पांचवां और अन्तिम शंकराचार्य पीठ

100 वर्षीय संयुक्त राष्ट्र
को अग्रिम सन्देश
सत्यकाशी पीठ
पांचवां और अन्तिम शंकराचार्य पीठ

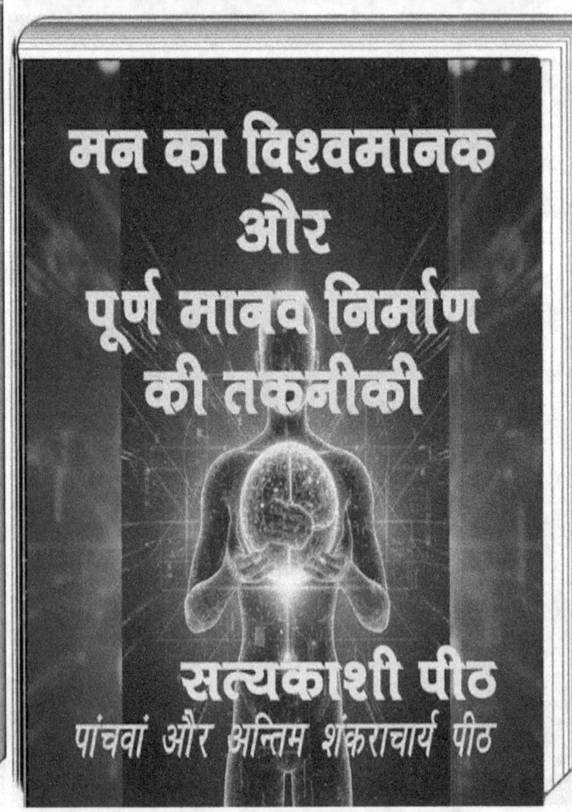
मन का विश्वमानक
और
पूर्ण मानव निर्माण
की तकनीकी
सत्यकाशी पीठ
पांचवां और अन्तिम शंकराचार्य पीठ

गणराज्य, संघ,
मानकीकरण संगठन
और
सम्पूर्ण मानक
सत्यकाशी पीठ
पाँचवां और अन्तिम शंकराचार्य पीठ

व्यापार केन्द्र
दृश्य सत्य
सत्यकाशी पीठ
पाँचवां और अन्तिम शंकराचार्य पीठ

सार्वभौम एकात्म
नव विश्व निर्माण
सत्यकाशी पीठ
पांचवां और अन्तिम शंकराचार्य पीठ

मानक विपणन
प्रणाली
सत्यकाशी पीठ
पाँचवां और अन्तिम शंकराचार्य पीठ

स्वर्णयुग का मानक
आदर्श नागरिक
दिशा निर्देश
सत्यकाशी पीठ
पांचवां और अन्तिम शंकराचार्य पीठ

स्वर्णयुग का
विश्वधर्म
परिचय
सत्यकाशी पीठ
पांचवां और अन्तिम शंकराचार्य पीठ

मैत्रेय बुद्ध
की ओर
सत्यकाशी पीठ
पांचवां और अन्तिम शंकराचार्य पीठ

विशाल ज्ञान विज्ञान
सबका समाधान
सूर्योदय
जय जनता जय कानून
हम सब एक दूसरे से हैं और एक दूसरे के लिए हैं
सौजन्य से : सारे गैर सरकारी प्राणी : सरकारी प्राणी : इज्जतदार नेता और
सबका भविष्य विद्यार्थीगण........के लिए।

सार्वभौम सत्य-सिद्धान्त आधारित "युग परिवर्तक" श्रृंखला
कल्कि धाम
और
कल्कि परिचय
- लव कुश सिंह "विश्वमानव"

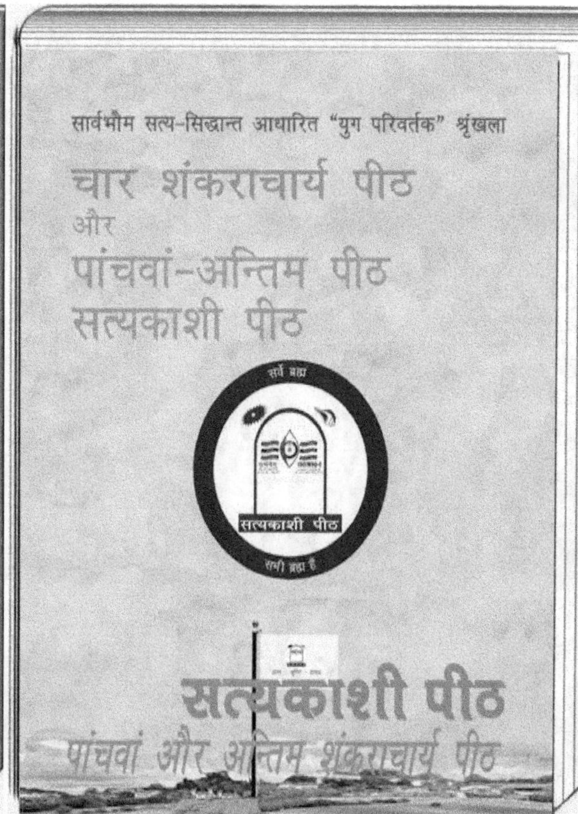
सार्वभौम सत्य-सिद्धान्त आधारित "युग परिवर्तक" श्रृंखला
चार शंकराचार्य पीठ
और
पांचवां-अन्तिम पीठ
सत्यकाशी पीठ
सत्यकाशी पीठ
सत्यकाशी पीठ
पांचवां और अन्तिम शंकराचार्य पीठ

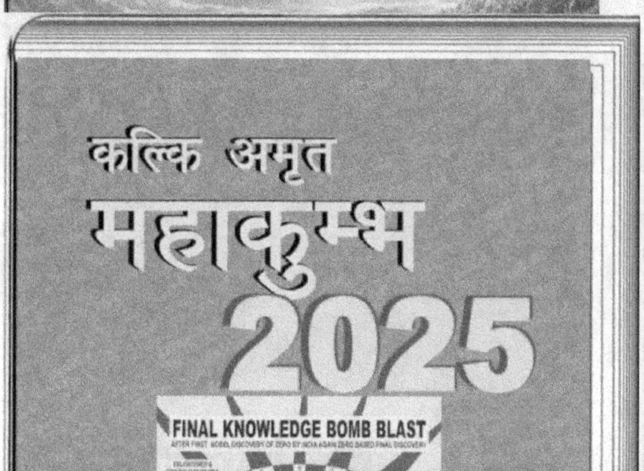
कल्कि अमृत
महाकुम्भ
2025
FINAL KNOWLEDGE BOMB BLAST
सत्यकाशी पीठ
पांचवां और अन्तिम शंकराचार्य पीठ

ज्योति
युग परिवर्तन की
TRANSACTION
TRADE
DEVELOPMENT
RURAL
GD
EDUCATION
ADVANCEMENT
NATURAL TRUTH
सत्यकाशी पीठ
पांचवां और अन्तिम शंकराचार्य पीठ

युग परिवर्तन
के
शब्द
सत्यकाशी पीठ
पांचवां और अन्तिम शंकराचार्य पीठ

विचारों का अंत
2025
सत्यकाशी पीठ
पांचवां और अन्तिम शंकराचार्य पीठ

विश्व सत्य घोषणा-पत्र
2025–मानव जाति तक
RSS
Rational Service
Society
सत्यकाशी पीठ
पांचवां और अन्तिम शंकराचार्यपीठ

वैश्विक युग परिवर्तन के लिए
विश्व राजनीतिक पार्टी
संघ
RSS
Rational Service
Society
सत्यकाशी पीठ
पांचवां और अन्तिम शंकराचार्यपीठ

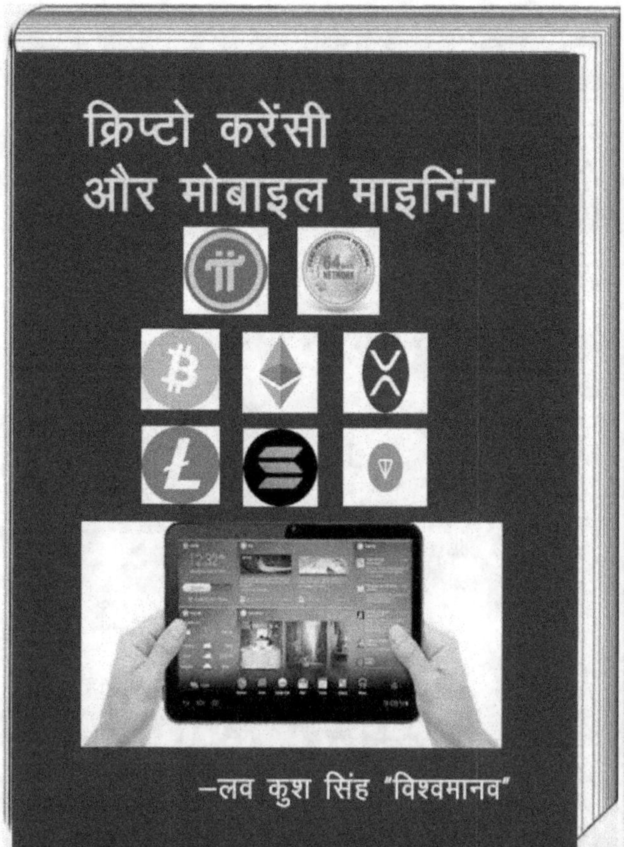
क्रिप्टो करेंसी
और मोबाइल माइनिंग
—लव कुश सिंह "विश्वमानव"

पीढ़ी
मानवीय और ईश्वरीय
10
वात्सल्य त्रिपाठी

बुढ़ा कृष्ण
अन्तिम मिलन
वात्सल्य त्रिपाठी

GEN जी
अन्तिम लक्ष्य
वात्सल्य त्रिपाठी

पाँचवां-अन्तिम पीठ
सत्यकाशी पीठ
परिचय
वात्सल्य त्रिपाठी
पाँचवां और आंतिम शंकराचार्य पीठ

कबीर और जेन-जी
नई चेतना, नया मानव
चेतना और नवयुग की संवाद यात्रा
वात्सल्य त्रिपाठी

कल्कि की ज्योति
बिहार से
ज्योति राठौड़

एक बिहारी धरती पर भारी
ज्योति राठौड़

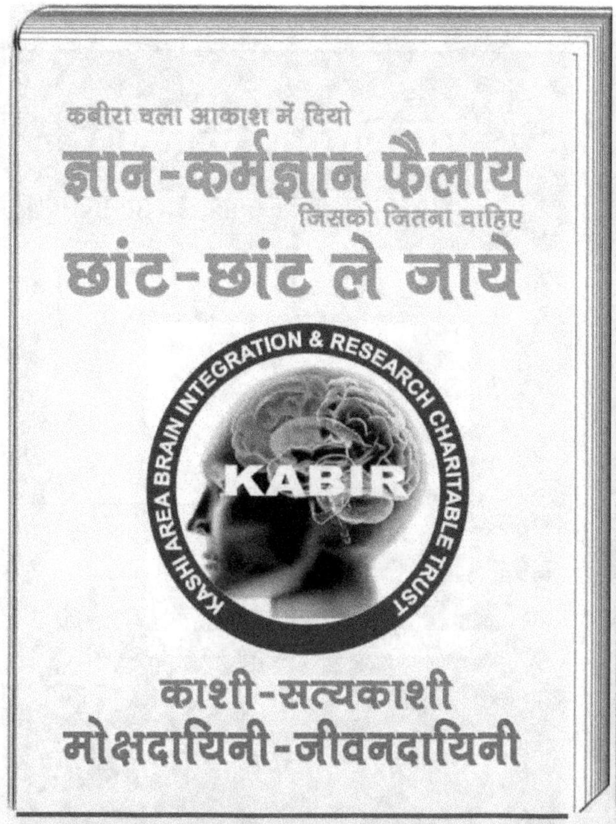
कबीरा चला आकाश में दियो
ज्ञान-कर्मज्ञान फैलाय
जिसको जितना चाहिए
छांट-छांट ले जाये
KASHI AREA BRAIN INTEGRATION & RESEARCH CHARITABLE TRUST
KABIR
काशी-सत्यकाशी
मोक्षदायिनी-जीवनदायिनी

कुर्म वंश
और
चरणाद्रिगढ़
स्वामी रमेशानन्द

आर.एस.एस
नवयुग के लिए
वैश्विक व्यक्तिगत पुस्तकालय
RATIONAL SERVICE SOCIETY (RSS)
WORLD PERSONAL LIBRARY FOR NEW AGE
A GUIDE TO GLOBAL WISDOM & FUTURE THOUGHT
स्वामी रमेशानन्द

झोला उठने के बाद
सोशल मीडिया
के लिए
कन्टेन्ट बैंक
विस्तृत गाइड: विचार, रणनीतियाँ, और संसाधन
www.64inch.com
सत्यकाशी पीठ
पांचवां और अन्तिम शंकराचार्य पीठ

झोला उठने के बाद
कल्कि
सत्यकाशी पीठ
पांचवां और अन्तिम शंकराचार्य पीठ

युग परिवर्तन के लिए:
विश्व पुस्तकालय बनाम कल्कि पुस्तकालय
www.64inch.com
बनाम
कल्कि पुस्तकालय
ज्ञान का महासंग्राम - भविष्य का निर्माण
सत्यकाशी पीठ
पांचवां और अन्तिम शंकराचार्य पीठ

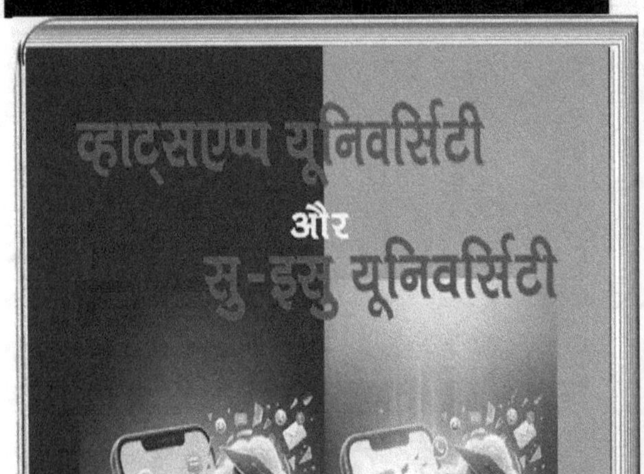
व्हाट्सएप्प यूनिवर्सिटी
और
सु-इसु यूनिवर्सिटी
सत्यकाशी पीठ
पांचवां और अन्तिम शंकराचार्य पीठ

इंडिया
भारत का विश्वरूप
सत्यकाशी पीठ
पांचवां और अन्तिम शंकराचार्य पीठ

अधूरे
सपनों
का
अन्तिम मार्ग
सत्यकाशी पीठ
पांचवां और अन्तिम शंकराचार्य पीठ

मानक
संविधान
और
बहुजन
सत्यकाशी पीठ
पांचवां और अन्तिम शंकराचार्य पीठ

विकसित भारत
अन्तिम मुद्दे
-ईश्वरीय/मानवीय पीढ़ी-10 (GEN-10)
-व्यक्तिगत
-पारिवारीक
-सामाजिक
-धार्मिक
-राष्ट्रीय
-वैश्विक
सत्यकाशी पीठ
पांचवां और अन्तिम शंकराचार्य पीठ

एक नया
विकल्प
THREADS
सत्यकाशी पीठ
पांचवां और अन्तिम शंकराचार्य पीठ

विकसित भारत
शिक्षितों का अन्तिम ईश्वरीय मॉडल
सत्यकाशी पीठ
पांचवां और अन्तिम शंकराचार्य पीठ

विकास मॉडल
आसुरी
और
ईश्वरीय
सत्यकाशी पीठ
पांचवां और अन्तिम शंकराचार्य पीठ

युग परिवर्तन और 1000 वर्षों के लिए
सत्यकाशी पीठ
का सम्पूर्ण कार्य
कौन,
क्यों,
कैसे
कल्कि?
सत्यकाशी पीठ
पांचवां और अन्तिम शंकराचार्य पीठ

बैल बुद्धि
और
विकसित
भारत
सत्यकाशी पीठ
पांचवां और अन्तिम शंकराचार्य पीठ

सत्यकाशी पीठ
पांचवां और अन्तिम शंकराचार्य पीठ

एक्सट्रा
टु ए बी
समान नागरिक व्यापार ज्ञान संहिता (CCTKC)
सत्यकाशी पीठ
पांचवां और अन्तिम शंकराचार्य पीठ

एक्सट्रा
टु ए बी
समान नागरिक आर्थिक संहिता (UCEC)
सत्यकाशी पीठ
पांचवां और अन्तिम शंकराचार्य पीठ

अंध भक्ति
से मुक्ति की ओर
मुक्ति मंत्र
"जिसने अंधभक्ति दिया
वही मुक्ति देगा"
सत्यकाशी पीठ
पांचवां और अन्तिम शंकराचार्य पीठ

VISHVABHARAT
न मो नारायण
सत्यकाशी पीठ
पांचवां और अन्तिम शंकराचार्य पीठ

अगला स्तर
फिल्म और राजनीति पर
विचारों का संगह
सत्यकाशी पीठ
पांचवां और अन्तिम शंकराचार्य पीठ

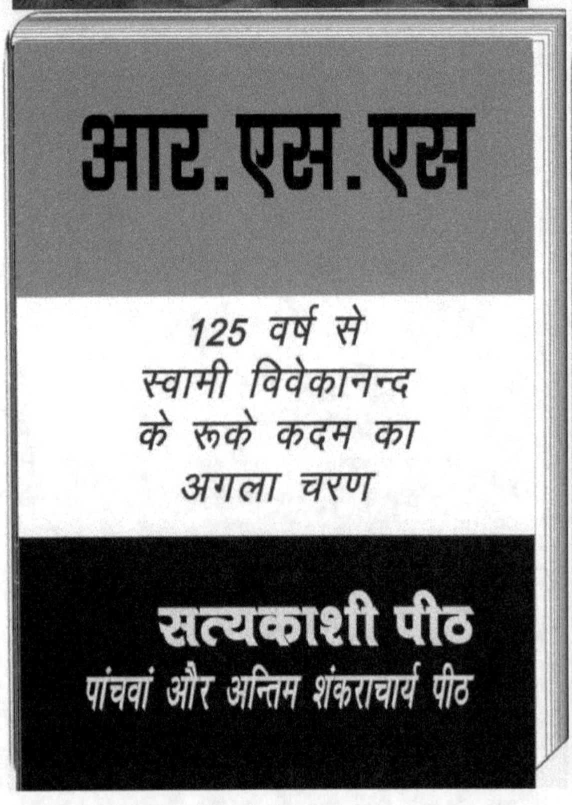
आर.एस.एस
125 वर्ष से
स्वामी विवेकानन्द
के रूके कदम का
अगला चरण
सत्यकाशी पीठ
पांचवां और अन्तिम शंकराचार्य पीठ

आर.एस.एस
रहस्योद्घाटन
सत्यकाशी पीठ
पांचवां और अन्तिम शंकराचार्य पीठ

125 वर्ष बाद
स्वामी विवेकानन्द
का अगला चरण

सत्येश्वर नरेन्द्र
सत्यकाशी पीठ

आत्मकथा
लेखन कला
का विश्वमानक
पांचवां और अन्तिम शंकराचार्य पीठ

लुच्चा
पुराण
पौराणिक कथाओं
और पात्रों के
सत्य समझ की व्यास दृष्टि
सत्यकाशी पीठ
पांचवां और अन्तिम शंकराचार्य पीठ

आठवां
सावर्णि मनु स्मृति
सत्यकाशी पीठ
पांचवां और अन्तिम शंकराचार्य पीठ

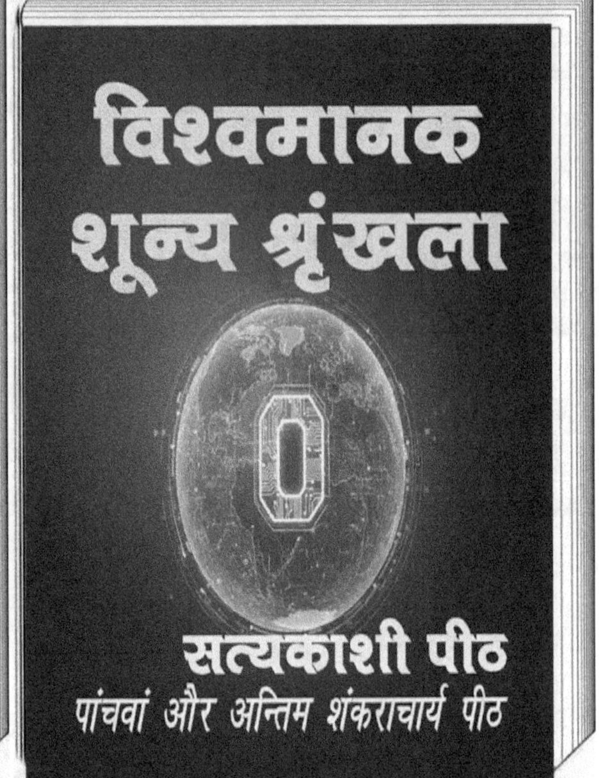
विश्वमानक
शून्य श्रृंखला
0
सत्यकाशी पीठ
पांचवां और अन्तिम शंकराचार्य पीठ

सर्वजीत साधना
भवन
एक आध्यात्मिक अनुभव
सत्यकाशी पीठ
पांचवां और अन्तिम शंकराचार्य पीठ

मैं था, हूँ और रहूँगा
सत्यकाशी पीठ
पांचवां और अन्तिम शंकराचार्य पीठ

लव
सत्यकाशी पीठ
पांचवां और अन्तिम शंकराचार्य पीठ

परब्रह्म,
प्रकृति,
अवतार
और वा नर
सत्यकाशी पीठ
पांचवां और अन्तिम शंकराचार्य पीठ

संसार
दृश्य
और
अदृश्य
सत्यकाशी पीठ
पांचवां और अन्तिम शंकराचार्य पीठ

कर्मोपनिषद्
सत्यकाशी पीठ
पांचवां और अन्तिम शंकराचार्य पीठ

विश्वभारत
पुराण
सत्यकाशी पीठ
पांचवां और अन्तिम शंकराचार्य पीठ

एकात्म विज्ञान
सत्यकाशी पीठ
पांचवां और अन्तिम शंकराचार्य पीठ

मानक विज्ञान
सत्यकाशी पीठ
पांचवां और अन्तिम शंकराचार्य पीठ

ईश्वर शास्त्र
सत्यकाशी पीठ
पांचवां और अन्तिम शंकराचार्य पीठ

युगावतारों के प्रकटीकरण की कार्यविधि:
राम-कृष्ण-लवकुश
सत्यकाशी पीठ
पांचवां और अन्तिम शंकराचार्य पीठ

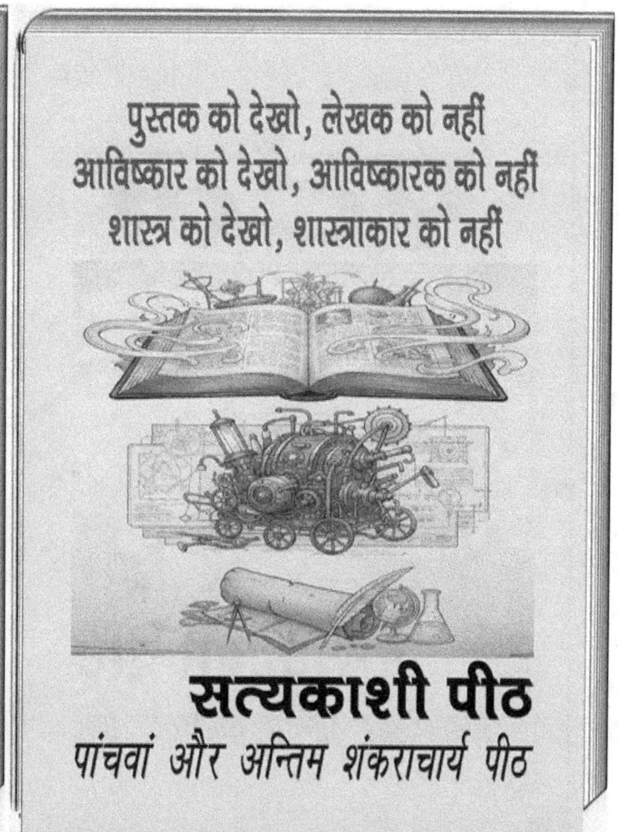
पुस्तक को देखो, लेखक को नहीं
आविष्कार को देखो, आविष्कारक को नहीं
शास्त्र को देखो, शास्त्राकार को नहीं
सत्यकाशी पीठ
पांचवां और अन्तिम शंकराचार्य पीठ

56 से 64
की ओर
सत्यकाशी पीठ
पांचवां और अन्तिम शंकराचार्य पीठ

मैं सत्यकाशी हूँ
कविता
सत्यकाशी पीठ
पांचवां और अन्तिम शंकराचार्य पीठ

पटेल
भारत के शारीरिक एकीकरण के बाद
मन का एकीकरण लक्ष्य
सत्यकाशी पीठ
पांचवां और अन्तिम शंकराचार्य पीठ

मन से
आत्मा तक
3 6 9 और 7
6
3
9
7
सत्यकाशी पीठ
पांचवां और अन्तिम शंकराचार्य पीठ

भारत
400 पार मुद्दा किसका
?
सत्यकाशी पीठ
पांचवां और अन्तिम शंकराचार्य पीठ

आर. एस. एस - पुस्तकालय
पढ़ो और कमाओ
शिक्षित समाज, समर्थ राष्ट्र
सत्यकाशी पीठ
पांचवां और अन्तिम शंकराचार्य पीठ

विश्वयुद्ध के पहले
विश्वगुरु भारत
का विश्व शान्ति और
पुनर्निर्माण का अन्तिम सन्देश
सत्यकाशी पीठ
पांचवां और अन्तिम शंकराचार्य पीठ

चुटिया पण्डित
वृन्दावन की सत्य घटना
स्वामी नन्दनानंद

कल्कि का
चुनार और वृन्दावन
से उठता प्रेम
स्वामी नन्दनानंद

कल्कि का
बेगुसराय और मीरजापुर
जन्म और कर्म क्षेत्र
स्वामी नन्दनानंद

सत्येश्वरोपनिषद्
सत्येश्वर
और
झूठेश्वर
वात्सल्य त्रिपाठी

अन्तिम अवतार
कल्कि
के लिए शेष कर्म
वात्सल्य त्रिपाठी

कल्कि अवतार
का मानव-10
विकसित भारत का प्रवेश द्वार
वात्सल्य त्रिपाठी

पप्पू-गप्पू
और
नागरिक झुलेलाल
वात्सल्य त्रिपाठी

DATA
ओपेन गेम
कभी-कभी नहीं,
अब कन्फर्म है
अपुन ही
भगवान है
(वेब सीरीज)
वात्सल्य त्रिपाठी

SATYAKASHI
THE END OF MIRZAPUR
सत्यकाशी पीठ
पांचवां और अन्तिम शंकराचार्य पीठ

अण्डरवर्ल्ड
सनातन से पुरूषों से छुपी महिलाओं की कहानी
(फिल्म स्क्रीनप्ले-रेडी टू शूट)
वात्सल्य त्रिपाठी

सोना और सोना
एवं
नारी सशक्तिकरण
वैदिक काल से वर्तमान तक
सत्यकाशी पीठ
पांचवां और अन्तिम शंकराचार्य पीठ

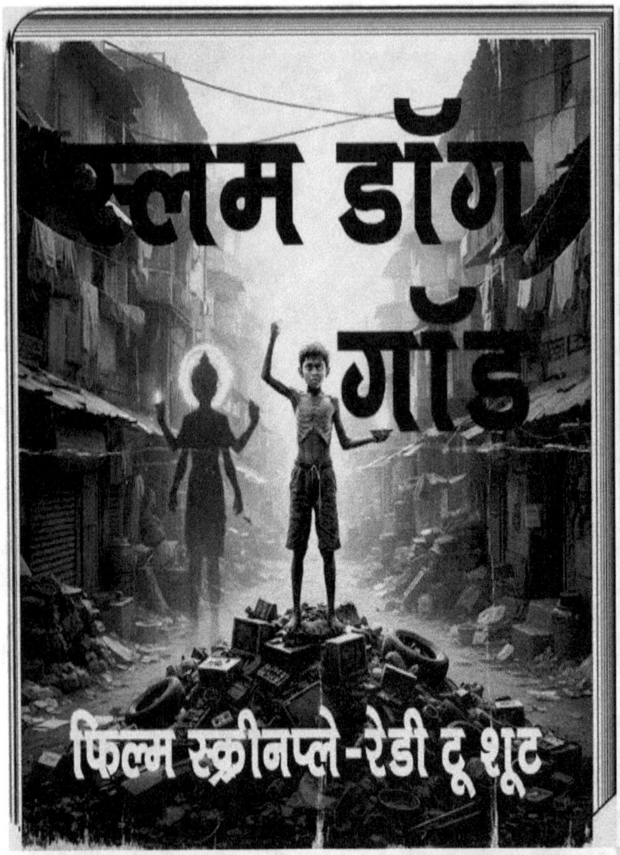
स्लम डॉग
गॉड
फिल्म स्क्रीनप्ले-रेडी टू शूट

उत्तर प्रदेश
का
उत्तर
वात्सल्य त्रिपाठी

अन्तिम समन्वयाचार्य
कल्कि
वात्सल्य त्रिपाठी

2026
2+0+2+6=10
सत्यकाशी
पांचवां और अन्तिम शंकराचार्य पीठ

राम न आयेंगे
लवकुश आ रहें हैं
www.64inch.com
पांचवां और अन्तिम शंकराचार्य पीठ

युग परिवर्तन के
150 पुस्तकें-परिचय
ज्ञान, प्रेरणा और भविष्य की ओर एक कदम
150
डिजिटल युग
सत्यकाशी पीठ
पांचवां और अन्तिम शंकराचार्य पीठ
"एक नई शुरुआत के लिए ज्ञान की खोज"

जैसी तुम्हारी इच्छा वैसा करो

डॉ0 सर्वपल्ली राधाकृष्णन का जन्म 5 सितम्बर, 1888 को दक्षिण भारत के तिरूतनि स्थान पर हुआ था जो चेन्नई से 64 किमी उत्तर–पूर्व में है। डॉ0 सर्वपल्ली राधाकृष्णन भारत के उपराष्ट्रपति और दूसरे राष्ट्रपति सन् 1952 से 1962 तक में रहे। डॉ0 सर्वपल्ली राधाकृष्णन भारतीय समाजिक संस्कृति से ओत–प्रोत एक महान शिक्षाविद् महान दार्शनिक, महान वक्ता और आस्थावान हिन्दू विचारक थे। डॉ0 सर्वपल्ली राधाकृष्णन ने अपने जीवन के महत्वपूर्ण 40 वर्ष शिक्षक के रूप में व्यतीत किये। उनमें एक आदर्श शिक्षक के सारे गुण मौजूद थे। डॉ0 सर्वपल्ली राधाकृष्णन समस्त विश्व को एक शिक्षालय मानते थे। उनकी मान्यता थी कि शिक्षा के द्वारा ही मानव दिमाग का सदउपयोग किया जाना सम्भव है इसलिए समस्त विश्व को एक इकाई समझकर ही शिक्षा का प्रबन्धन किया जाना चाहिए। उनके जन्मदिन को "शिक्षक दिवस" के रूप में मनाया जाता है।

इति ते ज्ञानमाख्यातं गुह्याद्गुह्यतरं मया।
विमृश्यैतदशेषेण यथेच्छसि तथा कुरू।।

(श्रीमद्भगवद्गीता, अध्याय–18, श्लोक–63)

अर्थात् – मैंने तुम्हें जो बताया, वह सब से बड़ा रहस्य है। इस पर भलीभाँति विचार कर तुम्हारी जैसी इच्छा वैसा करो।

"परमात्मा देखने में तटस्थ या निरपेक्ष दिखाई देता है, क्योंकि उसने चुनने का निर्णय अर्जुन के हाथ में छोड़ दिया है। उसकी यह निरपेक्षता ही अर्जुन के चिन्ता का कारण है। वह किसी पर भी दबाव नहीं डालता क्योंकि स्वतःस्फूर्त स्वतन्त्रता बहुत मूल्यवान होती है। भगवान अपना आदेश ऊपर से नहीं थोपता। वह स्वतन्त्र छोड़ देता है। परमात्मा की पुकार को स्वीकार करने या अस्वीकार कर देने के लिए हम हर समय स्वतन्त्र हैं। हम लड़खड़ाने लगें तो वह सहायता देने के लिए तैयार रहता है और प्रतीक्षा करने को तैयार है जब तक हम उसकी ओर उन्मुख न हों।

सब कुछ पहले से निर्धारित मानने वाले सिद्धान्त में टकराव के कारण यूरोप और भारत में काफी वाद–विवाद हुआ है। यूरोप का प्रमुख सिद्धान्त है कि संकल्प शक्ति और मानवीय प्रयत्न की स्वतन्त्रता का मनुष्य के उद्धार में बहुत बड़ा हाथ होता है। यद्यपि स्वयं संकल्प शक्ति को भी परमात्मा की कृपा के समर्थन की आवश्यकता पड़ सकती है। पहले से सब कुछ तय मानने वालों को अच्छे कार्यों और प्रार्थना के लिए यत्न करना होता है, क्योंकि वहाँ भी मानते हैं कि ये उपाय नियति को आगे बढ़ाने में सहायक तो हो सकते हैं लेकिन वे उसे रोक नहीं सकते। मनुष्य इस बात के लिए स्वतन्त्र है कि परमात्मा उन मनुष्यों पर कृपा करना चाहता है जो अपने आचरण से उस कृपा को ग्रहण करने के लिए तैयार करते हैं।

आध्यात्मिक नेता हम पर शारीरिक हिंसा, चमत्कार, प्रदर्शन के जरिये प्रभाव नहीं डालते। यदि सच्चा शिष्य कोई गलती कर भी बैठे, तो वह उसे केवल सलाह देगा। यदि शिष्य को चुनाव करने की स्वतन्त्रता पर आँच आती हो, तो वह उसे गलत रास्ते से भी वापस लौट आने के लिए विवश नहीं करेगा। गलती भी विकास की एक दिशा है।

कृष्ण केवल सारथी हैं। वह अर्जुन के आदेश का पालन करेगा। उसने कोई शस्त्र धारण नहीं किया हुआ है। यदि वह अर्जुन पर कोई प्रभाव डालता है तो वह उसे अपने उस सर्वजयी प्रेम के जरिए डालता है। जो कभी समाप्त नहीं होता।

अर्जुन को अपने लिए स्वयं विचार करना चाहिए और अपने लिए स्वयं ही मार्ग खोज करना चाहिए। अस्पष्ट मान्यताओं को अनिवार्य रूप से और भावुकतापूर्वक अपना लिए जाने के कारण फलस्वरूप कट्टर धर्मान्धता उत्पन्न हुई है और उनके कारण मनुष्यों को अकथनीय कष्ट उठाना पड़ा है। इसलिए यह आवश्यक है कि मन और विश्वासों के लिए कोई तर्क संगत और अनुभावात्मक औचित्य ढूंढ़े।

अर्जुन को एक वास्तविक अखण्डता की अनुभूति प्राप्त करनी होगी लेकिन उसके विचार अपने हैं। और गुरू के जरिये उस पर थोपे नहीं गये हैं। दूसरों पर अपने विचार थोपना शिक्षण नहीं हैं।"

– भगवद्गीता के आखिरी उपदेश पर भारतीय दर्शन के व्याख्याकार और दूसरे राष्ट्रपति डॉ0 राधाकृष्णनन का विवेचन

"यह विश्वशास्त्र, मनुष्यों पर थोपा नहीं जा रहा बल्कि वह मनुष्यों को, मनुष्यो के इस संसार मे जो वर्तमान है उसे और उसके आगे अनन्त मार्ग दिखा रहा है और सभी मार्गों के एकीकरण द्वारा, उस मार्ग को भी दिखा रहा है जो विश्व को सत्य–सुन्दर–शिव बना सकता है। फिर भी हे मनुष्यों जैसी तुम्हारी इच्छा वैसा करो। वर्तमान से योग कराने के लिए ही मैं व्यक्त होता हूँ।" – लव कुश सिंह "विश्वमानव"

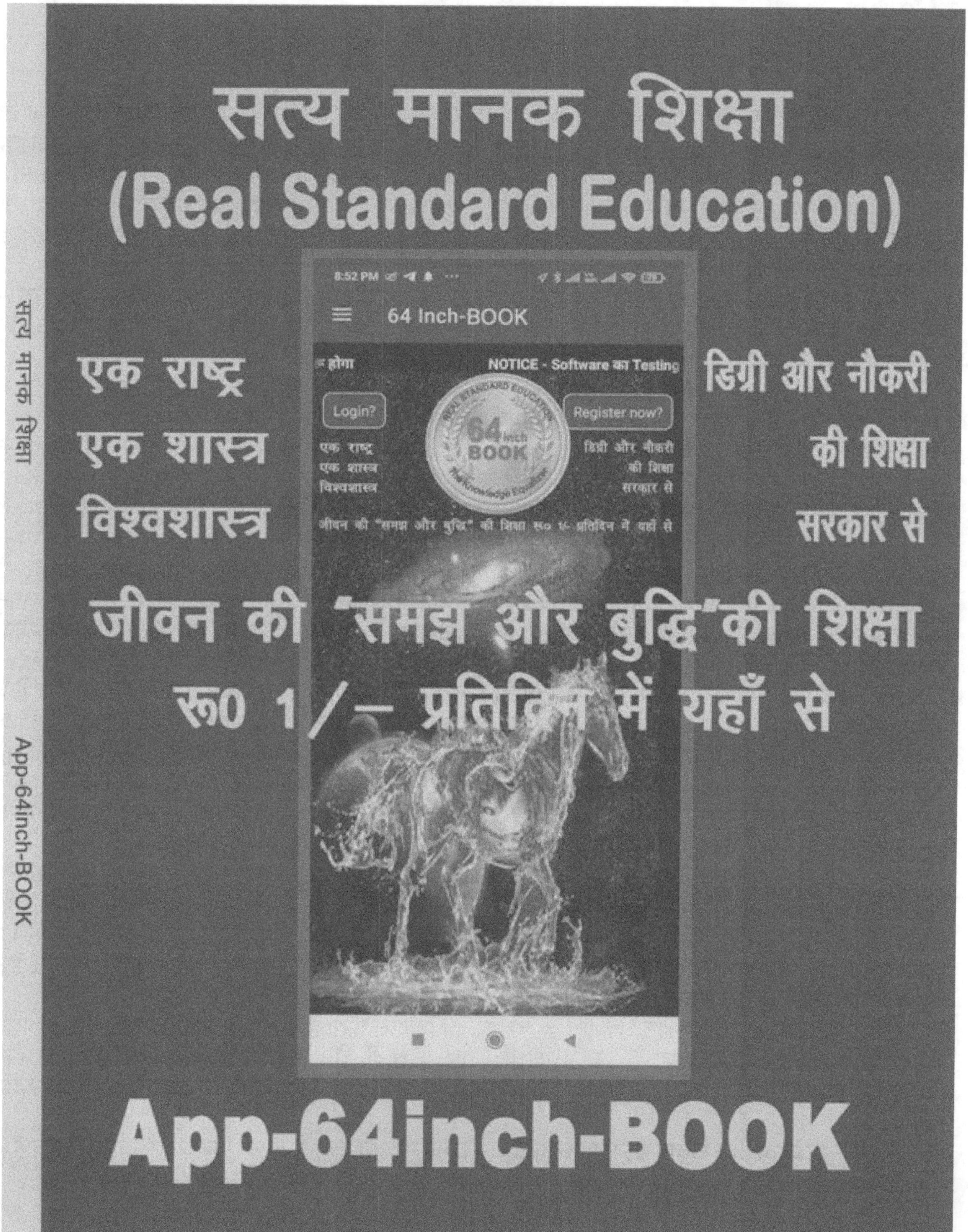

सत्य मानक शिक्षा
(Real Standard Education)
64 Inch-BOOK
NOTICE - Software का Testing
Login?
Register now?
एक राष्ट्र
एक शास्त्र
विश्वशास्त्र
डिग्री और नौकरी
की शिक्षा
सरकार से
जीवन की "समझ और बुद्धि" की शिक्षा
रू0 1/- प्रतिदिन में यहाँ से
App-64inch-BOOK
सत्य मानक शिक्षा
App-64inch-BOOK

“सत्य मानक शिक्षा” का व्यापार-एक अन्तहीन व्यापार

एक नदी पर पुल था जिसे कोई व्यक्ति पैदल दो घण्टे में पार करता था। यह पुल पैदल यात्रीयों के लिए रोक दिया गया था जिसके लिए पुल के ठीक मध्य (एक घण्टे की यात्रा) पर एक गार्ड नियुक्त था। गार्ड एक घण्टे सोता था और एक घण्टे जागता था। एक चालाक व्यक्ति को पुल से नदी पार करना अतिआवश्यक था। इसलिए गार्ड जब सोया तब वह यात्रा प्रारम्भ किया जैसे ही गार्ड के जागने का समय आया, वह वापस लौटने लगा। गार्ड समझा कि वह दूसरे किनारे से आ रहा है इसलिए उसने उस यात्री को पकड़ा और दूसरी ओर भेज दिया। इस प्रकार यात्री नदी पार हो गया।

यदि हम में से किसी को तैरकर नदी पार करना हो और आधे से पहले ही हमारा हिम्मत टूटने लगे तो हम वापस ही आना चाहेंगे। यदि आधे से अधिक तैरने के बाद हिम्मत टूटने लगेगा तो हौसला बढ़ाकर आगे ही बढकर पार करना चाहेंगे।

इसी प्रकार मनुष्य के विकास क्रम में हम सब अदृश्य विज्ञान (आध्यात्म) से दृश्य विज्ञान (भौतिक) की ओर बढ़ गये हैं। नदी या पुल का एक किनारा अदृश्य विज्ञान है तो दूसरा किनारा दृश्य विज्ञान। वर्तमान का हमारा अधिकतम जीवन नदी के दूसरे किनारे दृश्य विज्ञान की ओर है, हर पल। जन्म से ही हम अधिकतम वे सब वस्तुएँ प्रयोग कर रहे हैं जिसका कच्चा माल भले ही ईश्वरकृत हो परन्तु उपयोग का रूप मनुष्यकृत है और विज्ञान द्वारा निर्मित है। इस प्रकार मनुष्य निर्माता के रूप में अपना रूप व्यक्त कर ईश्वर की ओर ही बढ़ रहा है।

नदी के पुल पर बैठे उस गार्ड का काम और तैरने वाले का निर्णय “सत्य शिक्षा” है। वर्तमान में मनुष्य समाज अदृश्य काल से चलकर दृश्य काल में आ चुका है। आधे से वापस किनारे जाना “सत्य” को पाना है। और आधे से दूसरे किनारे पार हो जाना “सिद्धान्त” को पाना है। इन्हीं सिद्धान्त को पाने के बाद संविधान-नियम-कानून का जन्म होता है जिससे आज हम सभी संचालित व प्रभावित है। इस “सत्य-सिद्धान्त” की शिक्षा ही “सत्य मानक शिक्षा” है।

वर्तमान में जीने का अर्थ होता है-विश्व ज्ञान जहाँ तक बढ़ चुका है वहाँ तक के ज्ञान से अपने मस्तिष्क को युक्त करना। तभी डेढ़ हजार वर्ष पुराने हमारे मस्तिष्क का आधुनिकीकरण हो पायेगा। सिर्फ वर्तमान में तो पशु रहकर कर्म करते हैं। “सत्य मानक शिक्षा” मनुष्य के मस्तिष्क के आधुनिकीकरण की शिक्षा है या विज्ञान की भाषा में कहें तो मस्तिष्क के आधुनिकीकरण का साफ्टवेयर या माइक्रोचिप्स (Integrated Circuit-I.C) है। वर्तमान की अब नवीनतम परिभाषा है-“पूर्ण ज्ञान से युक्त होना” और कार्यशैली की परिभाषा है-“भूतकाल का अनुभव, भविष्य की आवश्यकतानुसार पूर्णज्ञान और परिणाम ज्ञान से युक्त होकर वर्तमान समय में कार्य करना।”

ज्ञान के इस युग में शिक्षा-विद्या-कला का व्यापार मनुष्य के धरती पर रहने तक रहेगा। ऐसी स्थिति में “सत्य मानक शिक्षा”का व्यापार भी उस समय तक के लिए स्थायित्व में है। शिक्षा-विद्या-कला कोई प्रापर्टी नहीं है कि पिता जी ग्रहण कर चुके हैं तो पुत्र को हिस्सा प्राप्त हो जायेगा। पुत्र को भी वहीं से अर्थात् अक्षर ज्ञान से शुरू होना पड़ेगा जहाँ से पिता ने शुरू किया था। इस प्रकार “सत्य मानक शिक्षा”का व्यापार एक अन्तहीन व्यापार है जो मनुष्य के पृथ्वी पर रहने तक चलता रहेगा।

स्कूल-कालेजों के जाल से शिक्षा के व्यापार का विकास होता है न कि शिक्षा का। शिक्षा का विकास तो शिक्षा पाठ्यक्रम पर निर्भर होता है जिससे शिक्षक और शिक्षार्थी दोनों निर्मित होते हैं। जब तक पूर्ण शिक्षा पाठ्यक्रम का निर्माण नहीं होता, शिक्षा का विकास नहीं हो सकता लेकिन शिक्षा के व्यापार का विकास होता रहेगा।

आध्यात्म और विज्ञान ने मानव सभ्यता के विकास में अब कम से इतना विकास तो कर ही चुका है कि अब हमें मन के एकीकरण के लिए कार्य करना चाहिए। और उस मन पर कार्य करने का ही परिणाम है-

सम्पूर्ण ब्रह्माण्ड में व्याप्त एक ही सत्य-सिद्धान्त द्वारा व्यक्तिगत व संयुक्त मन को एकमुखी कर सर्वोच्च, मूल और अन्तिम स्तर पर स्थापित करने के लिए शून्य पर अन्तिम आविष्कार WS-0 श्रृंखला की निम्नलिखित पाँच शाखाएँ है।

1. डब्ल्यू.एस. (WS)-0: विचार एवम् साहित्य का विश्वमानक
2. डब्ल्यू.एस. (WS)-00: विषय एवम् विशेषज्ञों की परिभाषा का विश्वमानक
3. डब्ल्यू.एस. (WS)-000: ब्रह्माण्ड (सूक्ष्म एवम् स्थूल) के प्रबन्ध और क्रियाकलाप का विश्वमानक
4. डब्ल्यू.एस. (WS)-0000: मानव (सूक्ष्म तथा स्थूल) के प्रबन्ध और क्रियाकलाप का विश्वमानक
5. डब्ल्यू.एस. (WS)-00000: उपासना और उपासना स्थल का विश्वमानक

और पूर्णमानव निर्माण की तकनीकी WCM-TLM-SHYAM.C (World Class Manufacturing – Total Life Maintenance – Satya-Heart-Yog-Ashram-Meditaion.Conciousness) है।

जो शिक्षा का नया माडल है। गरीबों की समस्या सुलझानें का नैतिक दायित्व है। देश में 25 वर्ष से कम उम्र के 55 करोड़ लोगों के लिए पुनर्निर्माण जैसी योजना हैं। उन्हें नौकरी और प्रशिक्षण की व्यवस्था है। रचनात्मकता, समन्वय, लीडरशिप, ग्लोबल तथा प्रोफेशनल विषयों को पढ़ने तथा सूचना तकनीक के जरिए पढ़ाई पर ध्यान केन्द्रित करने से युक्त है। हमारे देश में जो अध्यापक हैं, वे शोध नहीं करते और जो शोध करते हैं वे पढ़ाते नहीं, इसलिए शिक्षार्थी को ही शोध पत्र (विश्वशास्त्र) पढ़ाया जाय क्योंकि शिक्षक पढ़ने से तो रहे क्योंकि समान्यतः धन के आने की सुनिश्चितता के बाद लोग पढ़ना छोड़ देते हैं, यही नहीं कोशिश तो यह भी रहती है कि पढ़ाना भी न पड़े और उन्हें सेवा से हटाया भी नहीं जा सकता।

स्वामी विवेकान्द जी ने कहा था – "सुधारकों से मैं कहूंगा कि मैं स्वयं उनसे कहीं बढ़कर सुधारक हूँ। वे लोग इधर-उधर थोड़ा सुधार करना चाहते हैं- और मैं चाहता हूँ आमूल सुधार। हम लोगों का मतभेद है केवल सुधार की प्रणाली में। उनकी प्रणाली विनाशात्मक है और मेरी संघटनात्मक। मैं सुधार में विश्वास नहीं करता, मैं विश्वास करता हूँ स्वाभाविक उन्नति में।"

स्वाभाविक उन्नति तभी होती है जब संसाधन उपलब्ध हो। कार-मोटरसाइकिल घर में पहले से रहता है तो स्वाभाविक रूप से कम उम्र में ही घर के लोग चलाना सिख जाते हैं

जो व्यक्ति या देश केवल आर्थिक उन्नति को ही सर्वस्व मानता है वह व्यक्ति या देश एक पशुवत् जीवन निर्वाह के मार्ग पर है-जीना और पीढ़ी बढ़ाना। दूसरे रूप में इसे ऐसे समझा जा सकता है कि ऐसे व्यक्ति जिनका लक्ष्य धन रहा था वे अपने धन के बल पर अपनी मूर्ति अपने घर पर ही लगा सकते हैं परन्तु जिनका लक्ष्य धन नहीं था, उनका समाज ने उन्हें, उनके रहते या उनके जाने के बाद अनेकों प्रकार से सम्मान दिया है और ये सार्वजनिक रूप से सभी के सामने प्रमाणित है। पूर्णत्व की प्राप्ति का मार्ग शारीरिक-आर्थिक उत्थान के साथ-साथ मानसिक-बौद्धिक उत्थान होना चाहिए और यही है ही। इस प्रकार भारत यदि पूर्णता व विश्व गुरूता की ओर बढ़ना चाहता है तब उसे मात्र कौशल विकास ही नहीं बल्कि राष्ट्रीय बौद्धिक विकास की ओर भी बढ़ना होगा। बौद्धिक विकास, व्यक्ति व राष्ट्र का इस ब्रह्माण्ड के प्रति दायित्व है और उसका लक्ष्य है।

राष्ट्र के पूर्णत्व के लिए पूर्ण शिक्षा निम्नलिखित शिक्षा का संयुक्त रूप है-

अ-सामान्यीकरण (Generalisation) शिक्षा

ज्ञान के लिए- यह शिक्षा व्यक्ति और राष्ट्र का बौद्धिक विकास कराती है जिससे व्यक्ति व राष्ट्रीय सुख में वृद्धि होती है।

ब-विशेषीकरण (Specialisation) शिक्षा

कौशल के लिए- यह शिक्षा व्यक्ति और राष्ट्र का कौशल विकास कराती है जिससे व्यक्ति व राष्ट्रीय उत्पादकता में वृद्धि होती है।

स-सत्य नेटवर्क (REAL NETWORK)

समाज में प्रकाशित होने के लिए-क्योंकि कोई भी क्यों न हो उसे स्वयं अपना परिचय (BIO-DATA) देना पड़ता है तभी उसके अनुसार समाज उसका उपयोग करता है।

वर्तमान समय में विशेषीकरण की शिक्षा, भारत में चल ही रहा है और वह कोई बहुत बड़ी समस्या भी नहीं है। समस्या है सामान्यीकरण शिक्षा की। व्यक्तियों के विचार से सदैव व्यक्त होता रहा है कि-मैकाले शिक्षा पद्धति बदलनी चाहिए, राष्ट्रीय शिक्षा नीति व पाठ्यक्रम बनना चाहिए। ये तो विचार हैं। पाठ्यक्रम बनेगा कैसे?, कौन बनायेगा? पाठ्यक्रम में पढ़ायेंगे क्या?

एक पूर्ण मानव निर्माण प्रक्रिया में शिक्षा पाठ्यक्रम के स्वरूप का विश्वमानक निम्नवत् है। जो किसी विशेष देश-काल-पात्र पर निर्भर नही करता अर्थात् यह प्रत्येक देशों और व्यक्तियों के लिए शिक्षा का स्वरूप है। जिससे ब्रह्माण्डीय, वैश्विक और व्यक्तिगत संतुलन, स्थिरता, एकता, प्रबन्ध, विकास, शान्ति और सुरक्षा निर्धारित होती है।

1. प्राइमरी शिक्षा (कक्षा-5 तक)-भाषा ज्ञान आधारित:- क्षेत्रीय, देश, विश्व और विज्ञान की भाषा का ज्ञान, सामान्य विज्ञान, सामान्य ज्ञान, चित्र कला।

2. जूनियर हाई स्कूल (कक्षा-6 से 8 तक)-समाज ज्ञान आधारित:- क्षेत्रीय, देश, विश्व और विज्ञान की भाषा का ज्ञान, सामान्य विज्ञान, सामान्य ज्ञान, चित्र कला का विस्तार, खेल, संगीत, कृषि, समाज विज्ञान।

3. हाई स्कूल (कक्षा-9 से 10 तक)-सामान्यीकृत ज्ञान आधारित:- ज्ञान-कर्मज्ञान समाहित WCM-TLM-SHYAM.C (World Class Manufacturing – Total Life Maintenance – Satya-Heart-Yog-Ashram-Meditaion.Conciousness) प्रणाली अर्थात शिक्षा पाठ्यक्रम का विश्व मानक, कालानुसार विज्ञान, तकनीकी, व्यापारीक व प्रबन्धकीय ज्ञान की शिक्षा।

4. इण्टरमीडिएट (कक्षा-11 से 12 तक)-विशेषीकृत ज्ञान आधारित:- कौशल विकास की शिक्षा।

5. उच्च शिक्षा-इच्छानुसार विशेष क्षेत्र आधारित

"किसी देश का संविधान, उस देश के स्वाभिमान का शास्त्र तब तक नहीं हो सकता जब तक उस देश की मूल भावना का शिक्षा पाठ्यक्रम उसका अंग न हो। इस प्रकार भारत देश का संविधान भारत देश का शास्त्र नहीं है। संविधान को भारत का शास्त्र बनाने के लिए भारत की मूल भावना के अनुरूप नागरिक निर्माण के शिक्षा पाठ्यक्रम को संविधान के अंग के रूप में शामिल करना होगा। जबकि राष्ट्रीय संविधान और राष्ट्रीय शास्त्र के लिए हमें विश्व के स्तर पर देखना होगा क्योंकि देश तो अनेक हैं राष्ट्र केवल एक विश्व है, यह धरती है, यह पृथ्वी है। भारत को विश्व गुरू बनने का अन्तिम रास्ता यह है कि वह अपने संविधान को वैश्विक स्तर पर विचार कर उसमें विश्व शिक्षा पाठ्यक्रम को शामिल करे। यह कार्य उसी दिशा की ओर एक पहल है, एक मार्ग है और उस उम्मीद का एक हल है। राष्ट्रीयता की परिभाषा व नागरिक कर्तव्य के निर्धारण का मार्ग है। जिस पर विचार करने का मार्ग खुला हुआ है।"

"भारत का प्रत्येक नागरिक अपने जीवकोपार्जन के मार्ग व संघर्ष में अपने विषय का जानकार व अनुभव तो प्राप्त कर रहा है परन्तु कुछ पाने के क्रम में कुछ छूट भी जाता है इसलिए प्रत्येक नागरिक को अपने अहंकार को भूलकर यह स्वीकार करना होगा कि वह अपने विषय से हटकर अन्य विषय के विषय में कम या नहीं जानता है।"

अतः एक "आदर्श नागरिक" बनने के क्रम में न्यूनतम ज्ञान सभी को एक समान रूप से चाहिए।

NEW WORLD ORDER

"न्यू इण्डिया" का एक्शन प्लान
www.64inch.com
The Knowledge Equalizer

"सार्वभौम सत्य-सिद्धान्त" एवं "आध्यात्मिक सत्य" पर आधारित जीवन शास्त्र -"विश्वशास्त्र" की "युग परिवर्तन" श्रृंखला की पुस्तकें

मुख्य शास्त्र

01. *विश्वशास्त्र – द नॉलेज आफ फाइनल नॉलेज*

सारांश के अनुसार

02. मैं सत्यकाशी से कल्कि महावतार बोल रहा हूँ
(समष्टि गीता – यथार्थ प्रकाश)

शीर्षक के अनुसार भाग

03. विश्वस्तरीय फिल्म लेखन कला
04. प्रारम्भिक सत्य – अन्तिम दृष्टि
05. सत्य धर्म – युग परिवर्तक दृष्टि
06. सत्य दार्शनिक–दर्शन और कर्म वेदान्त–विकास दर्शन
07. सत्य शास्त्र एवं पुराण रहस्य–महर्षि व्यास कला
08. संत एवं गुरू और विश्व संत एवं गुरू
09. समाज और ईश्वरीय समाज
10. सत्य शास्त्र और विश्वशास्त्र
11. कृति और विश्व कृति
12. भारत माता मन्दिर और विश्वधर्म मन्दिर
13. महाभारत और विश्वभारत
14. संविधान और विश्व संविधान
15. शिक्षा और पूर्ण शिक्षा
16. देवता और सार्वभौम देवता कल्कि
17. देवीयाँ और सार्वभौम देवी माँ वल्कि
18. द्वादश ज्योतिर्लिंग और 13वां अन्तिम ज्योतिर्लिंग
19. काशी – मोक्षदायिनी और जीवनदायिनी
20. सत्यकाशी – स्वर्णयुग का तीर्थ
21. काशी – रहस्योद्‌घाटन
22. 2020 – मन का नवीनीकरण
23. ईश्वर का संक्षिप्त इतिहास
24. अवतार – अन्तिम सत्य दृष्टि
25. भविष्यवाणियाँ और कल्कि अवतार
26. स्वामी विवेकानन्द और कल्कि अवतार
27. मनु, मनवन्तर और कल्कि महावतार
28. व्यास, शास्त्र और कल्कि महावतार
29 ऋषि, ऋषि परम्परा और कल्कि महावतार
30. दूसरा आगमन या अन्तिम आगमन
31. परिवर्तन–काल, मनु, युग, व्यास और शास्त्र
32. राम, रावण और सार्वभौम एकात्म
33. मैं, व्यक्तिगत या सार्वभौम
34. लव कुश (त्रेतायुग) और लवकुश (कलियुग)
35. कल्कि महावतार आ चुके हैं (ACTION PLAN)
36. लव कुश सिंह (कल्कि महाअवतार)–जीवन, ज्ञान, कर्म और विश्वरूप
37. वैश्विक बुद्ध – बुद्ध का भाग दो और अन्तिम
38. बुद्धा कृष्ण – कृष्ण का भाग दो और अन्तिम
39. सम्पूर्ण क्रान्ति–अन्तिम कार्य योजना
40. पुनर्निर्माण (RENEW)–समस्या, समाधान और राष्ट्र निर्माण की योजना
41. पुनर्निमाण (RENEW)– ग्राम एवं नगर वार्ड प्रेरक
42. विश्वशास्त्र द नालेज आफ फाइनल नालेज–परिचय
43. एन्टायर पालिटिक्स – पूर्ण पाठ्यक्रम
44. वसुधैव–कुटुम्बकम्
45. कर्मवेद : प्रथम, अन्तिम तथा पंचम वेद
46. आठवें अवतार श्रीकृष्ण के अनकहे संदेश
47. अयोध्या नहीं, मुंगेर है राम जन्मभूमि
48. विश्वमानव–भूतपूर्व नेतृत्वकर्ताओं का स्पष्टिकरण
49. विश्वमानव–वर्तमान नेतृत्वकर्ताओं का स्पष्टिकरण
50. विश्वमानव–वार्ता, वक्तव्य एवं वाणियाँ
51. विश्वमानव–पत्रावली, प्रसारण और अन्तिम पत्र
52. सत्य जनहित आह्‌वान
53. विश्व शान्ति–अन्तिम सत्य दृष्टि
54. नई विश्व व्यवस्था का रहस्य
55. समाजवाद – ब्रह्माण्डीय विकास का अवतारी मार्ग
56. भारतवाद – राष्ट्रवाद की मुख्यधारा
57. 100 वर्षीय संयुक्त राष्ट्र को अग्रिम सन्देश
58. सार्वभौम एकात्म–नव विश्व निर्माण
59. गणराज्य, संघ, मानकीकरण संगठन और सम्पूर्ण मानक
60. व्यापार केन्द्र (TRADE CENTRE)–दृश्य सत्य
61. मन का विश्वमानक और पूर्ण मानव निर्माण की तकनीकी (WCM-TLM-SHYAM.C)
62. मानक विपणन प्रणाली (3F:FUEL-FIRE-FUEL)
63. स्वर्णयुग का मानक आदर्श नागरिक–दिशा निर्देश
64. विश्वधर्म : परिचय (स्वर्णयुग का धर्म)

व्यक्ति और विभागीय स्तर पर सफाई–सुधार का पहला प्रारूप की पुस्तक – डा0 रमेश कुमार द्वारा लिखित "विशाल ज्ञान विज्ञान सबका समाधान" है

दर्शन, विचार एवं संपादन

लव कुश सिंह "विश्वमानव"

Search on Google -> Lava Kush Singh "vishwmanav"

पुस्तक उपलब्ध

notionpress.com

Book Store

www.ingramcontent.com/pod-product-compliance
Lightning Source LLC
LaVergne TN
LVHW080937071026
849535LV00013B/4230
* 9 7 8 1 6 4 9 8 3 6 7 8 6 *